ちくま学芸文庫

世界の根源

先史絵画・神話・記号

アンドレ・ルロワ＝グーラン

蔵持不三也 訳

筑摩書房

序文

パンスヴァン――セーヌ河の彎曲部にある、平坦で、一面はしばみに覆われた緑したたる、つまり、どこにでもありそうなこの地のことを考えると、私の脳裏には子供の頃、平原の中で過ごした午後の風景の一齣が蘇ってくる。その日、空は蒼く澄み渡り、大地は静かにたゆたっていた。世界はまるでこともなげで、私と友人たちはそんな倦怠を、約束された財宝でもあるかのように楽しんでいた。我々はすっかり時間の浜辺に遊ぶ無口なロビンソン・クルーソー気取りで、柳の葉の色づきを心から喜び、陽光の下で軟泥と泥水にまみれながらトゲウオを夢見ていた。

パンスヴァンを憶い出す私をこうして幼年期へと導くのは、はたしてその自然や風景なのだろうか。それとも、アメリカ軍が小丘や牧草地に建てたような、粗末な発掘小屋のためだろうか――中には格納庫を想わせるものや、毛皮やポールを用いて作った円錐形のアメリカ先住民のテントを想わせるものもある。あるいは、トナカイ狩りをしていた往古の人々の幼年時代が我々のそれと分かち難く混ざり合っているためだろうか。

私が初めてパンスヴァン遺跡をあとにしたのは、アンドレ・ルロワ＝グーランと彼の仲間たちからなる調査チームに入り、一日がかりで発掘現場を訪れて、さまざまな発掘方法や出土品のことを学んだあとだった。私が訪れたのは、夢に出てくるような小学校時代の蛮勇のためではなかった。学問的な関心があったためでもない。吹きさらしの中にあるラボラトリーから醸し出される精神は、まさに修道院のそれであった。そんな私の見方はおそらくパンスヴァンに集まった大部分の考古学者たちを驚かすに違いない。たしかに彼らは、過去に対する知識の中から未来を創り出す方法をいろいろ抽き出したり、合理的かつ理性的な仕事をしているかも知れない。だが、そのために、男女の如何を問わず何千時間もかけて粘土面をひっかいたり、粘土を水洗いして遺物の選別をしたり、あるいは実にこまごまとしたもののリストを作ったりして、マドレーヌ期の露営地で営まれたであろう日常生活を再現しようとしている。いわば、彼らはこうして自分たちの時間を捧げているのだ。それは学問や知識のためなのか。おそらくそうだろう。と同時に、人間やその精神のためにでもある。出土した骨片やフリント（燧石）へと身を屈める所作から共同の長い食卓まで、息をつめて何かを注視する鍛錬から真実なるものに対する完璧な従順さまで、一切がこのパンスヴァンの発掘チームを、さながら雪と静謐さに包まれた日本の禅寺の雰囲気へと近づけている。とはいえ、調査・研究にまつわる苦行は、そうした精神的な色どりだけを彼らに与えているわけではないだろう。そこでは全てが何よりも一人の師の存在に基づいている。そしてその苦行は人工的に作り上げた権威にではなく、むしろ自然にでき上がった権威に明らかに身を委ね、輝いているのである。

私が今回アンドレ・ルロワ＝グーラン氏に一連の対談を申し込んだ最大の理由は、彼がかねてより自分にとってさまざまなことを訊《き》き出したいと願っていた先史・考古学者だったからではなく、何よりも『身ぶりと言葉』の著者だったからである。この書のもつ大きな力は、かつてクローデルがいみじくも言ったように、人間を裂きえぬ存在としてとらえるところにある。人間は自らを道具として何かを表現する。書名はことの本質を端的に言い当てている。人間の道具や記号の歴史とはまさに人間の歴史そのものにほかならない。そう示唆しているのである。身ぶりとシンボルは決して表裏の関係にあるわけではなく、《現実》と《想像》の関係にあるのでもない。たとえば手は何かを作り出すと同時に、模倣したり、指し示したり、描いたり、書いたり、といった所作をおこなう。一方、言葉は記号とイメージとにかかわる全ての体系同様、自ら発動して人間と事物とを変化させる。記号が一種の道具だとすれば、歴史上の利器は多様な表現やメッセージの性格のみならず、その形態や効力までも変えてしまうものと言えるだろう。

記号と道具を巡っての一連の対話によって、当初から我々のものとなっている数多くの物事に理解がいくようになる。そしてそこに、新たに第三の用語が加わる。普遍的な動物伝承譚にみられる三角構造について述べた著書の中で、ルロワ＝グーランの言っている

《第三の動物》（第三章参照）がそれである。この第三の用語とはいろいろな形態のもつ意味と楽しさであり、その力は楽しさの効力でもあるのだ。人がもし私に向かって単純化が不可能な点を本質とする本書に特有な性質をあえて強調せよと求めるなら、そこに縷々述べられている人類学（幸いにして、人間の姿がみて取れる）が実は審美的なものであることを明らかにした点だとしておこう。つまり、それは我々に芸術の知に関する比類のない諸原理全体を得させてくれるばかりでなく、人間を解く鍵が、その仕事や論理の中よりは、むしろ快楽や遊戯、美や光への愛着など、何よりも混乱と夜闇とに対するものの中にあるという考えへと導いてもくれるのである。

アンドレ・ルロワ＝グーランは言っている。《いかなる理論も所詮は一種の自画像である》と。彼の言葉を借りれば、人間は裂くことのできない被造物となる。もしそうなら、初源の文字の記号学者にして古生物学者、コレージュ・ド・フランスの教授でありながら、馬術教師でもあることを誇りとするルロワ＝グーランその人こそ、まさしく裂きえぬ存在と呼ぶに適わしい。そんな彼の眼に遊戯のユーモアや精神が人間生活の奥義と映るなら、それは彼にとって研究がつねに遊戯となっているからにほかなるまい。

それまで、私はルロワ＝グーランとはパリでしか会ったことがなかったが、パンスヴァンでの彼は、アジアの縁なし帽とアフガニスタンの牧畜民の服に身を包みながら、発掘小屋をあちこち動き回っていた。その恰好はさながら遊牧民かタタール人騎士、あるいは古代草原の民スキタイ人を彷彿させるものであり、茶目っ気たっぷりな眼差しと優しさにいかにも似合っていた。おそらく最終回の対談に臨むためにパンスヴァンを訪れた私は、ルロワ＝グーランと、遺跡を吹く風の中で長時間自由に跳ね回るマヌーシュや、洞窟に描かれたのと同系統のクロヴィスといった名の馬のこと、さらにそんな馬に対する彼の愛情や馬たちの利発さなどについて語り合った。どうやらこの考古学者は、かつて種馬飼養所の管理者としての道を選ばなかったことを悔いているようにも思えた。また、秘密を人に打ち明けるような人物でもなかった。だが、このたびの対談では、彼はいつもほど頑なではなかった……。家に戻ってから録音テープを聴いてみると、声が次第に弱くなり、やがて途絶えた。声が沈黙に呑み込まれていたのだ。もう一度やり直すべきか、喪われた言葉を編集した言葉で補うべきか。いや、それよりはこの唐突な出来事を何かの合図としてそっとしておく方がよいだろう。したがって本書の結論は最後の対談で最後に聴き取れた言葉となっている。《残念ながら、人間は初源の世界を、つまり、自然と接触し、神と接触する世界を去ってしまった……》。ルロワ＝グーランはそう言ったあとで、ひとつの憶い出を引き寄せる。それはロシア共和国のとある修道院で出会った娘のことである。福音書の何たるかを知らぬ彼女は彼に尋ねた。宗教は逃げ場なのかどうかを。

ついに舌足らずな言葉遣いで終わってしまったが、そこには、ことの本質を暗示する何かがあるように思われる。とくに私にはそんな言葉のもつ意味は大きい。私は遠い地にいる彼女のことを考えている。まだ自問し続けているのだろうか、と。私にとって、彼女の顔はあくまでも優しい。そうした彼女の中にこそ、実は精神が種子の形で息づいているのだろう。

クロード＝アンリ・ロケ

目次

世界の根源——先史絵画・神話・記号

●凡例

一．本書は、ANDRÉ LEROI-GOURHAN: Les racines du monde, Belfond, Paris, 1982 の全訳である。原題をそのまままとめれば『世界の諸根源』となるが、本文を読んでいただければ「諸」の何たるか容易に推察がつくとの判断から、あえて表題の通りにした。なお、併録されているコレージュ・ド・フランスの就任講演と《ル・モンド》紙掲載論文の翻訳については、畏友田中昭光君の助力を得た。ここに感謝の意を表わすものである。

二．訳註は読者にあまり馴染がないと思われる事項や遺跡、学者などの説明にとどめた。本文中の（　）は著者注、〔　〕は訳者注である。

三．文中写真や訳註の図版はいずれも読者の理解に資す目的で、訳者が選んだものである。

四．原文でイタリック体となっている語句（ロケの発言を除く）については、《　》で示した。また、改行なしに発言が長々と続いている場所は、訳者の判断においてこれを適宜改行しておいた。

【巻頭参考図】

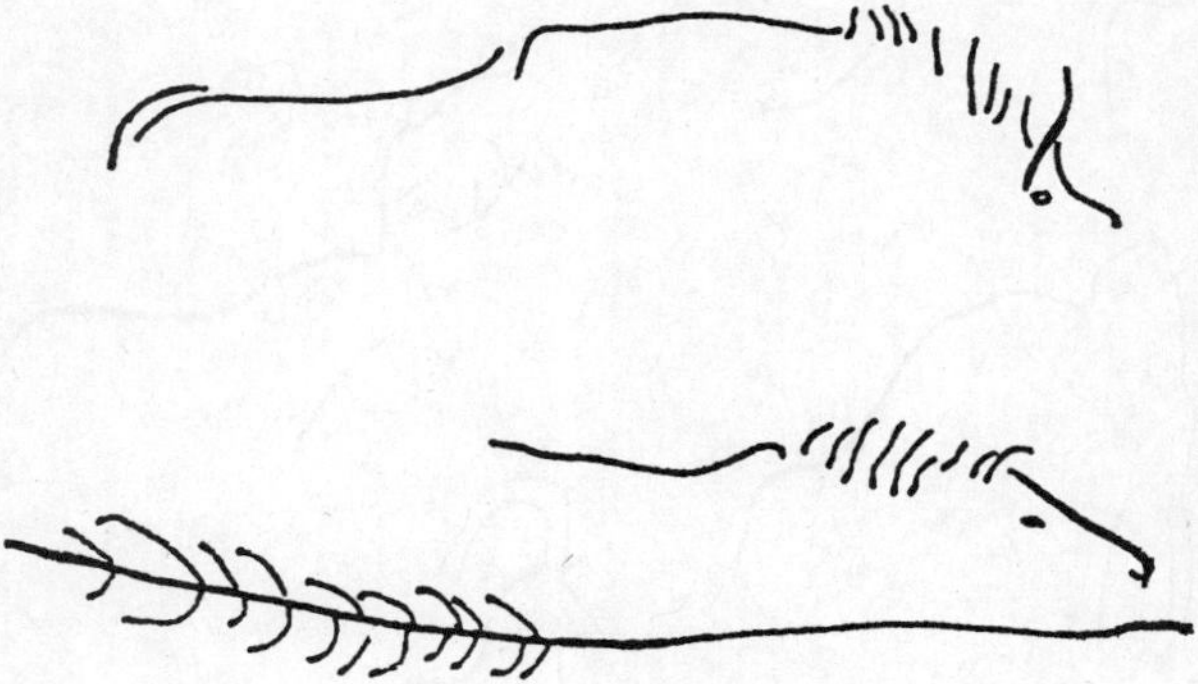

図1　動物図像が口頭伝承のコンテクストと結びついた図形的シンボルであったことは、ニオー洞窟（フランス南西部アリエージュ県）のこれら2体の省略図像に明らかである。ビゾンと馬の図像は動物の固定を可能にする最少限の線で描かれている。馬と組み合わされた記号は線状記号で、大部分の洞窟壁画群同様、さまざまな問いがなされているが、解答らしきものはほとんどみられない。

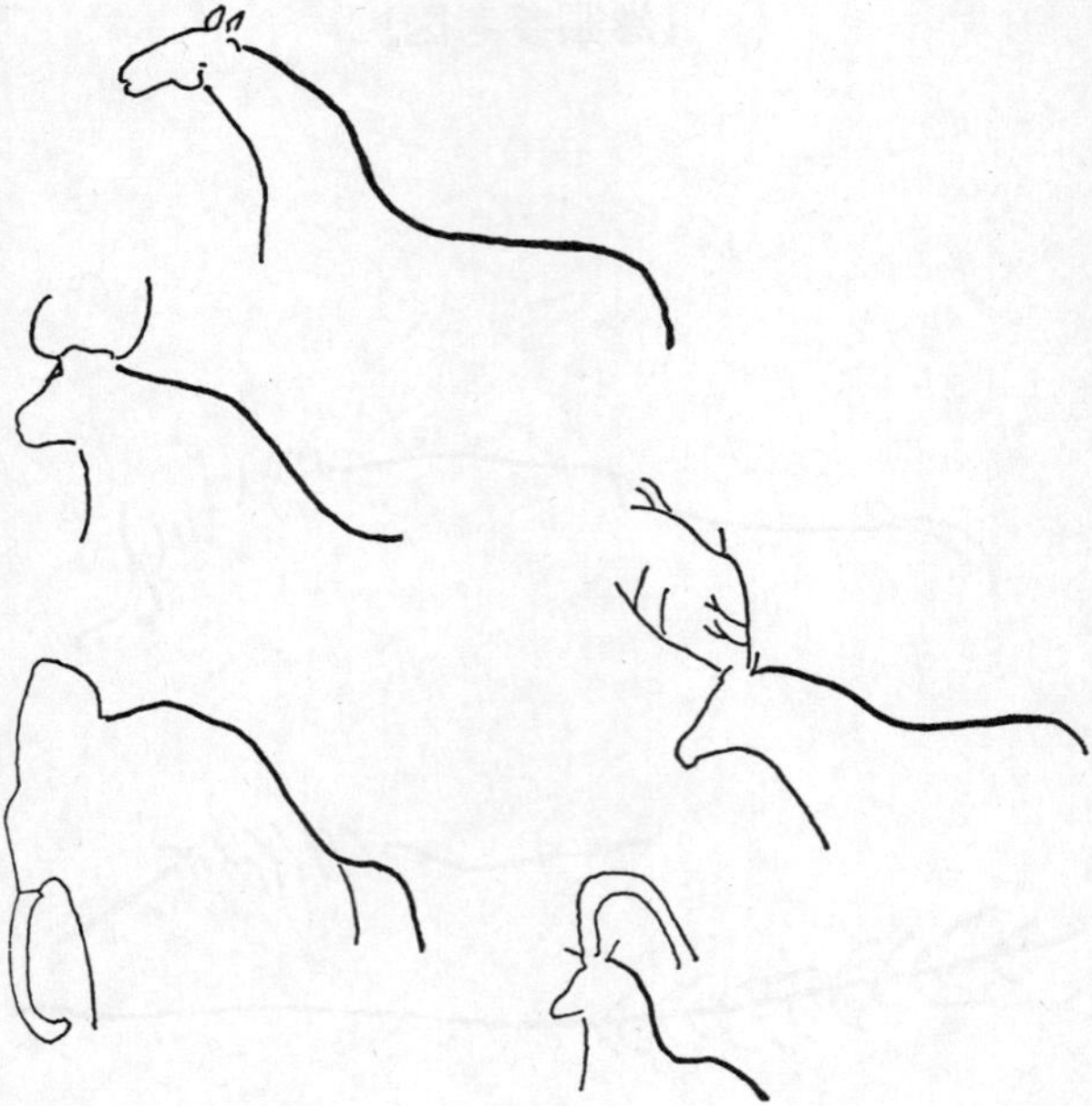

図 2 a　動物図像における正確な描写は、前 2 万年頃まで発達していた。非常に明澄な背稜線は馬ばかりでなく、牛やマンモス、鹿、野生山羊のものにも見られる。したがって、動物種の同定はその特徴（角、又角、たてがみ……）による。洞窟美術が黄金期にあった間、背稜線は洗練されたヴァリエーションを示し、そこでは単に動物種だけでなく、牛や鹿の雌雄までも判別できた。

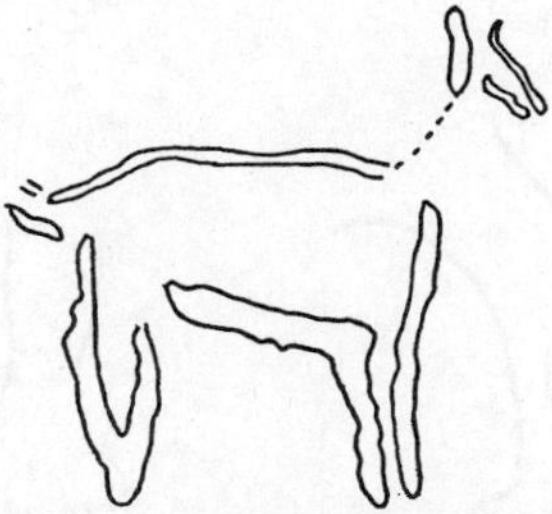

図2b　最古の動物図像はかなり数が限定されている。そのうちのあるものは前3万年頃のオーリニャック期に属している。ここに挙げた動物像の輪郭線は数千年後の、とくに前1万5000年頃のマドレーヌ期初頭の図像と際立った対照を示している。この動物像が《尻尾の短い草食動物》を表わしている点については疑いないが、とすれば、当時の動物相からして、それは鹿科動物かトナカイあるいは山羊となるだろう。

図3　対象の正面観と側面観とを同時に描くいわゆる歪曲遠近法は、前2万年頃の旧石器時代の芸術作品にまま見受けられ、それが克服されるのは前1万2000〜1万年頃まで待たなければならなかった。ニオー洞窟では、同時代の壁画洞窟同様、角や前・後脚の表現は、壁面を動物が四肢をふんばってしっかりと立っている床面と同一視していることを示している。

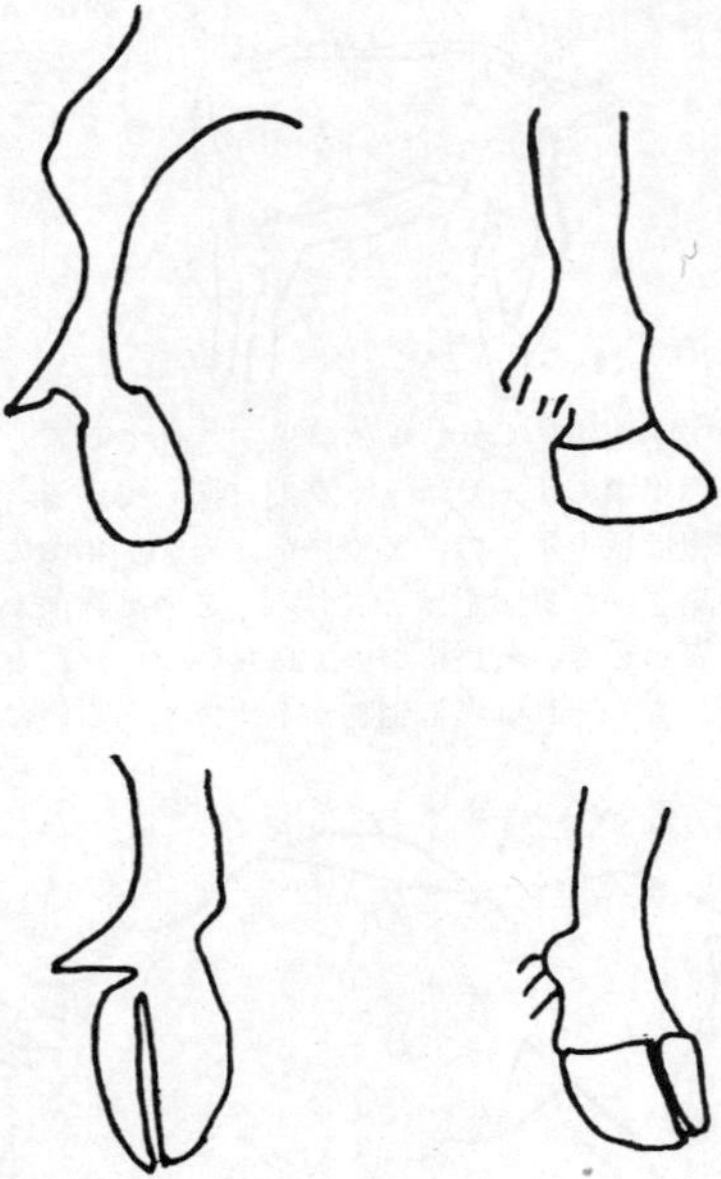

図 4　馬の足（**上**）やビゾンの足（**下**）の表現は、当初下の方に、下肢から九〇度の角度で描かれていた蹄が、前１万2000～１万年頃には正常な位置に戻されるという変遷を辿っている。

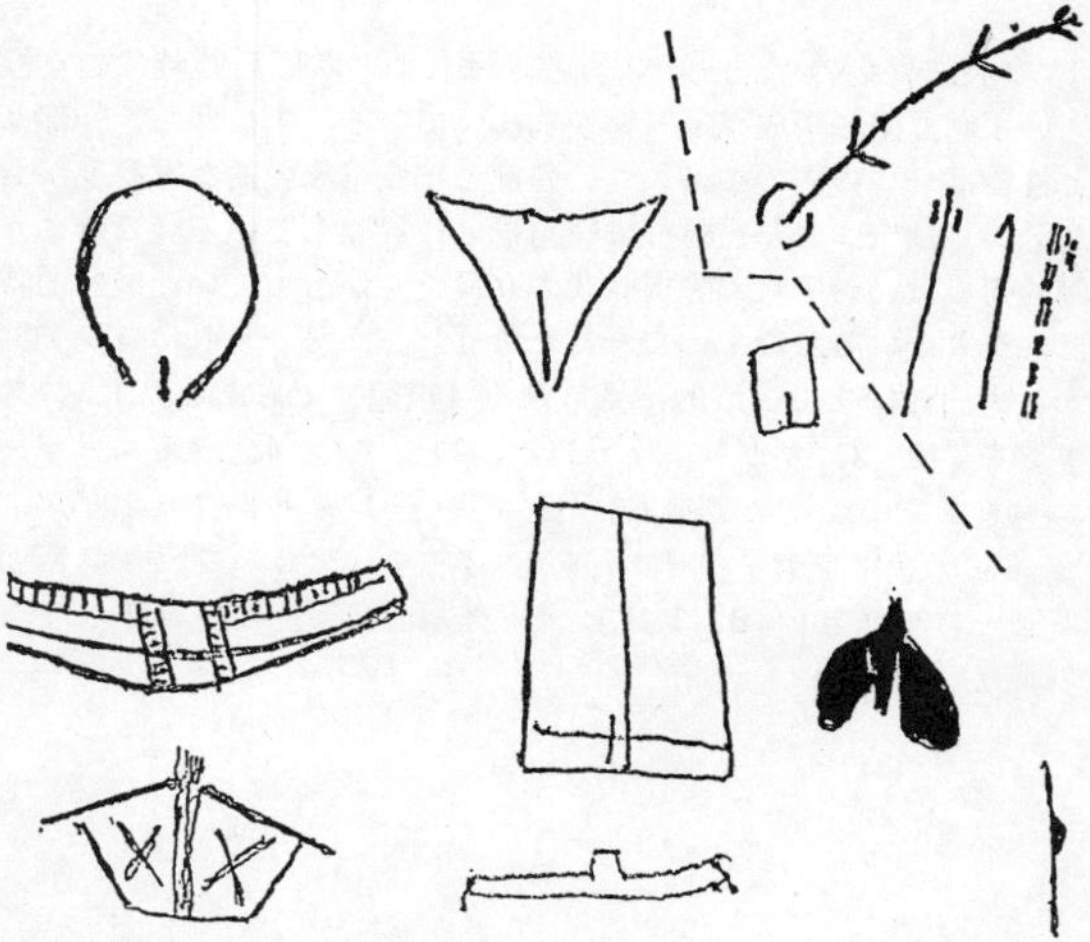

図5　洞窟壁画には、動物図像に随伴してさまざまな記号が描かれているが、大部分は男・女性シンボルで、そのうちの後者は多様な形をとりながら幾何学化された写実的特徴を全て喪うまでに変化している。そうした形態上の多様性は明らかに出自シンボルに符合するものと思われる。図状記号（シーニュ・プレン）と名付けられたこれら女性記号は、元来男性表現であった線状記号（シーニュ・マンス）（**右上**）から派生している。

図6　性的な意味にかかわるシンボリズムは、今日でもなお矢に貫かれたハート型（図状記号＋線状記号）に現われている。それは生物学者たちが火星や金星のシンボル（**右**）を用いて男女の性差を示すやり方と非常に近い。

図7　《脂肪臀症のヴィーナス》と呼ばれている旧石器時代の女性像は、いずれも同じ構成シェーマからなっている。すなわち、胸部と腹部と性器は一つの円の中に入り、頭部と下肢（象徴的な重要度がもっとも低い）は二つの左右対称の三角形上に展開している。このような慣例的構成は、おそらく先史時代の女性たちがもっていた肉体的特徴とはかなりかけ離れたものであったろう。しかし、それはロシア共和国から大西洋にまで広域的に見られる《規範》でもある。**1**、コスティエンキ。**2・3**、ガガリーノ（以上、ロシア)。**4**、ドルニ・ヴェストニッチェ（モラヴィア地方)。**5**、ヴィーレンドルフ（オーストリア)。**6**、グリマルディ（イタリア)。**7**、ローセル（フランス南西部ドルドーニュ地方)。**8**、レスピューグ（前同ピレネー＝アトランティク地方）

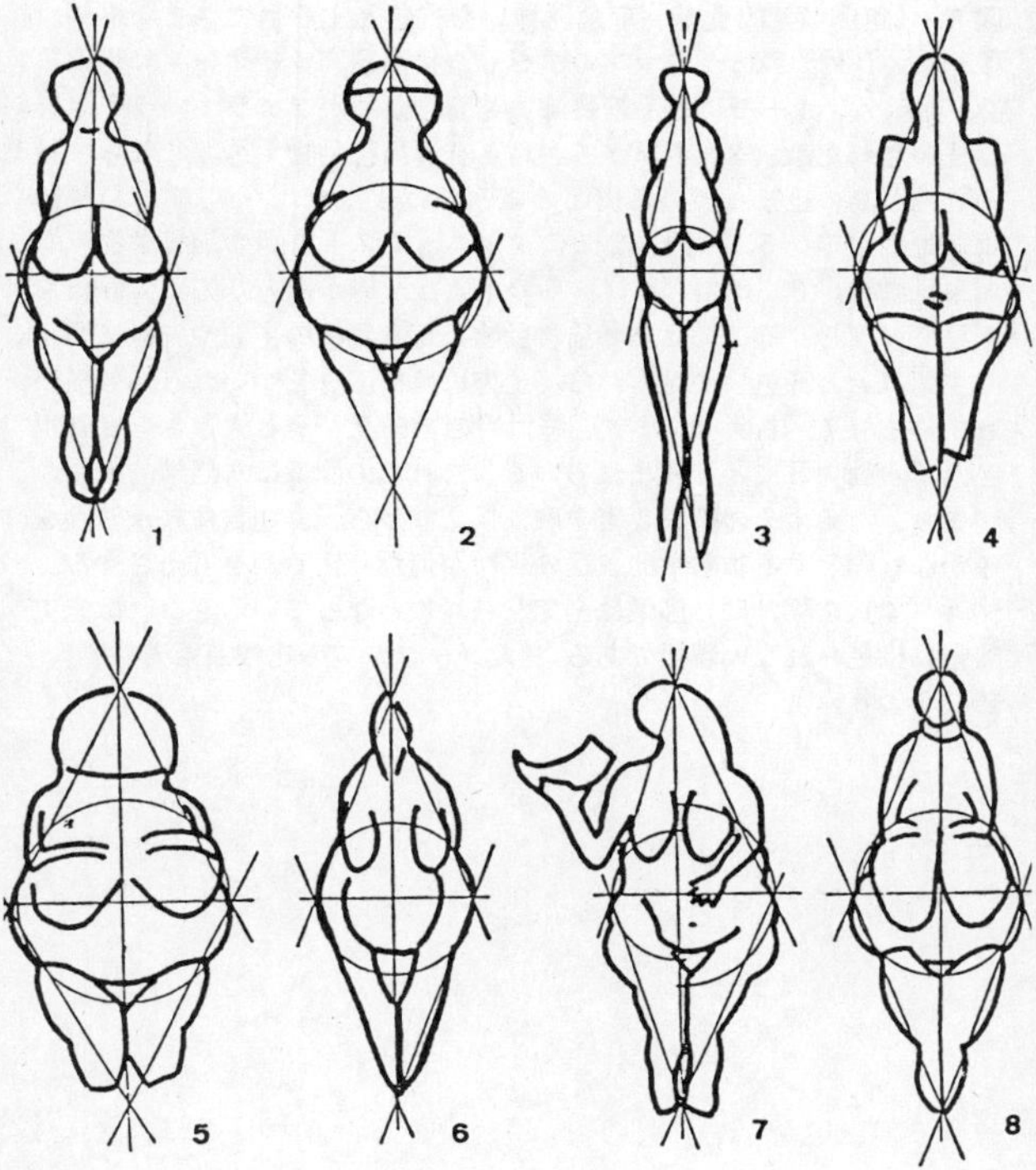
1
2
3
4
5
6
7
8

図 8　《猛禽類 = 肉食獣 = 草食動物》を主題とするさまざまな事例。 1、メソポタミア。ライオンの頭をもつ猛禽類、ライオン = 野生山羊。 2、トゥタンカーモンの手箱装飾。禿鷹、頭部がファラオのライオンと征服された敵。 3、ポンペイ。鳥 = 有翼猫科動物 = 馬。これら3種の動物と鳥の止まっている樹との組み合わせ。 4、シベリア。猫科動物と野生山羊。 5、中国。2頭のフェニックス = 有角の猫科動物 = 有翼牛科動物。 6、ビザンチン。鳥の止まった樹が四方八方に入り組んだ枝を伸ばし、そこには鳥 = 猫科動物 = 草食動物の主題や狩猟に関する主題（犬と野兎）が見られる。上方にはブドウをついばむ鳥も描かれている。 7、中世のシリア。狩猟用のチータが鳥と大きさを度外視した草食動物とにとり囲まれている。これらの図像は神話学的主題、つまり、たえずその構成要素を取り換えながら、主題自体の永続性を確かなものとする神話学的主題の生命が何たりえるかを考えさせる。例外（4）を除けば、図像は全て左右対象となっている。これは先史芸術には見られない現象である（『北ユーラシアの比較芸術資料集』、1943年より）

1

4

2

5

3

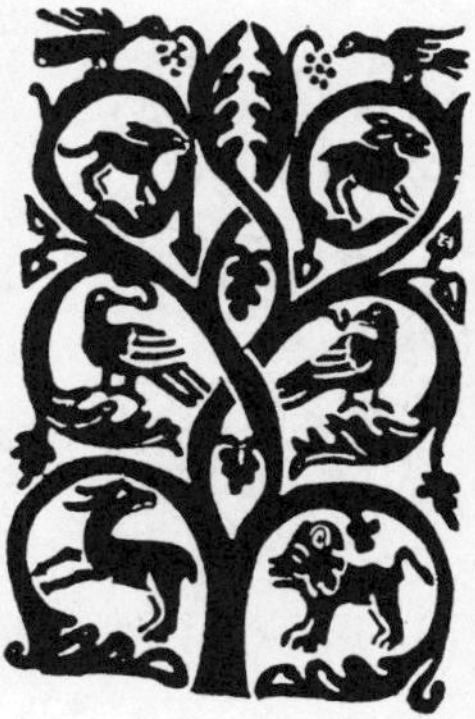

6

7

図9　中世から19世紀にかけてのヨーロッパやアジアの刺繡・つづれ織では、《猛禽類＝肉食獣＝草食動物》の主題がごく頻繁に《鳥の止まった樹》の主題と共に出てくる。それがとくに数多く見られるのは絨緞やナプキン、衣服などで、たとえば**3**では、中央の鳥を挟むようにして両側に２頭の鹿が配置され（狩猟主題）、その鹿の足の間に肉食獣が表わされている。また、**2**の場合は、ライオンと鹿科動物とが樹に絡み合っている左右対称の図柄の中で、双頭の鷲が中心軸をなしているのが分かる。**5**は中世において３種の動物（鷲、ライオン、馬）の主題が優先していたことを立証するものである（『北ユーラシアの比較芸術資料集』より）

1

2

3

4

5

6

7

図10　ラップランド。幾何学文様化へと至る過程を表わすトナカイの枝状角製のナイフ鞘装飾４題。最上段はトナカイの曳くそりに集まったサーミ（ラップ）人。１匹の犬が従っている。その後には、１頭の大きな牡トナカイを追う狼。２段目はトナカイと樹。一連のテントはすでにかなり幾何学文様化している。３段目は完全な幾何学的装飾で、三角文の連続が一連のテントを示唆しているようである。４段目ではテントは単なる市松模様と化している（『北ユーラシアの比較芸術資料集』より）。

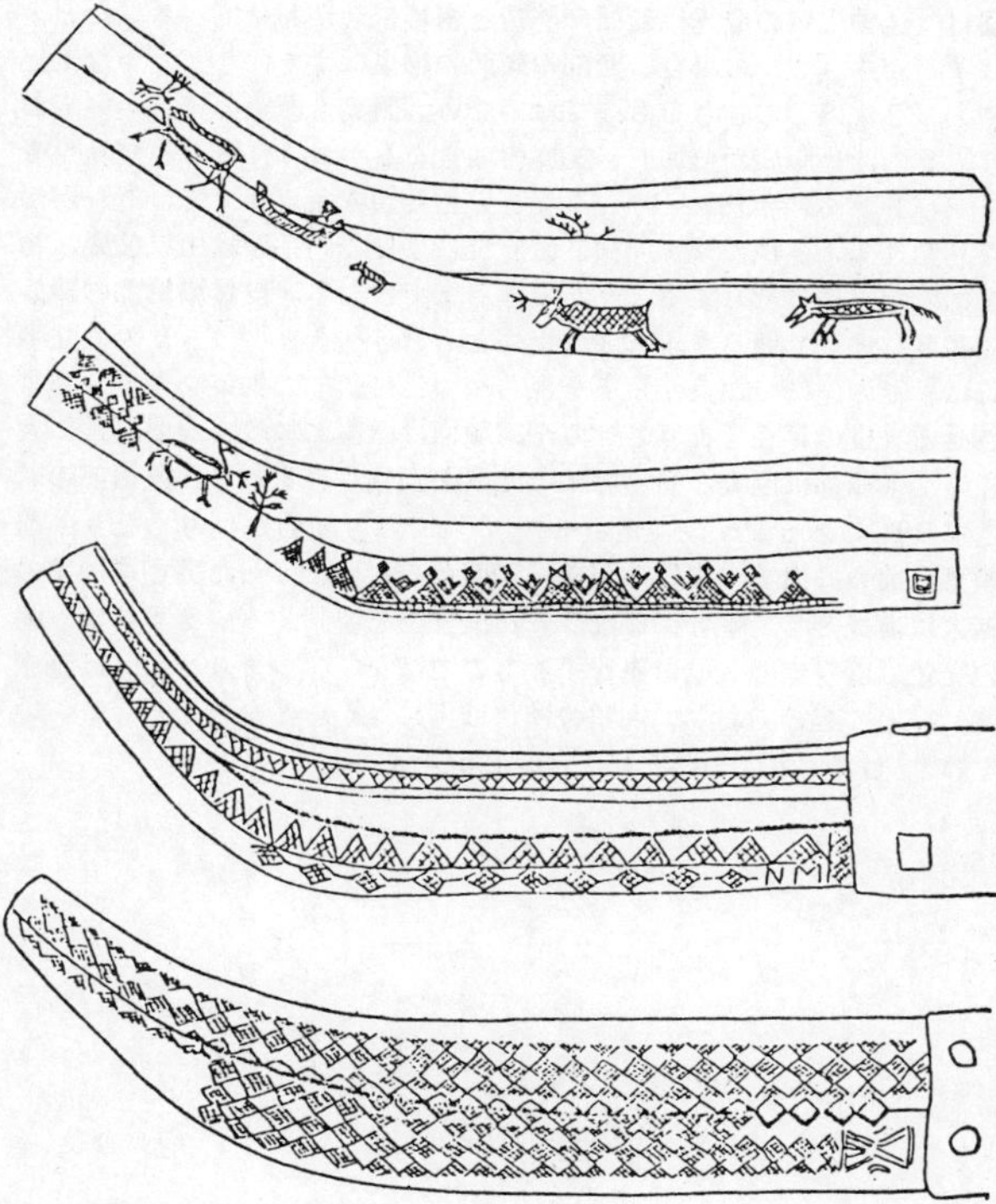
NM

図11　運動皮質の発達は顔面の構造と密接にかかわっている。たとえばイボザル（**3**）の場合、頸部や顔面の拘束はすでにハイエナ（**1**）や犬（**2**）ほどの強さをもってはいない。眼窩も頭蓋の下に退いており、そのため脳底が撓曲し、20度の開きをもつようになる。ゴリラやチンパンジー、オラン・ウータンといった類人猿（**4**）ではそれがかなり発達し、各種のサル同様、直立位によって両手が自由に使え、物を摑んだり扱ったりすることができるまでになる。皮質扇形部の開きは40度に達している。現代人の祖先とも言うべきヒト（**5**）の直立歩行は、その先端で頭蓋が平衡を保ちつつ、後頭部の拘束をかなり減少させる脊椎の存在を推測させるが、顔面は頭蓋に較べてなお非常に大きく、前頭部は巨大な眉弓によって閂がかけられている。頭頂部の開きは60度である。最後の《ホモ》（**6**）では、顔面が小さくなり、前頭葉が前方に出て、皮質の開きは70度となる。こうした随意運動領の拡大は前提として十分に保証された直立位を要請する。とすれば、脳の発達は直立位の完成に先行するものではない、つまり、それは直立位に続いて起きており、人類の進化は実に足から始まったとしてよいだろう（『身ぶりと言葉』第一部、1964年より）。

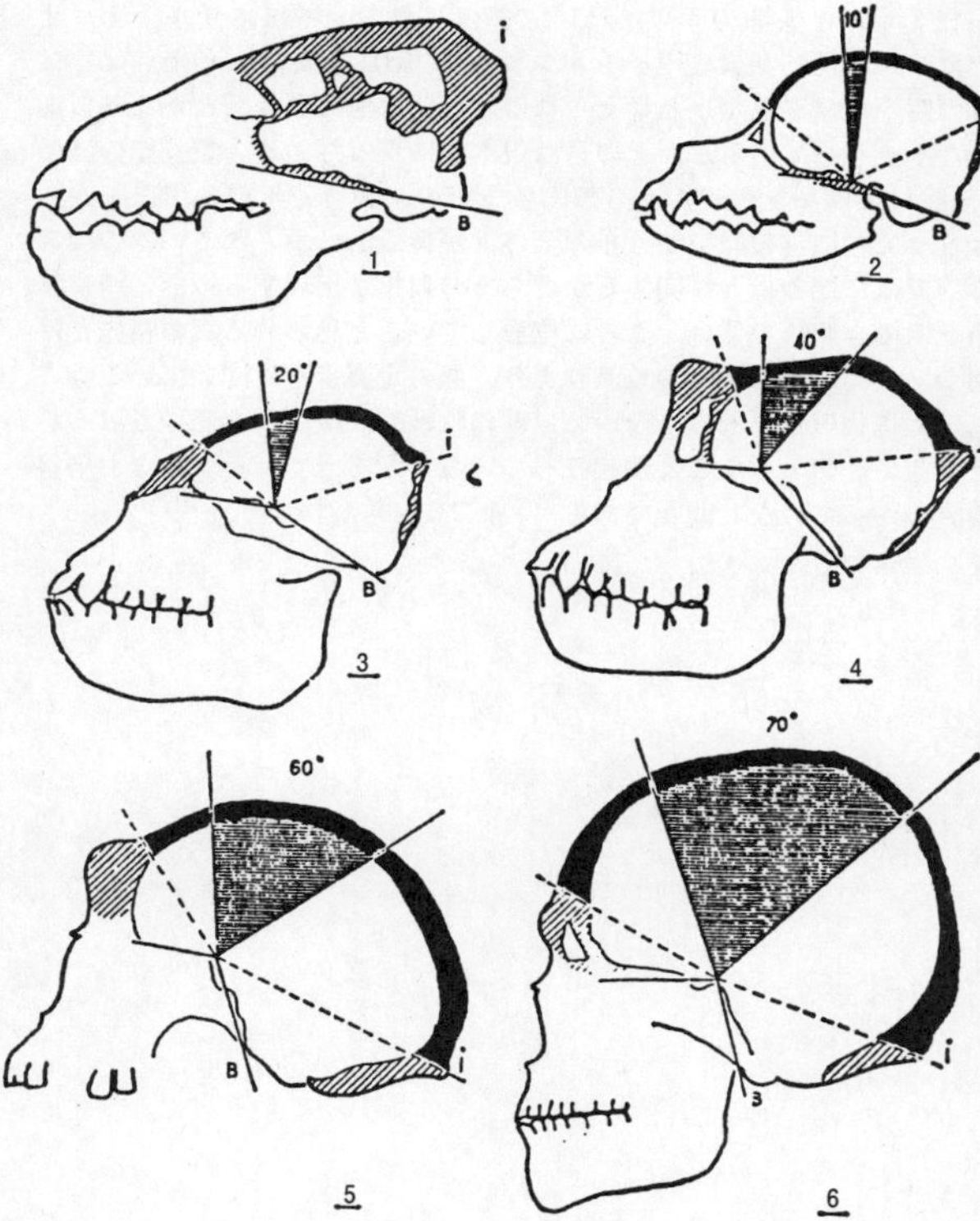
i
B
1
10°
i
B
2
20°
i
B
3
40°
i
B
4
60°
B
i
5
70°
i
B
6

図12　サルと人間の手足。(a) マダガスカル・キツネザル、(b) オナガザル、(c) 類人猿（チンパンジー）、(d) 人間。(a)(b)(c) は真の四手類（霊長類）と考えられる。人間は他の霊長類とかなり似通った手を有しているが、その足は根本的に異っている。霊長類の真の《後肢》にはキツネザルから類人猿までの、数百万年前の第三紀から今日までの彼らの歴史と分布の全体像が特徴的に示されているのである。では、他の指と対向するかたちでの親指が出現する以前、つまり、系統樹のきわめて低いところに位置していると思われる真の祖先とは何か。人間の足はサルの枝渡りより、熊の足裏歩行に向いている。これは、進化の退行的段階ないし以前の状態への後戻りを想像させる。どうしてそのようなことが起こっているのだろうか、それはなお解答の見つかっていない問題である（『身ぶりと言葉』より）。

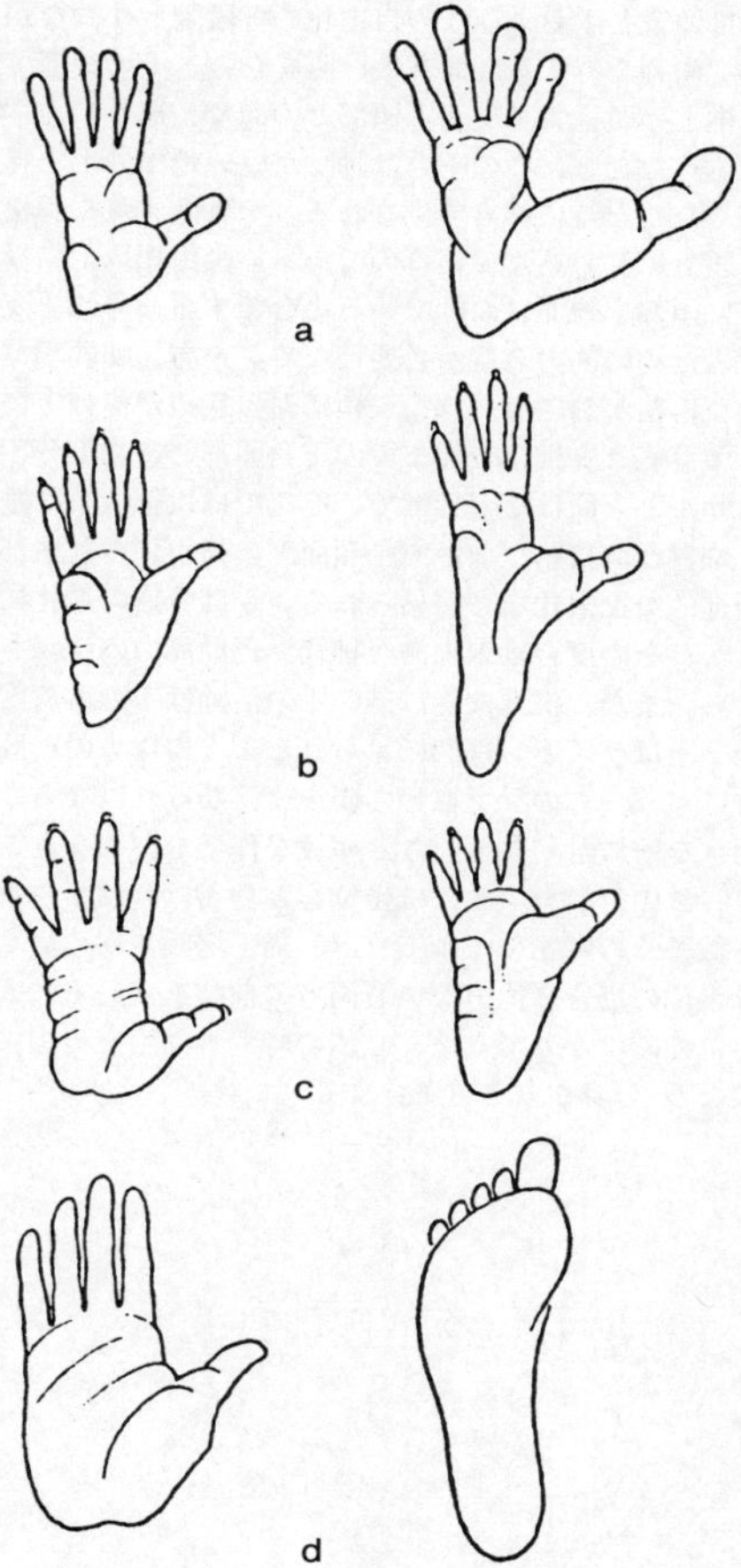
a
b
c
d

図13　これは頭蓋と手およびその自由化の各段階とのつながりを示した図である。歯列を有する顔面部と、脳を含み、その後部で頸の筋力によって脊椎上の頭蓋骨を支える頭部との間で、徐々に力学的な均衡が形成される。ただし、この圧力は動物が堅い地面の上を移動しなければならなくなった時に初めて生まれる。それゆえ魚や両棲類では脊椎が水平に頭蓋に食い込んでいるのである。爬虫類以上になると、たとえ休息時に頭部を地面につけている場合ですら、それを支えたり動かしたりするために筋力装置が必要となる。一方、哺乳類では頭蓋構造の根本的な再編がおこなわれ、三角構造は底辺が歯列上にくる三角顔面部と、頭蓋底と脊椎接合部までの三角頭部とに均等分割される。ライオンとサルと人間はその３例で、そこでは次第次第に垂直位に近づく脊椎の位置と直接結びついて、顔面部の縮小化や前頭部の発達、脳領域の漸進的な拡大化などが見られる。手は骨格の進化に伴って発達しているが、その度合は未来的な神経＝運動能力の洗練さにおけるほどではない。また、推進機能以外の手の活動は手の解放度に呼応している。たとえばライオンは図に見られるように片方の前肢を解放できるものの、もう一方の手で自分の軀を支えなければならない。サルの場合は両手を解放して多少なりと複雑な作業をおこなうことができる。ただし、この行為をするには坐位をとらなければならない。齧歯類に属する数多くの動物やモルモット、猫、浣熊（あらいぐま）などの肉食獣は坐位の場合に片方ないし両方の前肢を使える。人間になると、単に坐位の時ばかりでなく、立位の時でも両手を自由に用いることが可能になる（『身ぶりと言葉』より)。

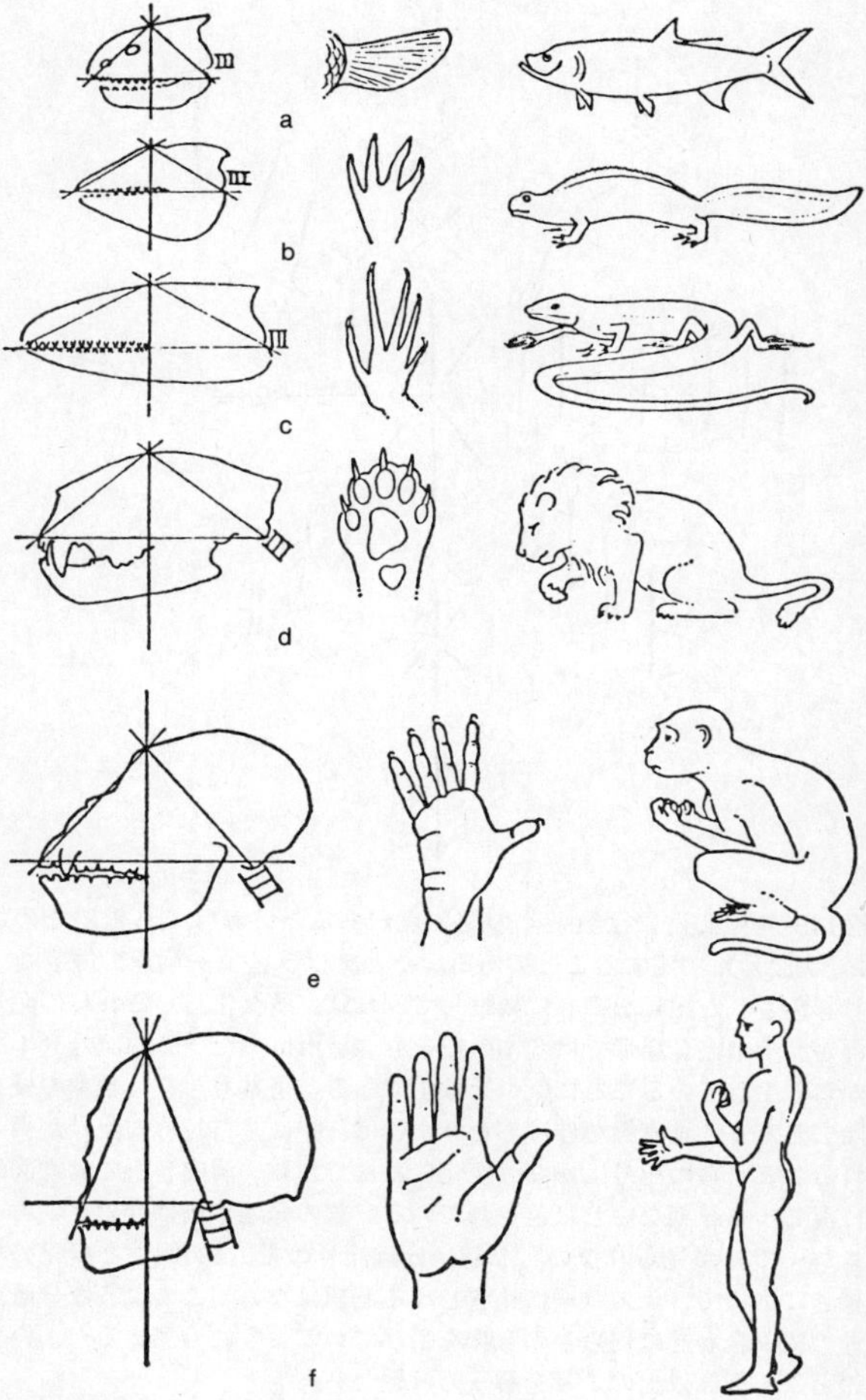
a
b
c
d
e
f

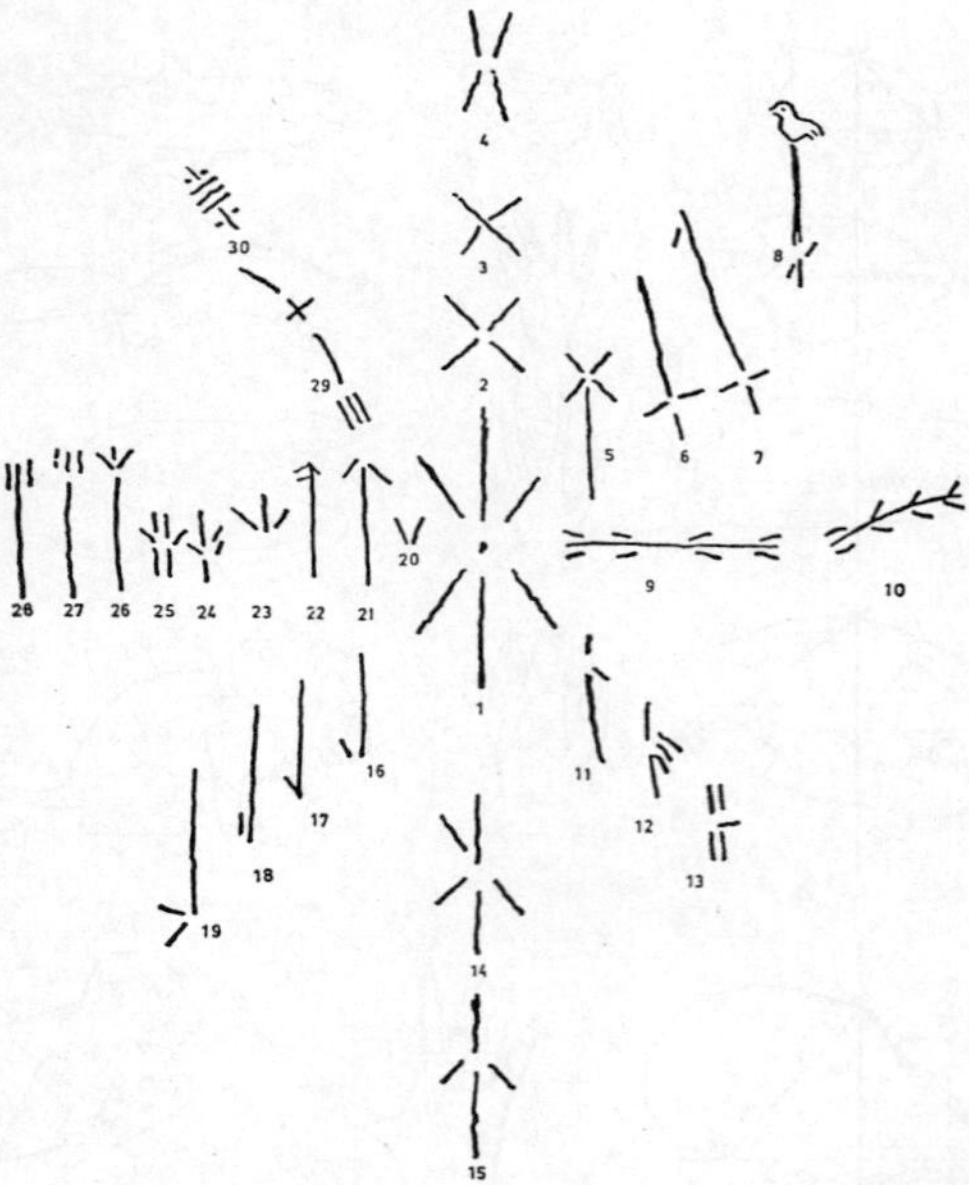

図14　先史芸術には数多くの問題点があるが、わけても重要なのは《線状記号》に関することである。たとえばラスコー洞窟の線刻ないし彩色された記号を細心に観察してみれば、多様化したこれらの記号群が、その完全な形では6本の枝をもつ星形に似た一つの記号（1）から派生していることに気づくはずである。1本もしくは数本の枝を除去したり、垂直線を伸ばしたりすれば、時に左右対称の記号が得られる。これらの記号はかなり変化に富んでおり、洞内各所で動物図像に混じって線刻ないし彩色されている。線の分離事例は今のところラスコーでしか見られない。なお、分離記号の量（400例）と変化の多様さにおいて、ラスコーに比肩しうる洞窟はない。このような分離記号の組み合わせは何らかの意味を帯びているようにも思えるが、いまのところそれ以上のことを言うのは難しい。

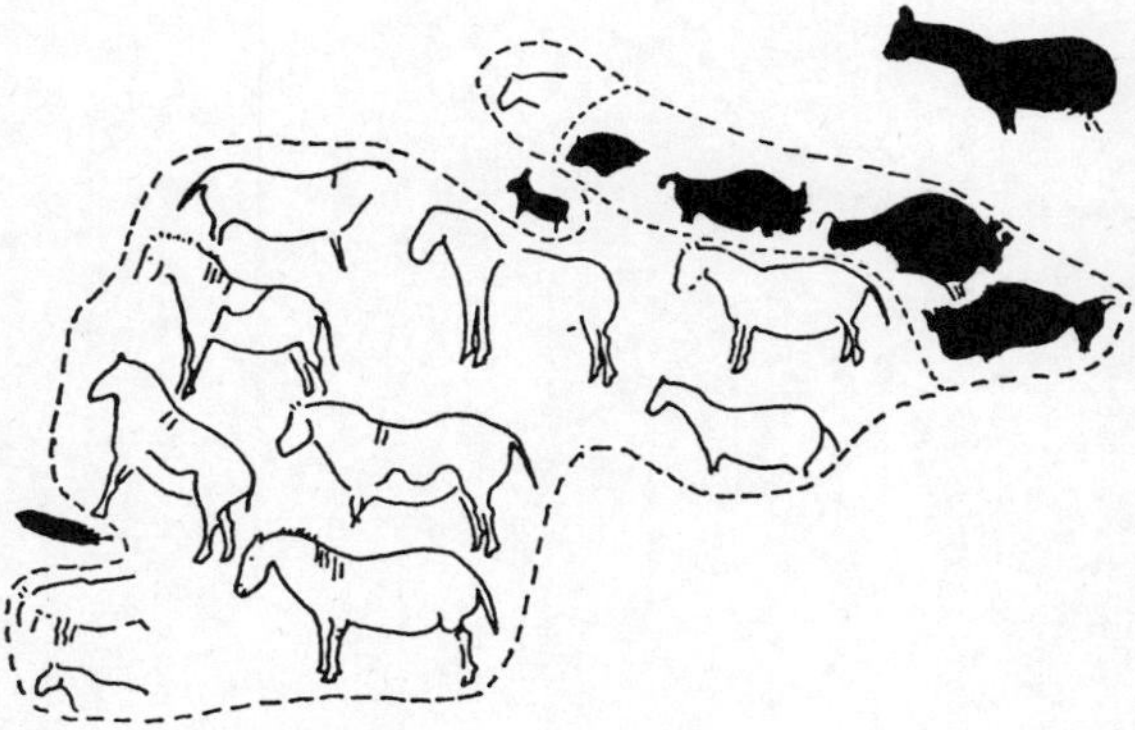

図15　洞窟壁画の動物群像は一見ひどく混乱しているようである。だが、実際のところ、動物図像は馬とビゾンとを頂点とし、多くは野生山羊を、時にはマンモスや鹿を下位動物とする数のヒエラルキーに基づいて配置されている。図はスペイン・バスク地方のエカイン洞窟（ギプスコア県）における長さ４メートルにも及ぶ大壁画で、その組み合わせは示唆的である。そこではまず左を向いた10頭の馬（１頭を除く）が、右を向いた４頭のビゾン（１頭を除く）と結びつけられたかたちで描かれている。周縁部には牝牛（**右上**）や野生山羊（**中上**）、魚（**左下**）の図像がそれぞれ１体ずつ見られる。このうち、鹿と牝牛と野生山羊の３種はもっとも数多く出てくる補完的動物であるが、魚はより稀である。壁画の内容がまったく同じという洞窟は２つとしてないが、アルタミラでは大天井の壁画が図と近い動物群からなっている（ただし、逆さま）。すなわち、そこでは20頭あまりのビゾン像が壁画面の大部分を占め、２頭の馬と３頭の牝牛、それに１頭の猪が周縁部に分布している。これら動物図像群の中できわめて頻繁に見られる組み合わせはビゾン＝馬＋野生山羊＋鹿もしくは牝牛である。ニオー洞窟がまさにその例である（馬＝ビゾン＋野生山羊＋鹿）。この基本的な公式では時にオーロックスがビゾンに取って替わることもある（ラスコー）。

第一章　人間、ごく当たり前に

■先史学とのかかわり

クロード＝アンリ・ロケ――あなたは現在コレージュ・ド・フランスで先史学の講座を担当されていますが、研究対象は先史学に限られてはいないのでは……。

アンドレ・ルロワ＝グーラン――ええ。先史学は他の数多くの研究対象のうちの一つとしてやってきました……。子供のころから、さまざまな小石や化石などをあれこれいじる機会があったのです。アマチュアでしたが、祖父は博物学に興味をもっていて、私もよくフォンテーヌブローの森などに散策に連れ出されては、きのこや昆虫などを探し回ったものでした。ただ、私の最初の学問的情熱はきわめて折衷的なものであり、その傾向は後々まで変わりませんでした。十四、五歳になると、先史学に関心をもつようになり、発掘も何回か経験します。当時はそれに関する何の法律もありませんでしたから、私の発掘は決して不法行為ではなかったはずです。もっともそのやり方は、今日私がはっきり拒否しているもので、発掘現場を組織化せず、ひたすら《ひっかき回す》だけでした。それから、ロシア語や中国語や民族学を勉強し、数年間は先史学のことを忘れていました。

私が再び先史学へと戻ったのは、第二次大戦も終わりに近づいたころ、そう、パリ解放のすぐあとでした。リヨン大学で民族学の講座をもつようになり、同時に先史学も教えることになったのです。そこで私は毎年一ないし二ヶ月間、学生たちをフィールドに連れ出し、彼らに民族学の何たるかを肌で覚えてもらうようにしました。本当は二〇人とか三〇人とかの学生を、アフリカやオセアニアに連れていって民族学的な調査をやりたかったのですが、当時の私にはそれだけの資金力がありませんでしたので――今も事情は同じですが――、国内でそれをおこなうことにしたのです。その際、もっとも手軽で資金的にも問題のなかったのは、発掘でした。事実、先史学なら将来の研究者たちを一まとめにして共同作業につかせ、原始人を相手に選べばよかったのです。こうして私が主宰した発掘学校がまずマコン［フランス中部ブルゴーニュ地方］近く、次いでヨンヌ県のアルシー＝シュール＝キュールで設立され、現在はフォンテーヌブロー近くのパンスヴァンにもあります。ここは一五年以上にもなります。

――あなたが《未熟な発掘》をなさっていた一九二五年ごろ、フランスや世界の先史学はどのような状態でしたか？

フランス先史学界はなお世界を制していました。二〇世紀初頭以来です。それはブルイユ神父★1というただ一人の権威のおかげでした。彼のことはよく知っていますが、必ずしもその考え方には同調できませんでした。しかし《先史学の法王》という呼び方がなされたほど、彼はたいへんな人物でした……。ただ、彼について語ることが、先史学を定義する近道とは思えません。

■人類研究という主題

——この対談で、あなたにいきなり先史学のことをお訊きしようとは思っておりません。むしろあなたがこれまでなさってきた仕事の全体像をみておきたいのです。もっとも、それをひとことで言うのは容易ではないでしょうが……。

おそらくそこには人間、ごく当たり前に言ってこれがつねに一貫した主題としてありました。私は二、三度視野を変えました。時には哲学へ、時には形質人類学へと走ったり……。でも、結局のところ、私の仕事はつねにある特定の主題、いわば互いに整合しあっているさまざまな観点からの人類研究という主題にかかわっていたような気がします。先史学も民族学も、それゆえ私の仕事を包括的に明示するものとはいえません。

■技術・形状への好奇心

——あなたのお仕事におけるアリアドネの糸なり主軸なりはどの辺りにあるのですか?

主軸のことを話す方がよいでしょう。糸かせの方はかなりこみいっており、正直なところしばしばその糸を見失ったりもしましたから……。私には技術や形状に対する好奇心があり、これが自分を突き上げているのです。抽象的社会学に対する資質はほとんどもち合わせてはいません。私が何よりも好きなのは、ものを触ったり、見たり、測定したり、理解したり――もっともこの理解は哲学的なものではありませんが――することです。フィールドでの私は、先史人たちの生活の詳細な部分にかなりこだわります。というのも、これらの細部を通して蘇る彼らの均衡に、つまり、手先の均衡や物的な知性といったものに興味を覚えているからなのです。

――《抽象的社会学》と仰言いましたが、その狙いは……。

いや、だれも狙ったりはしませんよ。ただ、《抽象的》というのは正確ではありません。たしかにこの分野での抽象化は避けられないでしょうが、あるいは《理論社会学》と言うべきだったかもしれません。

――でも、触ったり、測定したりするのが好きだと言われましたが……。

「測定する」と言ったのは、具体的な意味ではなく、むしろ抽象的な意味においてです。技術や身体構造に関心をもつと、どうしてもものや躰を実際に測定しなければならなくなります。しかし、これは私が先ほど示唆した意味での「測定」ではありません。私が考えていましたのは、形態相互間の評価であり、諸概念の評価なのです。石槌を例にとれば、それが必要とされる作業にとって、その最上のプロポーションとは何か、ということです し、ドルドーニュやペリゴール、ケルシーといった南西部の地方に残る先史洞窟壁画のうち、様式Ⅲ★2に属するビゾン（野牛）のプロポーションはどうか、ということです。これまで私はそうした問題をできるだけ具体的に考えようとしてきました。必ずしも成功したとは思いませんが、抽象的な言い方だけはほとんどしなかった。少なくとも、自分ではそう信じています。

■現実的なるもの

――つまり、《現実的なるもの》への愛着ということでしょうか？

一万年前に、いや、一〇〇万年前に死んだ旧石器時代人に対する愛着という意味でなら、そうでしょう。でも、大好きな映画を例にとって言えば、私が好むのは現実的なもの、個人の日常生活や人生を撮ったものに限られます。その一方で、異なった世界を垣間見せるもの、たとえば現在ではなく、将来のことを扱ったり――SFのファンです――、過去のことを扱ったりする、そう、アニメのように全ての制約の埒外にあるストーリーに対しても強い興味を覚えています。現実性の稀薄な映画となるでしょうか……。多くの先史学者にとって、先史学とは一種のアジールもしくは自分の周りに建てることができる塔のごときものでして……。それは民族学と民族学者の関係についても当てはまります。もっともすぐれた研究者のうち、いったいどれほどの人が、たしかに二十世紀に足を踏み入れてはいるものの、なお十七世紀の状態にある人々のうちに身を潜めているでしょうか。民族学者は自ら観察しうる現代の未開と呼ばれる人々にのみ、しばしばその全面的な愛情を傾けます。しかし、だからといって、私は先史学者や民族学者の情熱が、彼らの現に生きている世界に対する嫌悪というかたちをとるとまでは考えません。ただ、少なからぬ研究者たちにとって、神秘の世界とは過ぎ去った世界に他ならない。私の場合もあるいはそうかもしれません。自分のことはよく分からないものですが……。

――今あなたの仰言ったことは、記憶や死の問題とかかわっているのでしょうか？

墓壙の中に太古の人間の頭骨片を見つけたような場合については、そうです。そこでは何らかの記憶を抽出しようとするからです。たとえばアウストラロピテクス[★3]の遺骸を掘り出した場合、誰もがほとんど存在しなかったような記憶をつくり出したり、人の記憶に何の痕跡も残さなかった個人と対峙したり、あるいは後天的に一種の《回顧＝記憶》とでも言うべき記憶を創造したりする。こうした記憶は死と分かち難く結びついています。このことは一生涯をかけて頭骨や骨片を扱う動物学者や人類学者にも当てはまるでしょう。また、時に記憶が感動的なものであるような場合、彼ら学者たちは究極的な目的について、何かしら思いを巡らせたりするのです。

■形態と機能

——私が読みかじったところによりますと、ドイツ人の税関吏たちがある日、ミイラが死体なのか芸術品なのかの判断基準について、互いにやり合ったということです。あなたにとって、粘土から発見されたものは人間の遺骸となるのでしょうか、それとも……。

そう、私はつねに死者の背後に生者を探してきました。たとえば小動物の脛骨を掘り出したとします。私にとってそれはたしかに兎の脛骨ではあるのですが、その先には二つの耳がついており、しかも毛皮に覆われている。まったく同じことは人骨についても言えます。つまり、私が人骨に興味を抱くのは、それがかつて生きていた人間のありようを考える上で手がかりとなるからなのです。このような視点はものごとに対する健全かつ科学的な考え方から逸脱した、きわめて異端的なものかもしれません。でも、この分野にかかわる限り、私には死者と生者とを切り離すことができないのです。

——先ほど技術や道具に関心をもっていると仰言いましたが、あなたが太古のものに感動なさらないとは考えられませんね。

ビルマ〔現ミャンマー〕に見られる米の収穫用鎌を引き合いに出して言いますと、私にとってこれは一個の完璧な作品と思えるのです。人類博物館（パリ）の私の研究室にもそれが一本かかっています。私はまた白兵戦用の美しいナイフやマレー人の用いる短剣《クリス》、鉄・ニッケル合金の長い武器などにも関心を抱いております。

――私が初めてあなたを研究室に訪れた際、論文などに混じって放射状に輻《や》の出ている車輪を一つ見つけましたよ。

机の上にあったものですね。あれは古代ペルー人の鉄製棍棒です。決して見事なオブジェとは言えませんが、その用途はともかく、少なくとも出来栄えには共感を覚えます。そうした棍棒は工人たちによって一本ずつ鋳造されたのです。しかし、彼らはふいごを知らなかったため、炉を丘の上の風通しのよい場所においてこれを作りました。なかなかの出来だったでしょう。でも、洞窟から出土したハイエナの顎骨[★4]ほどではありません。動物の骨角をもとにしてこしらえた利器の形態の中にも、このように我々の心を魅きつけるものがあるのです。

――あなたの賛美は形態と機能との適合という点に向けられているようですね。

ええ。ある著書[★5]に「機能と形態」と題した一節を設けたほどですから。あなたの仰言る通りだと思います。

――とすれば、ちょっと意外ですが、あなたの美学は《機能主義的》と呼ばれるべきでしょうか？

私は哲学臭のある用語を好みません。よく理解できないからです……。でも、《機能主義的》とは思いません。明らかに身ぶりと思考との間には何がしかのつながりがあり、これが機能と形態とを結びつけるのです。もっとも両者間の適合が必ずしもうまくいくとは限りませんが。

――『身ぶりと言葉』★6の中で、あなたはどんなに単純なナイフでも無数の変種を生み出していることを指摘しています。まるで機能がつねに個人的な幻想なり美学なりにしかじかの余地を与えているようですね。

大部分の古生物学者同様、私もまた自分が進化論者であると考えています。そもそも進化論なるものはかなり自由な教養でして、多様な形態の蓋然性を称賛しながらもそれらを不易不変とみなしてはならないとするのです。そして一方では、過去と現在の形態の変遷について思いを巡らせもする。

■人類学の領域

――あなたはよくご自分の著作を人類学者の書と明言されておられるようですが……。

はい。《人類学者》なる言葉は、それが人間の全体像の研究に適用される場合には認めてもよいでしょう。他にこれといった用語もありませんので。これまで人類学は形質人類学、文化人類学、社会人類学というように分類することを余儀なくされてきましたが、実のところ、そうした分類はさほど有効ではありません。社会学や文化民族学《エトノロジー・キュルチュレル》、社会人類学、民族歴史学《エトノ・イストワール》、民族先史学《エトノ・プレイストワール》などの関係は、きわめて錯綜しているからなのです。しかも、それらはもともと同一の学問の内にあるものなのです。たとえば、人文地理学は民族学の領域へ大きくせり出した学問と言えるでしょう。社会地理学もそうですし、また……。実際、各々が相異なる小さな展望台から人間を眺め、つねに同じものごと《スペクタクル》を見るというのが人間集団だと思うのです。そこではある一人の真実が他者の基本的な真実と何ほどかかかわっている。レヴィ＝ストロースの言うところによれば、人類学とはまさにこうした人間の研究、というわけです。民族学というのも、やはり人類学でして……。でも、私はかなり長い間この《人類学》なる言葉を用いるのを自制してきました。今でも滅多に使いません。私がもっと若かった頃はこれはきわめてはっきりした意味をもっており、人間の遺骸や形質の研究、つまり、今日の形質もしくは自然人類学とされていました。数年前、《民族学》と《人類学》という言葉について少し調べる機会がありましたが、その際分かったのは――ある種の満足感と共に――これら二つの用語が前世紀中葉以来、他ならぬ人類学者自身によって交換かつ混同して用いられてきた、ということです。

――『人間と物質』第二版[★7]の序文の中で、あなたはこの分野における命名ゲームを懐疑的にみつめていますね。

ええ。私の仕事はそうした用語の価値に何がしかの幻想を抱くには、あまりにも多岐にわたりすぎており、あるいは不調和との印象を与えかねないほどなのです。

――そうしたあなたの仕事は、どのように受け容れられ、理解されたとお思いですか？

私の本は読まれています。中には、そこで見出したものに満足をしていると思えるような読者もおります。しかし、自分の著書を読み返したりはしません……。『身ぶりと言葉』は刊行以来二度読んだはずですが、『環境と技術』〔一九四五年〕は二〇年間頁を開いてはおりません。これらはいわば過去の著書であり、それを忘れようとしてきた私にとって、さほど重要な意味を帯びてはおりません。今は、といってもかなり前からですが、私の最大の関心は先史芸術にあります。もっとも、それはあくまでも一つのサイクルとしてあり、いつか、おそらくさほど遠くない時期に、私はまたぞろ他のことをやろうという気になるかもしれません。《しっかり根を下ろした》人間という状態に安んずる気が起こらない。むしろ、人間へと至る道をつねにいろいろ切り拓きたいのです。

■コレージュ・ド・フランス

——たとえば、一〇年近く教えておられるコレージュ・ド・フランスで★8、あなたができることは何ですか？

そこでは全てが可能です。いくつかの分野を通して考えたいと思う者にとって、おそらく理想的といえる機関でしょう。というのも、コレージュでは一つの義務しか課せられていないからなのです。それは毎年二六時間の授業をする、という義務です。内容が新しく、本人が現在おこなっている研究にかかわるもの、との条件がただ一つ設けられていますが、他には実際に何の拘束もありません。

——このコレージュ・ド・フランスでは、学者同士の接触は頻繁ですか?

大学の中ほどではありませんね……。少なくとも年に三度、総会で顔を合わせたり、廊下で手洗いに行く隣人に会ったりする程度です。事務当局には、我々がお互いにコーヒーを飲むことのできる部屋を一つ設けるといった親切なアイデアもありましたが、同僚たちの多くがそれを利用するとは思われません。むしろ、コレージュの外で、たとえば共通の友人宅でたまたま同僚に会ったりすることがあります。そんな時は、往々にして熱っぽい議論が交わされます。コレージュでは非常に楽しい接触というものは起こりません。物理的な理由、つまり、場所や時間がなかったり、それぞれが果たすべき仕事を抱えているためです。何しろ、毎年二六時間という授業内容は、ゆうに大著一冊分(!)の分量になるのですから。コレージュの教授になると、これから自分が担当するようになる任務に細心の警戒をするように言われます。でも、誰一人そんなことを意に介す者はおりません。実際、最低限必要な事務的作業と本来の研究の延長線上にある講義の準備さえ少しすれば、それで一年間は十分やっていけるのですから。

私の生徒たち、というよりむしろ聴講生たちとの接触は、同僚たちとの場合より明らかに数多くの機会に恵まれています。ご承知のように、コレージュには試験の義務や出席の強制もありません。彼らに求められることは何一つないのです。学ぶために来る。ただそれだけです。私の聴講生たちは大きく三通りに分けられるでしょう。まず、現役引退者たち。彼らは高年齢の聴講生たちで、話がよく聞こえるようにと前の方の席を占め、中には精勤の《いじらしい》生徒もおります。次は私の協力者や昔の学生たちで、講義に出たり、セミナーに加わったりしています。また、セミナーで発表をするために聴講しにくる先史学者もかなりおります。三番目は各大学、とくにパリ第一大学からの学生たちで、なかなか熱心に私の話を聞いています。パリ第一大学では、私の講義がカリキュラムに組み込まれているからです。これらの聴講生は全体として四〇ないし五〇人というところでしょうか。

■先史時代と記号表現

――通年テーマは「叙述と記号」でしたね。

そうです。目下旧石器時代芸術における記号について、自分の考えを完全に整理する作業に入っているからです。先史芸術、とくに洞窟・岩面画には、二種類の造形パターンがみられます。その一つは動物を表現したきわめて明確な図像で、これは時と共に《写実的》なものへと移っていく傾向がある。もう一つは抽象記号や線条痕です。これらはほとんどが男・女性シンボルの表現と考えられます。[★9] こうした理論は私がかなり長い年月をかけて取り組んできたもので、幾分なりとその輪郭は明らかにしえたと思っています。ちなみに、各地に残る洞窟では数多くの写実的な女性シンボルが見つかっており、そこで、これらの図像が時代を経るにつれて変遷を遂げ、抽象的な形態をとるようになった、という説が唱えられています。

この抽象へと向かう変遷は確かに重要な意味を帯びていて、人間なり動物なりの交接表現をまったく欠き、初歩的な性的特徴も滅多にみられないといった図像のあり方に符合しています。まださほど理解が進んでいないのは、象徴記号と動物図像との関係です。記号は象徴的な三つのカテゴリーから成っています。女性シンボルないし図状記号《シーニュ・プレン》、男性シンボルないし線状記号《シーニュ・マンス》（巻頭参考図5参照）、それに点列シンボルです。これらがどのような機能を担っていたかは不明ですが、一連の図像群の端に位置しているということは、いくつかの事例の裏付けがあります。今日、ようやく洞窟壁面に描かれた動物図像群の重要な意味に目が向けられるようになりました。しかし、そうした図像群が何らかの意図に基づいて制作されたことぐらいしか分かっておりません。記号群についても同様です。記号群と動物図像群の組み合わせについては、言うまでもありません。たとえばペック＝メルル洞窟[★10]の動物図像群です。ここでは図状記号と等価の牝牛像が何ヶ所も傷を負い、牡牛像の上には何本ものダッシュ記号が一束となって描かれています。また、マンモス像には赤色オーカーによるダッシュ記号が重ね描きされています。これらの記号は他の洞窟にもみられるように、多少なりと造形的なシンボルに対応しているのです。

■科学とは何か

——では最後に、この第一回目の対談を締めくくるため、いささか唐突な質問をさせて下さい。あなたにとって《科学》とはいかなる価値や意味をもっているのでしょうか？

私は科学なるものに過大な幻想を抱いてはおりません。たしかにそれは人が自らの成長を感じることのできる場ではあります。しかし、何よりも肝心なのは、現代人を含む《ホモ・サピエンス》がそうした成長を必要としているかどうか、あるいは逆に、より慎重に構えて足踏み状態に身を置いている方がよいのではないか、その辺りをよく理解しておくことでしょう。

第二章　出立から

■回想

私の想い出の中にある最初の映像は、たしか二歳の頃だったはずですが、壺に入った水をぺちゃぺちゃ舐めている飼犬のそれです。この映像は今でもそんな場面に出会うと鮮明に蘇ってきます。私はこれまで彼以外の犬を飼ったことがありません。どんな恰好をした犬だったか定かではないのですが、さほど大きな躰をしていたとは思えません。にもかかわらず、舌を壺の中に入れてぺちゃぺちゃさせているその姿は、私の心の中に強く焼きついたままになっているのです。

もう一つの記憶は十四歳の時で、前線へと向かう師団の出発光景です。海軍にいた父親が第一次大戦の勃発尚早に戦死しておりましたので、おそらくこの兵士たちの出発と父の死との間には、何らかのつながりがあるはずです。彼らのケピ帽★1や軍服のあらましを、鈍《にび》色《いろ》の外套と共にとてもはっきり憶えています。他にもいろいろと記憶に残っている映像はありますが、なぜそうした像が自分のうちに刻まれているかは分かりません。

子供の頃の想い出としては、その他に私が劣等生との評判をとっていた学校があります。また、とりわけ、祖父と海岸やフォンテーヌブロー地方のモレ＝シュール＝ロワンで過ごした休暇も想い出に残っています。

――学校では、いったい誰があなたをうんざりさせたのですか？

学校そのものです。私は十四歳で退学し、たった一人で大学入学資格試験の準備をしました。書店やメリヤス店で働きながらです。やがて、書店勤めを続けたまま、私は美術書を読み漁るようになりました。のちに日常的なものとなる〈ガリ勉〉（クルスス・ストゥディオルム）は、早くもここから始まったわけです。二十歳の時、私はすでにロシア語の学位を受けています。

――おじいさまのことをもう少し……。

おそらく私は祖先たちの影響を蒙っております。代々造船業を営んでおり、自らの手で多くのものを作り出してきました。今でも私は、人生のさまざまな問題と取り組んだ彼らの精神に敬意を抱いています。

私の曾祖父はブルターニュのサン＝ナゼールに木造船の建造工場をもっていたのですが、うまくいかなくなり、ついに沖仲士組合に取られてしまいました。工場の破産後、祖父はその後半生を軍艦用の砲塔を製造する会社で過ごしました。この会社はパリに本社があり、こうして彼はパリに住みつくようになったのです。私の両親が他界したのち、私と弟を引き取ってくれ、以後、彼と祖母とが両親代わりに面倒をみてくれました〔Gourhan はこの母方の祖父母の姓〕。

――それでおじいさまは、あなたの劣等生ぶりに満足なさっていましたか？

いや、かなり不満だったようです。だからこそ十四歳になった時、私に退学を申し渡したのです。でも、少しずつ私のことを理解してくれるようになりました。やがて、私は書店で働きながら、人類学学校《エコール・ダントロポロジー》の講義に出られるようになりました。当時この学校は、パリ大学医学部の中庭にあったコルドリエ修道院に間借りしていたのですが、そこにはまた病理解剖学や奇形学方面の陳列で有名なデュピュイトラン博物館も併設されていました。

■比較解剖学への関心

もう一つの想い出は十歳の頃のものです。その頃、私はよく祖母と連れ立って、ジャルダン・デ・プラント★2に行きました。ここは非常に興味深いところで、とくに園内の比較解剖学標本館がそうでした。この中には鯨の骸骨や一階と二階にまたがる各種動物剥製のほか、巨大爬虫類や梁竜《ディプロドクス》の復元像、あらゆる種類の化石、何年も後になって私がその土に隠された棲家から発掘することになる洞熊の標本などが陳列されていたのです。こうしたことは私のうちにかなり強烈な印象を残しており、六歳から十二歳までのもろもろの記憶の像を分析してみると、当時、すでに自分の全人生が詳細にいたるまで暗示されていたと思えてきます。というのも、長い間比較解剖学に専念し、自ら担当する発掘で見つけた動物遺物を現在もなお発表しているからです。

この標本館の三階にはまたクロ＝マニョン人やネアンデルタール人種のシャペル＝オー＝サン人★3の頭骨が展示されている部屋が一つありました。ただし、これらは一九三七年に人類博物館の方に移管されています。現在やはり人類博物館にあるマントン人骨★4も骨片が一つ欠けただけのほぼ完全なかたちで陳列されていました。また、石器を用いていた未開人たちの民族誌学的なオブジェも数多くありましたが、その中には柄に彫刻を施したポリネシア人の、より正確にはタヒチ人の木材加工用の見事な両刃付き手斧が含まれていました。これものちに人類博物館の保管するところとなり、後年、私が副館長に就任した時、見つけ出して自分の研究室に飾りました。今でもありますよ。これなどはまさしく私の幼年期と現在とをきわめて密接に結びつけるものといえるでしょう。

■民族学への関心

ジャルダン・デ・プラントの標本館にはさらにイヌイットのカヤク★5もありました。階段の上の壁にかけられていた陳列品で、中には人形《ひとがた》が一体入っていました。武器の類も数多く展示されていました。これらともパリの人類博物館時代に再会しておりますが、今でも私は極北文化、とりわけシベリアの文化やイヌイットに関心を寄せております。要するに、数多くの幼馴染（!）と再会しているわけです……。おそらく私の人生は、こうした毎週木曜日と日曜日の標本館詣でによって一部決定されたといえるでしょう。そこでは民族学と人類古生物学と先史学、つまり現在まで私が重ね合わせにやってきた三つの学問が、互いに混ざり合いながら一つの雰囲気を醸し出していたのです。

自分がはたしてそれにどのような具体的反応を示したかは覚えていません。標本館の中で自分がどんな態度をとったかも定かではありません。でも、動物学に対する際限のない関心が、祖父母をひどくうんざりさせたことは確かでしょう。思うに、彼らにはそれが日常茶飯事となっていたはずです。十四歳頃の私は、そこかしこで見つけた動物を相手に数多くの解剖を試みていました。そして、それらの骸骨や骨片、とくに頭骨を集めてコレクションを始めました。それは今でも別荘にありますが、私が博士論文を準備した時、これが比較解剖学のコレクションとして大いに役立ったものです。今ではその中味は非常に多岐にわたっており、トナカイからオットセイ、ミズテンジクネズミからヒトコブラクダまで、といった具合です。

――学校ではほとんど勉強せず、おじいさまによって十四歳から働きに出され、大学入学資格試験を独学で準備する。これがあなたの少年時代ということになりますか。このような話を伺うと、私にはあなたがかなり粗野な子供だったように思えてきます。性格的にある種の力が欠けていたわけではないのでしょうが……。でも、一方で学校を拒絶しながら、他方で知識を貪欲に求めた。それはいったい何なのでしょうか。私には一種の改心があったとしか考えられないのですが……。

いいえ、そんなものはありませんでした。学校では私がきわめて得意とする学科もいくつかありました。とくに国語（フランス語）と自然科学です。ただ数学だけは最後までほとんどものになりませんでした。

――今もですか？

現在は統計学的な考え方が必要との認識に立っていますが、あえて言いますと、そこには数字をひねくり回すという発想はありません。

■統計学的方法

――でも、たとえばラスコー洞窟[★6]の壁画全体を解釈するような場合、統計学的な数字が必要だったのでは？

それは辛うじて統計と呼べるような代物でして、むしろ簿記と言った方がよいかもしれません。

――ある本[★7]の中で、あなたは統計こそが、先史人の生活様式なり思考法なりに対する我々の考察を可能ならしめる唯一の方法と書いておられますが……。

それはまあ呪文のようなものでして……。しかし、統計が資料をして語らしめる唯一の方法であるということはほぼ間違いのないところです。先験的《ア・プリオリ》に言って、あくまでも先験的にですが、数値というものは明らかに人間がしかじかのオブジェに対して抱く関心の度合と符合しています。事実、もし壁画洞窟に彩色・線刻いずれのトナカイ像も見られないとすれば、それはまったく正反対のことを意味するはずです。すなわち、先史人たちはトナカイがいなかったゆえに、この動物に関心をもったりはしなかった。あるいはそれを日々の糧とみなしていたために、芸術的な構図のうちにその姿を描こうとはしなかった。さらにはまた、トナカイが主たる神的存在であったがゆえに、秘密にしておいた……などといった考えが出てくるに違いありません。たしかに、そこにはほとんど乗り越えられない段階というものがあるでしょう。しかし、それにもかかわらず、統計や数字によって何かがあった――必ずしもそれが何なのか分からないまでも――と言えるのです。私としては、先史人たちの思考についてかなりあれこれ指摘してきたと思っていますが、そうしたことは今言いました方法によって初めて可能になったと考えています。ただし、私の指摘があくまでも括弧つきであるとの理解はもっております。《そこには何かがある》。せいぜいそう言うのが関の山でしょう。まだ石を取り除いて答えを見るところまではいたっていないのです。おそらくこの先もずっとそうでしょう。

■先史学への傾倒

――あなたが学問を始めた頃に話を戻させて下さい。一九二九年にはパリ大学の文学部によく通われたのでしたね。

ええ……。いろいろなことが奇妙に絡み合っていました。当時、勤め先の書店には私の望みを理解していたと思われる人事部長がおりました。一見ひどくぶっきらぼうな感じを与える人でしたが、実際はお人好しで知的でもあり、最終的に私の人生の出発にあたって大きな役割を果たしてくれました。そんな彼に私は先史学に対する自分の嗜好や先々のことをあれこれ話しました。一方、私の代母が刊行間もないマルセラン・ブール★8の『化石人類』なる本をプレゼントしてくれました。一九二五年頃だったでしょうか。この本を私は一気呵成に読み、やはりそれをもっていた人事部長と内容について語り合ったものです。彼は私を指導しながら、全頁を写させました。当時、私の字はかなりひどいものでしたが、それは今でも変わりません。ともあれ、彼は頁のコピーを私に作らせるだけでは満足せず、本のさまざまなテーマについて宿題すら出したのです。こうして私は、すでに話しましたように、書店勤めを止めることなく人類学学校の講義に出られるようになったのです。奨学金はかなり速やかに得ることができました。あとは一生の仕事として自分の望むことをまっとうさせてくれる学位をとるだけでした。

■言語の習得

一九二八―二九年に、私はこの人事部長のもとを去りました。それはちょうど、当時パリ大学付属の東洋語学校《ラング・ゾー》で学長をしていたポール・ボワイエと知り合った時でもありました。代母を通して知り合ったのですが、彼女は司書の仕事をしており、仕事柄しばしば東洋語学校に出入りしていたのです。ポール・ボワイエはいわば使徒ともいうべき人物で、事実、私の人生に決定的な影響を与えてくれました。面会時に私がロシア語をやりたいと話すと、彼はこう言いました。「いいでしょう。やりなさい。ただし、中国語もです、中国語をやっておけば、外交官への道が開けます。領事にもなれるでしょう。そうなれば、糊口をしのぎながら、民族学と先史学を学ぶことができますよ」。ボワイエ自身はロシア語に精通していて、それを魅力たっぷりに教えておりました。やがて、我々二人の間には深い共感が芽生え、いつまでも残ることになります。第二次大戦が始まると、彼は退職してしまいますが、その後も私は時々彼と会いました。しかし、七十五歳を越えたこの老碩学は、ドイツ軍の占領時代「一九四〇―四四年」に他界しました。

彼のおかげで、私はロシア語と中国語とを同時に学び始めました。上達はロシア語の方が遥かに速かったのですが、中国語と漢字の読解については何がしかの考えをもっていました。

■漢字と日本語

私の中国語は日本に留学してかなり攪乱されてしまいました。そこでは通りに見えるさまざまな看板の文字を、日本語の発音を知らなかったため、ただ目で読むだけという奇妙な感じを味合うことになったのです。実際、中国語を知っていたので、数多くの日本の漢字を読むのはできました。でも、文章の構成法はまったく異なっています。《食堂》とか《呉服屋》……なら読めますよ。日本語は中国語から文字を借り、それに二ないし三通りの相異なる発音を与えています。文章の中では、これらの文字が互いに小辞によって結ばれて一文を成すわけです。表音文字には〈平仮名〉と〈片仮名〉の二種類あり、前者は文法的機能のため、後者は正確な発音のためのものです。

私はまだかなり日本語を覚えています。哲学的な会話までは無理でしょうが、幾度となく経験した通りでの困惑くらいは、今では完全に切抜けられます。

――中国語の学習はあなたに何をもたらしてくれましたか?

私にかなりの影響を与えたもう一人の人物と知り合う機会をです。そう、私は数多くの機会に恵まれました。その頃の私は、実に貴重な人々に出合ったものです。

■マルセル・グラネ

もう一人の人物とは、例のマルセル・グラネ[★9]です。彼は当時高等研究実習院[★10]の主任教授をしており、とくに中国の古代や民族＝歴史学、道教、儒教などに関心を寄せていました。社会学の素養をも身につけた中国学者で、恩師の一人であるマルセル・モースともきわめて親密でした。ただし、私の真の師ということになれば、グラネとボワイエの二人となります。長い間、少なくとも三年間、私は高等研究実習院でのグラネの講筵に連なりました。そして、彼の考え方に大いに魅かれたので、文学博士号の論文指導を頼んだのです。私が研究しようとしていたのはシベリアの神話学、とくにシャーマニズムで、論文作成にあたっては、グラネが著書の『古代中国の舞踏と伝説』でおこなったスタイル、すなわち、口承ないし記述資料から何か具体的なものを抽き出すというスタイルを踏襲しようと考えました。しかし、グラネはかなり閉鎖的な人でした。冷淡とさえ思えるほどでした。結局、私は彼と少し突っ込んだ話を二、三度交わしただけでしたが、彼のことはよく理解しておりましたし、彼の方も私のことを分かっていてくれたと信じています。ともあれ、私としては彼の指導で何とか博士論文を仕上げたかったのです。

でも、戦争が終結に向かいつつあった一九四一年、突然の死が彼を襲いました。当然計画は断念せざるをえなくなりました。もっと正確に言えば、私は別の論文を用意したのです。「北太平洋の考古学」*Archéologie du Pacifique Nord* なるものです。グラネと共に、神話学や社会組織の観点から研究しようとしていた人々を、マルセル・モースと一緒におこなった考古学調査において見出したためですが、論文は全体的に散漫で不統一なものでした。

——そうは思われませんが……。運とか状況の成せる業《わざ》とかはさておき、私にとって自明とも思えるのは、その論文があなたの将来の仕事の萌芽にほかならなかったということです。私には自然史と先史学に魅かれた子供の姿が見えます。外国語を学び、漢字を発見し、神話学やシャーマニズムへと方向転換した若者の姿も見えます。《有用な》形態の世界からシンボルや記号の世界へ、これこそ『身ぶりと言葉』が始源から描き出した世界ではないでしょうか。そしてそんなあなたの仕事には、グラネやモースのそれと明らかに関連が認められます。

私はグラネよりモースの方をよく知っています。彼は天才的なまでに錯綜した人物で、全てをいささかなりと混ぜ合わせ、そこから忘れ難いものを抽き出すのでした。彼はまたマルセル・グリオールからフランカステルにいたるまでの一世代を育成しました。その講義にもやはり三年ばかり出席し、できる限りノートをとりましたが、話は尽きるところがありませんでした。

■マルセル・モース

——モースの著作から受ける印象とは違いますね。

著作はいずれもかなり短いものばかりですからね。彼は重要なことをきわめて数少ない論文に集約させたのです。

――モースの話し振りはどうでしたか？

沈黙。あえて言えばそうなります。年月が大分経ってしまっており、今ではそんな彼の話し振りを真似てあなたに示すことはできないでしょう。私の中の彼のイメージも理想化されておりますし。ただ、彼は言葉によって何かものごとを示唆する際に、それを厳格な方法で明示することをしなかった。彼の話はきわめて分節的かつ柔軟なものでした。ほとんどの言葉は最終的に空虚な感じを抱かせましたが、その空虚さは聞く者をして何かを考えさせずにはおかなかった。私が彼の話し振りでもっとも特徴的なのを沈黙と言った理由がここにあります。

モースがシベリアのギリヤーク族やゴルド族に関する他の研究者たちのテクスト解読をおこなった時は、正直ひどく驚きました。高等研究実習院での講義――研究生は一〇人以下（！）――だったと記憶しています。我々はここにあるようなテーブル、いや、もう少し小さかったかもしれませんが、そのテーブルを取り囲むようにして席についておりました。モースはそこでドイツ語をフランス語に翻訳しながら、世界のいかなる地域に関することであれ、テクストを比較註釈してみせたのです。彼こそまさに信じ難いほどの博覧強記の人で、何がそうさせたか後になっても詳しく言うことはできませんが、ともかくその全てが我々に深い満足感を与えたものでした。

モースの綜合的な講義に出ていた二年の間に、私は仲間の一人であったユダヤ系ロシア人のデボラ・リプシツなる女性——強制収容所で亡くなりました——と、交代で講義のノートを取るか、もしくはそれぞれのノートを見せ合って、講義の正確な内容を記録しておこうと取り決めました。しかし、それはついに具体的な成果を挙げずじまいでした。講義内容があまりにも豊富にすぎ、つねに水平線ぎりぎりのところまで行ってしまったからです。やがてモースの講義は昔の弟子たちが互いのノートを基にして出版されるようになりましたが、[★11]私がデボラと共にノートした内容と彼らのそれとの間には、実に大変な違いがあるのです！　それぞれが自己流にモースをとらえている。私にはここにこそ彼が自分の弟子たちに与えた真の魅力の秘密が隠されていると思います。

——あなたはモースの中に何らかの問題意識なり強い熱情なりがあったとお思いですか？

彼が一般的な意味で人類を考えかつ理解しようとしていたことは確かでしょう。彼の考えは時には幾分時代遅れなものと映りますが、こと人間的事実についての理解に関する限り、今日でもなおかなりの的確さを失っていません。たとえば『贈与論』〔吉田禎吾・江川純一訳、ちくま学芸文庫、二〇〇九年〕は今でも民族学の基本文献となっています。ただ奇妙なことに、彼は旅をしなかった。一度だけ会議のためにカナダもしくはアメリカ大陸を訪れ、ついでにモロッコまで廻りましたが、それがモースのフィールドの全てです。にもかかわらず、その博識ぶりは信じ難いほどでした。彼はマラルメのように万巻の書に目を通していたのです。

■モースの技術論

――モースの出版された著作の中で、何が一番重要と思われますか？

難しい質問ですね。彼の著作を十分な隔たりを置いて判断するには、なお一世代が必要でしょう。しかし、私はそれを読み返すたびにつねに同じ悦びを味わっています。確かに彼は何らかの問題を把握していたことと思いますが、たとえばモースを語らずしてレヴィ＝ストロースも語れないはずです。

彼の有名な技術論の講義は何年もかかりました。講義のたびに何かが生じ、そのまま話を続けることができなくなる。窓があいて遠くまで見渡せるような事態になってしまうためです。彼は人間社会を研究する他の全ての分野と技術を結びつける絆を理解し、そのおかげで、我々もそうした基本的な絆に対する認識がもてるようになりました。思うに、技術論の面におけるモースの考え方はかなり正鵠を穿っていた。でも、実際の経験はほとんど無きに等しいものでした。彼の分類枠は当時のゲルマン系ないしアングロ＝サクソン系理論家たちのそれを踏襲していましたが、改良もなされており、人類のあらゆる側面を対象としていたのです。この枠組みは、たとえば製縄業やエスパルト製品製造業、繊維工場などを区別してはいましたが、豊富で技術的にも認められたデータを介在させぬ限り、かなり抽象的なものでした。

一方、私の分類枠は素材それ自体の物理的な性質に立脚しています。もちろん道具も対象に含みますが、このことは含意としてあるにすぎません。主体はあくまでもものの一般です。技術というのは全体として固体（安定したもの、半可塑性のもの）と衝撃（置かれたもの、投げられたもの、可撃器と共に置かれたもの）とに基づいています。残りは全て材料や物質に対する働きかけによって条件づけられるわけです。

■身体技法

――《身体技法《テクニークデュ・コール》》に関するモースの仕事[★12]は参考になりませんでしたか？

モースは身体技法の中にとくに自分が関心を寄せた領域を見出しました。それは《作業ロス》のない技術、製作者の知識や鍛錬といった領域です。彼によれば技術の主たる原材料が人間となっています。つまり、我々がお互いに知覚し合える人間の何たるかを理解することは、マオリ語の言い回しを用いれば、万能の技術者を養成するより遥かに易しい、というわけです。

……ただ、我々がこの師に何を負っているかは決して分からないでしょう。誰もが考えつかないようなことを背景として築かれた思考はたくさんあります。これらの思考は普通以上に深く考える、もしくは普通とは異なった考えをする人によって開示されてきました。

高等研究実習院での彼の講義に数年間出席したあと、私は無鉄砲にも『トナカイの文化』〔一九三六年〕なる題名で著書を出版しました。★13その際、モースは私に対し、それがさながらあひるの卵をそうと知らずに抱えた牝鶏のように思えるとだけ言ったものです。

■モースの弟子たちと人類博物館

一九三一年前後に学位を受けたモースの最初期の弟子たちは、徐々にこの世から去りつつあります。まずマルセル・グリオールですが、彼はとうの昔に亡くなっています。ジェルメーヌ・ディーテルランや、パリの人類博物館で司書をやっていたイヴォンヌ・オドン——現在は引退しています——、ドニーズ・ポーリヌ、アンドレ・シェフネルなども、モース山房の一員でした。また、中国の古生物学者で、北京に戻って約三〇年になる斐氏もいました。もちろん弟子の全てが私の記憶に残っているわけではありません。レヴィ＝ストロースやフランカステル★14は、やや遅れて弟子入りしました。私の場合は、モースがポール・リヴェ★15と創設した民族学科で最初に学位を受けた世代に属します。ジョルジュ＝アンリ・リヴィエール★16のことは御存知ですね。

——国立民衆芸術伝統博物館《ミュゼ・デ・ザール・エ・トラディション・ポピュレール》とのかかわりでしか知りません。

そうですか。彼は大変な人物でしたよ。私は彼とかなり長い間一緒に仕事をしました。今では八〇歳を越えていますが、なおも国際的な展覧会などを組織しています。実に非凡な人物でして……。若い頃、我々は一〇人程度の若者男女からなるチームをトロカデロ宮殿の旧い博物館内に結成し、博物館の改革を図ったものです。当時館長だったヴェルノーが他界すると、リヴェがその跡を襲いました。このリヴェという人はなかなか嗅覚がきき、リヴィエールに会うとすぐに彼のことを理解し、人類博物館の副館長に就いてくれるよう従慂したのです。その頃、リヴィエールはオルガン奏者をやっており、レストランの《ブフ・シュール・ル・トワ》でピアノを弾いたりしていました。

一九三二ないし三三年に人類博物館内に《極北》部門を創設することになった際、私はリヴィエールと共に百貨店の陳列棚を見て歩きながら、展示法のアイデアをあれこれ盗んだものでした。私が《クロワジエール・ジョーヌ》および《クロワジエール・ノワール》博物館[★17]の投げ売りに加わったのは、ちょうどその頃のことでした。そして、この博物館が所蔵していた民族誌学関係資料が、のちに人類博物館のコレクションに加わるようになります。

■ミシェル・レリス

当時、我々は人類博物館の改革に対し、楽観的な考えをもってかかわっていましたが、これは一九三七年の新トロカデロ宮殿[★18]の建設というかたちで実を結ぶようになります。それからの数年間は実に大変でしたが、百人あまりのボランティアが協力してくれました。

今では博物館は面目を一新しています。でも、その頃学生だった我々を支配していた熱気はまだ幾分なりと残っているのではないでしょうか。

ところで、モースの弟子の中にはミッシェル・レリス[19]もおりました。彼はグリオールと一緒にダカールからジブチへ最初の調査に赴いています。今でも定期的に人類博物館に顔を出していますよ。聖なる怪物とでも呼べるでしょうか。審美家かつ道徳家として、彼は高い品性を具えており、文学に対し三〇年間異議申立てをしながら、アフリカや西インド諸島の調査研究に緊張を持ち込みました。その著書は豊かな内容に溢れています。彼は特別な人物ですね。私もそんな彼が大好きですが、言葉を交わす機会はこれまでさほど多くはありませんでした。しかし、博物館の廊下で出会ったような時には、必ず感情のこもった握手をしております。彼の分野は私のと少し離れております。いや、作家としての著作のことを言っているわけではありません——それを評価してはおりますが。彼のアフリカ研究について述べているのです。ともあれ、彼こそは私が大いに尊敬している人物であり、実際に偉大な才能をもっている人物でもあります[20]。

■マルセル・グリオール

——あなたはグリオールとも親交があったのですか？

親交？　ええ。互いに相手を無視したりはしなかったという意味でなら。実際に真摯な仲間としての関係を保っていました。戦争中はしばしば彼に会いましたが、我々はかなり異なった学問的地平に属していたのです。そのため、時にはグリオールにいささかきつい言葉を吐いたりもしました。人はしばしば他人の仕事を判断するのに必要な距離を欠いたりするものです。

——たとえば、あなたは彼の『水の神』を厳しく見ておりますか？

驚くべき人物であると思われるオゴテムメーリ[★21]については真面目に評価しておりますし、ドゴン族が複雑な神話をもっているということも、当然ありうる話と考えております。でも、完全に誠実な調査者と、やはり誠実で非常に知的でもある情報提供者との間に何が起こりうるか、想像してみて下さい。かりに調査者が情報提供者に対し、しかじかの祭儀の存在理由について説明を求めたとします。その際、後者が即座に答えられるようなことは滅多にあるものではないのです。そこで彼はほんのちょっと、あるいは一年間かけて考えて、ふつうはもっとも正統的と思われる説明を見つけ、それを調査者に伝えます。こうしたことは調査そのものにダメージを与えることにならないでしょうか。伝統の口伝による釈義はそれぞれの宗教をさらに一層複雑なものとし、秘伝というかたちをとって次代の者に伝授されうる概念を作り出すのです。四〇年このかた、ドゴン族のもつ伝統の全体的な枠を確認し、同時に、それを拡大すらしようとして、これまで数多の検証が各地でおこなわれてきていますが、どこでもというわけではありません。もちろんアフリカ人たちがかなり洗練された神話伝承をもっていること自体は、別段何の不思議もありません。私を驚かせるのは、そうした伝承の存在を認める考えより、むしろそれを認めない考えの方なのです。オーストラリア先住民が我々にその深い神話的思考の証拠資料を与えるようになってからだいぶ経ちます。つまり、無文字文化をして《未開》とするような認識は、今では完全に昔語りとなっているのです。

■ピエール・フランカステル

――さきほどあなたは、モースの弟子の一人としてピエール・フランカステルのことを仰言いましたね。

共通の友人であり、西欧の先史芸術に関する私の本の版元でもあったリュシアン・マズノの家で何度か会っております。なかなか変わった人物で、さほど感じがよいというわけではありませんが、かなり知的な人でした。ただ、他人に対する批判にはひどく厳しいものがありました。マズノ宅で三、四度会ったかぎりで言えば、少し不愉快な感情を覚えこそすれ、その頭の回転には魅《ひ》きつけられました。

――それは彼の攻撃的な性質に起因していたのですか？

ええ、その通りです。私は攻撃性なるものをあまり認めておりません。人はよく私を防禦性に欠けるといって非難しますが、それは攻撃的であることを怖れるためにほかなりません。

——最初の対談の際、あなたは道具やオブジェや骨のことを感嘆と愛着の念をもって話すと仰言いましたが、それは一方でハイエナの顎骨であり、他方で武器や円形鎌や刃物などでしたね。

私は手作りの武器が大好きでして、沢山もっております。我ながらとてもおかしなことは思っているのですが。

——となると、あなたは攻撃性にかなり強い本能的な嗜好をもっていながら、それを拒絶している、と言えるのでしょうか?

おそらくそうでしょう。

■精神分析学と先史学

——攻撃的な人物を前にしてのあなたの不愉快さはここに起因するわけですね。そのような人物にあなたは自らなりたいとは思わない。

ええ、多分……。それにしても、どうしてこの対談はしばしば精神分析学的になるのでしょうかね!

——皮肉でそう仰言るのですか?

いいえ。私は精神分析学を大いに評価しており、決して皮肉ではありません。事実、私は先史芸術や洞窟に関する神話、洞窟内の壁画制作などのテーマを研究する上で、これまで精神分析学者たちと興味深い関係を築いてきているのです。そして、何人かの精神分析学者はこれらの問題に関心を示しております。しかし、私は自分の仕事がむしろ彼らの関心領域の埒外にあると考えています。人は誰しも自分がある事柄の内にいるか外にいるかを絶えず自問するものですが……。

——モースやグラネの講義に出ていた頃、フロイトを読まれましたか。

いいえ、私がフロイトを読むようになったのはずっとのちのことです。モースもグラネもさほどフロイトに関心をもっていませんでした。

——でも、あなたは関心をもっておられた。

ええ、そうですね……。マリー・ド・グレース（マリー・ボナパルト★22）が人類博物館のボランティア・チームにいましたから。

——あなたは旧石器時代の造形表現において、ある種の記号が傷（＝死）や性器（＝生命と豊饒多産）というかたちをとっていると指摘していますが、そこでは精神分析学との関係が顕著であるように思われます。同じことは、女性シンボルが好んで洞窟の狭隘部に描かれていると指摘される場合についても言えるのではないでしょうか……。

はい。明らかに精神分析学は旧石器時代の造形表現について、数多くのことを説き明かしてくれます。しかし、私はそうした精神分析学を体系的に利用してはおりませんし、それを暗示することもほとんどしていないのです。自分が精神分析学の中に足を踏み入れているとの認識はかなりありますが、それはあくまでも足首までであり、決してふくらはぎにまでは及んでいません。

――あなたが精神分析学に対して比較的距離を置いているということは、自分自身のものを初めとして、夢の世界にほとんど注意を向けたりはしないということを意味するのですか?

私には夢がまったくといってよいほど憶えられず、そんな私の学問的方法は明らかに精神分析学的方法の埒外にあります。私の役割はさまざまなデータを用いて、一～三万年前に失われた思考を再構築する。一方、精神分析学者の役割はこれらのデータを分析的に解釈する。ここに私の学問と精神分析学との違いがあると思います。たとえ洞窟壁画のコンテクストと図像配置とが、私に洞窟と獲物の間の関連を示唆し、この獲物の傷と女性性器とが奇妙にも符合しているとの印象を私に与えるとしても、大地母神の母胎なり本質なりを語るのは精神分析学者の方であり、私ではありません。

第三章　日本の憶い出

■日本留学

――あなたは先日、日本で商店の看板を前にたたずんでいたと仰言いましたが、そんなあなたを日本へと赴かせたものは一体何なのでしょうか？

私の結婚式当日、東洋語学校の学長だったポール・ボワイエがやってきて、日本で二年間研究のできる給費派遣をプレゼントしてくれました。こうして私は第一回目の日仏交換留学生として、妻と共に日本に行くことになったのです。それまで私は日本とは何の関係もなく、ただ中国のことを――中国語ではありません――知っていたにすぎませんでした。日本ではすぐに人々の中に入りこまなければならず、そこで私は、三〇日間にわたる船旅を利用して少し日本語を学ぼうとしたのです。日本に着くと、私は民族学の給費生として研究を始めました。しかし、支給された給費は我々二人が生活するには十分でなかったため、京都の日仏学院で週に二、三時間フランス語を教えました。私が担当したのはラテン語や中世・古典フランス語の授業で、学生たちに『ローランの歌』を説明したりもしました。授業のうち、一つはフランス史に現われた女性詩人たちをテーマとしたもので、エコール・リヨネーズ★1のことをとくに話しました。そんな昔の教え子の一人が、今では十六世紀のフランス詩人たちに関する専門家になっています。彼はモーリス・セーヴとその詩集『デリー、完徳のオブジェ』（一五四四年）を自分の研究ベースに選んでいるほどです。三〇年ほど前から京都大学で教鞭を取り始め、今は教授となっております。年に二、三度、彼のことを憶い出したりしていましたが、先年フランスに来る機会があり、三〇年ぶりの再会を果たしました。

私は日本に非常に強い愛着を抱いております。留学時代、農民たちのごく近くで生活しましたが、彼ら日本人を私は高く評価しています。彼らの中には、審美的なものと日常生活とを密接に結びつけることのできる人々がおります。そんな日本に対するヨーロッパ人の態度は、一般に《味方《プール》》と《敵対《コントル》》のいずれかで、中間がありません。十九世紀に欧州列強に抗ったアジア唯一の国であり、また、我々から鉄砲を導入したあと、十六世紀に世界から完全に孤立して、独自に発展を遂げようとする勇気をもった国でもあります。実に驚くべき国と言えるのでしょう。

■京都での日々

一九三七年に私は妻を伴って日本に行き、最初東京に住んで、日本政府からきわめて心細い額の給費を受けておりました。懐ろ具合のかなりきつい日々の連続でして、ついにはほんの僅かでも糊口の糧を得なければ、という事態になりました。東京の生活は全て満足というわけにはいきませんでした。四〇年前のことですが、すでにそこはかなり耐え難い都市だったのです。五、六年前に再訪した際も、不快さがさらに亢進しており、数十平方キロメートルの土地に人家がびっしりとつまっており、まるできのこ栽培用の地床のようでした。留学中、幸いにも私はそんな東京を離れるチャンスを得ました。京都の日仏学院に教師として採用されたのです。この日本の都市の中でもっとも伝統的な京都で、私と妻は日仏学院の古い建物に住むことになりました。学院は移転して他所にありましたが、京都の南に広がる丘の一つに建っていた和洋折衷の宿舎は、なお学院のものでした。宿舎からは眼下に町が一望できましたが、それと共に、数多くの寺院をいただく、町を囲む丘の連なりも遠望できました。私にとって宿舎は楽園ともいうべきもので、下り勾配の庭には一面に野つつじが咲き乱れ、頭上高く飛んできたみさご（尾白鷲）が、寺の池に溢れんばかりの鯉を狙っておりました。我々はこうして二年ばかりを京都で過ごしたわけですが、そこで味わうことのできる楽しみを汲み尽くすには、二年間はあまりに短かすぎました。授業をしに行くために町の中心部へ下る際、私はよくいろいろな小径を通ることにしており、いつも新鮮な驚きを覚えたものです。ある時は雨の中で、道の端をカニが散歩しているところに出会いました。また、宿舎のごく近くの南禅寺境内から、凍てつくような滝水にうたれて苦行する信者たちの読経が聞こえてくる時もありました。この滝は今でもあり、先年訪日した際に、仏教徒たちが滝の下で勤行しているところを再び見る機会に恵まれました。しかし、日本を描写するというのはなかなか難しいものです。あなたはまだ行かれたことがありませんか？

――残念ながら、まだです。私の日本に対するイメージはきわめて平凡なもので、たとえば日本映画、浮世絵、禅僧、武士、特攻隊、熟考とおそらく暴力とからなるしかじかの知恵[★2]……などですが、これらのイメージの中に、あなたの日本は見出せますか？

ええ、部分的にならば。しかし、それらのイメージは日本人の内的生活に関する側面を欠いており、決して深みがあるとは申せません。陳腐なことは言いたくありませんが、フランス語の日本的現実なる表現には、日本人の実態が大きく欠けています。この生活体験を通して感じられることと口に出して言えることとの間の乖離は、しょっちゅう認められるところです。

■禅と道教の影響

――では、たとえばあなたの場合、禅とどのような個人的関係があったのですか？

実は私のある教え子の父親が禅寺の高僧でして、禅についての情報をかなり得ることができました。私自身、少なくとも意識的・意図的に座禅を組んだ経験はありませんが、私の日本文化理解には、この禅が大きく影響しています。また私の審美的判断の中には、明らかに日本で直接得たものがあります。庭園を眺めたり、花々を賞でたり、ものごとを考えたりする方法がそれです。

──多分あなたはヘリゲルの『弓と武士道』[★3]についてご存知だと思いますが……。

はい。それはとてもよい事例です。弓を射ること以上にありがちなものは実際なかなか見当たりませんから。しかし、この弓道なるものが、心全体を平安にして初めて矢が的を射るという精神的な鍛錬にほかならないと知れば、弓射の場に居合わせて覚える感情を名状することは容易でなくなります。これはまた、水に矢を放ちながら、いかなる波紋をも立ててはならないとする道教の射手についての話を私に想起させます。むろんありうべき話ではありませんが、道教で言うところの均衡とは、こうした代価を払ってのみ得られるのでしょう。

──あなたがそうした思考に敏感だったとは想像もしませんでした。

そうですか……。

──逆に、あなたがそれと無縁であるとも思ってはおりませんでしたが……。ともあれ、私はあなたとそうした考えとの関係を想像したことが一度もないのです。

私は自分の感情をあまり外に出したりはしません。このような自分の性癖には、全部がそうだというわけではありませんが、私の内に幾分なりと滲み込んだ禅の影響ばかりでなく、かつてマルセル・グラネに師事していた時に仕入れた、禅と同様のことを説く道教的知恵も影響しているはずです。私は数多くの中国文献を読みました。もちろん私の語学力をもってしては、新聞雑誌の類まで読破することはできませんでしたが、それでも孔子や荘子を理解するのはできました。

――あなたは特に好んで孔子を引用されますが……。

いいえ、孔子は好きでありません。道家の方が好きなのです。はっきり言えば……。

■正倉院

――日本の演劇はお好きでしょう。

その達技ゆえに歌舞伎は好きですが、最高は何といっても能です。京都で催される演能にはしばしば出掛けました。古都の奈良では、それを通して見たこともあります。

また、奈良には大仏殿をもつ東大寺や皇室の宝物庫ともいうべき正倉院があります。この正倉院の歴史はここで話してみるだけの値打ちがあるでしょう。八〇五ないし八〇七年、時の聖武天皇は高さ約八メートルの大仏開眼供養にあたり、大仏の眼を筆で拭いて開眼させたのですが、その際、天皇は東大寺に対し、皇室の全ての動産品と武器を寄贈しました。★4大量の武具やきわめて高価な剣、マンドリンの一種で、皇后の奏いた琵琶、中央アジアの絨緞、孔雀の羽で作った扇子、大仏開眼に用いた筆と顔料用岩石、それに無数のオブジェなどです。これらの御物は木箱に入れられ、非常に創意工夫のなされた校倉造りの正倉院に安置されております。この建物は外気が湿気を含むと膨らんで気密状態となり、乾燥すると通気性を帯びる構造となっています。ロシアには木の幹を交差させて慎重に組立てた家がありますが、正倉院の建築法がまさにそれです。長さ四〇メートルばかりの基礎杭の上に建てたイスバ★5を想わせるこの建物には、引き金を一つもつ扉が一ヶ所あるのみです。そして引き金には鍵が二つついていて、現在、その一つは天皇が、もう一つは正倉院の保安責任者が所持しています。また、建物自体は公園内の他の建物からしかるべき距離を置いて建っております。類焼の危険を避けるためです。

八世紀以来★6、この正倉院は貴重な御物を所蔵してきました。御物箱を一世紀間も開かないようなこともままあったようです。幸運にも、私はそんな正倉院を訪れる機会をえました。それには特別な許可を受けて、毎年二日間に限っておこなわれることになっている正倉院の虫干し開館を利用しなければなりませんでした。御物の中の九世紀の剣を目のあたりにして、私は本当に驚きました。『ローランの歌』に出てくるローランの佩刀デュランダルと同時期のもの、ということになりますが、鏡のように光輝いており、一点の錆斑もありませんでした。毛足の長いモンゴル絨緞を見た時も同様で、一二〇〇年間に僅か五〇回位しか広げられていなかったそれは、まるで織り上がったばかりといった感じでした。

この正倉院見学は私を深く感動させました。運よく御物を見ることのできたヨーロッパ人も、残らずそうした感慨を味わったはずです。正倉院のように、往時の皇帝の動産品が保存されている例は、世界でも他に例がありません。たとえて言えば、シャルルマーニュ大帝〔七六八―八一四年〕の王冠を手つかずのまま保存しておいたようなものです。しかし、実際にこの偉大な王の遺品として残っているのは、チェス盤二面と数本のひどく錆ついた剣といった、いずれも取るに足らないものだけなのです。

■技術論への開眼

――正倉院の引き金や二つの鍵、校倉の外気の乾湿で縮んだり膨らんだりする木材……あなたがこれらの詳細な技術に目を向けられたのは、私には至極当然のことのように思えます。

確かに、詳細な技術というものに、私はこれまでつねに関心を寄せてきました。でも、私の技術論に対する仕事のきっかけは、実は日本が与えてくれたのですよ。京都で何人かの工師と知り合いになりましたが、その中の一人に、有名な陶芸家の河井寛次郎氏〔一八九〇―一九六六〕がいました。彼はすぐれた芸術家でして、やはり陶芸家として高名なイギリスのバーナード・リーチ〔一八八七―一九七九〕と親交がありました。二人は数年間一緒に仕事をし、日本の現代陶芸の革新に寄与しております。私はよく河井氏宅に伺ってその仕事ぶりを見せてもらい、いろいろ彼と話し合ったものです。技術論は長年私の関心をひき、私の中に深く刻み込まれていたものには違いないのですが、オブジェに対する具体的なアプローチや実作業、工師の考え方などといったことは、実は訪日を契機として私の中にしっかりした形をとるようになったのです。この日本から、私は技術工芸品の貴重なコレクションを持ち帰っておりまして、現在それらは人類博物館にあります。

――あなたはどのような研究の青写真をもって日本に出発したのですか？

考古学と民族学をやろうと思っておりました。技術論についてはほぼ所期の目的を達成したのですが、先史学の方面はそうでもありませんでした。しかし、日本には考古学者の友人が何人もおりまして、そのうちの一人が先年四〇年ぶりに私に便りをくれ、ある年報に私の名前を見つけたと知らせてきました。赤堀英三〔一九〇三―八六〕という人です。当時、彼は日本の統治下にあった満州で先史学の調査をしておりました。この頃の日本の考古学者たちは、初代天皇たちの神話年代のため、あえて日本の先史時代を取り扱おうとはしませんでした。もし皇統を二六〇〇年★7とする説に疑義を唱えようものなら、たちまち獄舎につながれる羽目になっていたのです。そこで彼らは朝鮮半島や華北、満州などといった日本の占領地で考古学をやっていたわけです。

■歩射祭

――あなたの技術論への傾斜は日本においてはっきりとした形をとるようになった、と仰言いましたが、日本そのものにそうさせる何かがあったのでしょうか、それともあなたのうちにすでに成熟していた何かがあったのでしょうか？

難しい質問ですね。たしかに日本には何かがありました。たとえば京都という町は、今ではもっとその度合が大きいでしょうが、数多くの情熱的な職人に出会えるところだったのです。事実、我が家のお手伝いさんは晴着用の帯を作る錦織り師の家の出でした。この帯というのは金銀絹糸で見事に花をあしらったもので、図柄の大きさはそれをつける女性の年齢で異なります。こうした特徴は着物についても言えます。少女たちの着物の場合は、直径一五センチメートルほどの菊の図柄が見られ、老女たちのそれは、灰暗ないし黒色が基調で、直径数ミリメートルのいずれも小さな幾何学文様を伴っています。こうして、日本では着物やその柄から女性の年齢が十歳きざみで読み取れるのです。

京都ではまた、お守り用の陶土像★8を作る人を知っていました。彼はまず型をこしらえ、そこに粘土を入れる。次に型を毀し、焼窯で焼いて仕上げるわけです。そうした作業を見るのはとても興味深く、その技術は、たとえば私が先史学でレプリカを作る際に役立ったはずです。この陶工の仕事は日本各地の寺社、とくに京都の寺社における年中行事に呼応していました。日本では新年を迎えるにあたって、寺院の井戸の水を新しくしたり、新火をつくり出すための素晴しい祭りが多数見られます。中にはマルセル・グラネの『古代中国の舞踏と伝説』〔前出〕を想い出させるものがありますが、ある日、私は洛北の神社で、[★9]グラネが中国文学から抽き出したいくつかの要素をもとに描写した祭礼に立ち合いました。新年の厄除け祭です。これには四つの眼を備えた射手が一人登場します。むろん四つの眼というのは、彼が猫科動物の頭を形取った仮面を被り、自分自身の眼と仮面の大きく見開いた眼とを加えてのことですが、これは眼力の大きさを示しております。そしてこの射手は流木で作った破魔矢を放ちながら、二人の悪鬼を追い払う。見物人のうち運のよい人はこうして放たれた矢を手に入れ、それを新年のための護符として保存するのです。グラネは中国語のきわめて鮮明な断片資料を吟味・修正しながら、この祭りについての推測をおこなっています。一方、それを実見した私は、文献を通しての予備知識があったため、この中国的な祭りの各位相を前もって想像することができました。実に素晴らしいことでした。

■瞑想技術

――先ほど日本人の精神性、とくに禅を話題に取り上げました。それから技術についても話し合いました。そこで質問ですが、とりわけ日本において、技術的なるものと精神的なるものとの間にはどのような関係がありますか?《精神的覚醒に関する技術》といったことは考えられるのでしょうか?

日本では手仕事はこれまで蔑視されたためしがありません。職人が社会的にほとんど高い評価を受けることのない我が国とはまるで事情が異なっています。もっとも、今では我が国でも多少変化がみられます。自然へのノスタルジーと往時の職業に対する再評価の気運がたかまっているからです。しかし、日本での職人芸はなお根強いものがあります。そうした日本における禅と技術との間に何らかのつながりがあったとしても、むしろ当然のことと言えるでしょう。たしかに僧侶たちは一般に生産者ではありませんが、海に見立てた石庭を掃き清め、その上に波を描いてみせる彼らの腕は、他の誰よりもすぐれているのです。一方、禅はきわめて日本的であるにもかかわらず、外国の道教やヨーガと一致点をいくつももっている限りにおいて《瞑想技術》と呼んでよいでしょう。消費技術とか生産技術とかいったものがあるようにです。

——ヨーガを技術と考えておられるのでしょうか？

そうしようとしてきましたが、私にはとても……。唯物論的《マテリアリスト》にではなく、具体的《マテリエル》に申したわけです。たとえ熟考なり瞑想なりを口にするとしても、私は本質的に瞑想型の人間ではありません。むしろ実践的なタイプです。私の人生の中で、自分自身瞑想しえたと思うような時はあります。しかし、神秘主義的な性向はもち合わせておりません。自分の中にしかじかの信仰はありますが、神秘的なものはほとんどないのです。

——どうやら私の質問はいささか月並みだったようですね。その主旨はヨーガにむけるような《脱我技術《エクスタシー》》について、つまり、神秘的な視点からでも、精神的な教養についてでもない、あくまでも肉体を変革することを狙った実践行為の全体について、あなたにお尋ねするところにあったのです。

それでしたら、ことは明白です。でも、私はそうした技術をほとんど体験しておりませんし、ヨーガを実践したこともありません。私にはもはやそれをするだけの時間も残されておりません。ただし、本はいろいろ読み漁ってきており、かなりの数の人々を通して、禅やヨーガが肉体を統御する上で有効性をもっていると信じています。

■技術の体験

――とすれば、あなたの技術的世界にかんする仕事にとって、これらの技術を体験することがどうしても必要となるのではありませんか?

体験なくしてものごとに理解がいくとは思えません。これは基本です! この分野で何かを見つけた時、私は自ら試そうとします。必ずしも素晴らしい結果が得られるわけではありませんが、自分のこれまでの人生において、数多くのものを作ってきました。家具、織物……、ええ、ドイツ軍の占領下で、織物をした経験があります。古いベッドを毀して中のウールを取り出し、それを紡ぎ車で紡いで家族の服をこしらえたのです。この紡ぎ車は旧式の本格的なもので、私が作ったわけではありませんが、おそらくそれすらこしらえることができたと思います。ちなみに、息子が一人そうした私の血筋を引いて弦楽器を作っています。昔の弦楽器、とくにヴィエル[★10]という楽しいもので、デュルシメルとかエピネット・デ・ヴォージュとも呼ばれています。

――あなたの中では何が最初に来るのでしょうか。物を作る嗜好ですか、それとも何が作られたかを知り、そのあとで、今度はあなた自身がそれを作ろうとする嗜好ですか？

二つの命題は同じ価値をもっています。正直申しまして、私には自分自身でこしらえることができそうなものしか理解できないのです。言うまでもありませんが、いくら車の何たるかを理解したところで、一台たりと作れるものではありません。つまり、私の嗜好は自分自身のノウハウで作りうるものに向いているのです。

■『百科全書』の知と技術

数年前、あるラジオ番組でレヴィ＝ストロースと私はこのような質問を受けたことがあります。《もしあなた方が地球を去って新たな星に移住する場合、どんな本をもっていかれますか？》その時、我々二人は即座に、何の相談もなしに、ディドロとダランベールの『百科全書』をもっていく、という同じ答えを返したものです。私としては――レヴィ＝ストロースも別の次元で――、たとえまったく未知の星に立ったとしても、この『百科全書』さえ携えていれば、十八世紀くらいまでの社会なら何とか作り出せるのではないか、そう考えたわけです。たしかに、自分の手では産み出せそうにないさまざまな機械や現代の全ての技術にかんする膨大な蔵書なしでは、とてもそうした社会を作り出すのは無理かもしれません。しかし、十八世紀という時代は、人間と物質との間に一種の奇蹟的とでも言える均衡状態があったのです。

――もしかして、ロビンソン・クルーソーはあなたのお好きな英雄の一人なのでは？

《ロビンソン的》体験というのはどうでしょうか……。あまり信じられませんね。彼はゼロから再出発したわけではありませんから。

――あなたの場合もそうではないですか？『百科全書』を携えてはいても。

いいえ、違いますよ。あらゆる知識は書物からのものであり、最初に鉄から何を作り出すかを学ばなければならないのです。ところが、ロビンソンは彼が離れつつあった文明から、斧や鋸を携えてきております。

――でも、彼は『百科全書』をもってはいなかった。

可哀そうなことです。それさえあれば、彼は楽しい夕べを過ごせたはずなのに……。

■十八世紀の文明と思惟

――でも、あなたは十八世紀のことを仰言り、それが人間と物質との間に奇蹟的な均衡が保たれていた時代だとも言われましたが……。

ええ、それは怖ろしい工業文明の始まりです。しかし、単なるオープニングにすぎず、そのスナップ写真はこの上もなく嬉しいものでした。事実、それは科学に対するパノラマ全体がなお何よりも優先されていたような時代であり、技術的な好奇心が我が世の春を謳歌していた時代でもあったのです。そうしたなかにあって、十八世紀の哲学者たちはほとんどの人間科学を出立させています。たとえば十八世紀末には、ビュフォン〔第六章訳註★1参照〕のうちに民族学や民族人類学が芽生えています。これらは今日までに大いなる発達を遂げておりますが、当時においても数多くのことが見つかっているのです。このような十八世紀の思想家たちがもっていた好奇心は、現代まできちんと受け継がれています。もちろん十八世紀という時代であってみれば、誤謬がなかったとはいえませんが。

――かつてアカデミックな場において、進歩や芸術の礼讃派と反対派との対立がみられましたが、あなたはどちらに立ちますか？

私ならむしろルソーの側に立つでしょう。

――逆説的な意味でなくて？

たぶん逆説的にです。しかし、ヴォルテールは好きでありません。

――つまり、ヴォルテールの『イギリス人の手紙』〔一七三四年〕より、ルソーの『人間不平等起源論』〔一七五五年〕の立場をとる、ということですね……。

そうです。だからこそ私は、金属器を知らない先史人に興味をもっているのです……。

おそらくそれは非常に意図的な共感でしょう。その私が、なぜか分かりませんが、ともかくも十八世紀を讃美している。全てがなおしかるべきところにおさまっており、何か新しい方法によって方向転換をしかねなかったという点を除いてです。これまで人は過度な進歩のもつ虚飾にひどくゆっくりではありますが、気づいてきました。十八世紀の人々はまだ機械に凌駕されてはいなかった。私の共感は、おそらくその一点に起因するでしょう。つまり私は、木の幹が指数曲線の頂点に向けて全速で成長する以前まで残っていた、最後の枝にしがみついてきたのです。

——道具人に共感を抱き、機械世界には距離を置いている、こう言ってよいのでしょうか？

機械も好きですよ。でも道具ほどではありません……。実のところ、この問題を分析するのは非常に難しい。これまで考えたことがないからです。機械は我々をしてそれを選ばせます。あるいは、人間のために仕事を肩代わりし、サッカーに興じる時間を与えてくれるものと言うべきでしょうか。その一方で、機械導入以前に作られていたものを自らの手を用いて作ろうとする人々もいる。今まで我々が手に入れ、そしてそのために多くを失ってきたもの、たとえば稀少な織物やハンドメイドの鉄具などを消滅させてよい法はありません。

■日本の現況

――日本のことに話を戻しますと、この国はアーカイックで職人的でありながら、先進工業国としての面をも兼ね具えております。いったいに創意工夫と工業化を特徴とする日本なる国は、その工業の罠にはまり込んできたと言えるでしょうか？

私の考えでは、十九世紀の日本はそれまでもっていなかったもの、すなわち、ヨーロッパの高度な工業や国防力を得ようと努力し、あまりにも大きな成功を収めました。この《あまりにも大きな》というのは、我々にとってではなく、日本自身にとってです。今日、日本の経済は大衆に立脚しています。つねに増大する人口とつねに発展する工業とが織りなすドラマの渦中にある。いわば、日本人たちは市場の掟によって作るものを売るという束縛を味わっているのです。こうした観点よりみれば、日本文化は何かしら絶望的な、そしてはたからみれば幾分なりと失望させるような要素を帯びている、と言えるでしょう。

――あなたにはそれが取返しのつかないものと思えるのですか？

フランスの状況ほどではありません。我々はたとえば三週間のうちに田夫野人になる、というわけにはいかなくなっている。この状況を解決するには、すでに全世界で数十億を数える人々の安寧や快適な生活を保証しうるものを探し出す必要があります。これはそう簡単には見つかりません。むろん、馬や牛をふたたび野生化させて、パチンコでこれを狩るといった退行策は問題外です。我々の科学的財産を放棄する、というのも同様です。何よりも大切なのは、数千年先になるでしょうが、地球を棄てて他の星に下船した宇宙旅行者たちが、この星を、飢えや化学公害のために何十億もの人間の生存が支えきれなくなり、とうの昔に死の惑星と化した地球のようにしないよう、全力を尽くすことなのです。

■日本での仕事

――日本を離れるまでに、どのような仕事をなさったのですか。

いくつかのことを仕上げていましたが、日本滞在については何一つ発表しておりません。ただし、最初の著作である『人間と物質』［一九四三年］や『環境と技術』［一九四五年］の本体部分では触れており、この二冊を開いてもらえれば、挿図のほとんどが日本での知見であることが分かってもらえるでしょう。

――誰の話か忘れましたが、あなたがある島で生活なされていたと聞いておりますが……。

日本最北端にある北海道という島です。ここのアイヌ部落にしばらくおりました。千島列島にも行きましたよ。彼はそのことをあなたに話したかったのでしょう。

――おそらく……。

日本には猿のコロニーが見られる島［宮崎県青島のこと］がありまして、そこには一ないし二匹の創造性に富んだリーダー格の猿がいました。彼（ら）はさつまいもを海水につけ、砂を除くというアイデアをもっていましたが、そのアイデアはたちまちのうちに仲間の猿たちの真似するところとなった。こうしてある時期から、島の全ての猿たちがさつまいもを洗うという習慣が見られるようになりました。

——それは本当の〈発明〉でしょうか？

そうです。おそらくは偶然の結果なのでしょうが、それにはこの動物のうちにしかじかの省察なり注意力なりがなければならなかったはずです。海水につかったさつまいもが、美味で歯ざわりもかなりよいと分かったのが偶然によるものだとしても、そのことに注目し、後々までそれを続けようとする行為には、まさに発明と呼べるほどの特徴が備わっているのです。

■動物と人間の発明

——動物の発明と人間の発明とを区別するのは容易ですか？

私としては両者の間に絶対的な断絶があるとは思えません。言葉の場合は段階を一挙に飛び越してしまうようなこともありますが、頭脳的な発明過程それ自体は、そこに至るまでにきちんと段階を踏むものでして、これは人間でも猿でも変わりありません。たとえばチンパンジーは、巣の奥にいる白蟻をつかまえるため、いったいどんなことを考え出すでしょうか？　目撃した人の報告によれば、まず棒を一本選び出し、しかるべき長さに折ってから巣の小さな穴に差し入れ、防御のためにそれにしがみついた白蟻を取り出して、一匹ずつ食べていくといいます。しかしこれは、全てのチンパンジーがおこなうわけではありません。この方法を発見し、かつ実践するのは、チンパンジーの一部のグループにすぎないのです。

一方、人間社会にあっては、なおも車をもっていない人々がおりますし、ブーリコ[★11]を車代わりにしている人もおります。また、一連の発明家が報酬を得ることができ、これによって彼らの可能性が倍加する巨大な先進工業国もあります。

第四章　中国

■中国体験

本格的に学問を始めた頃、私は中国に行きたいと思い、そのために東洋語学校で中国語の学位を取りました。一九三二ないし三三年のことです。中国の作家たちがしばしば《西戎》と呼ぶ部族、すなわち中国＝チベット国境にいる部族についての民族学をやろうとしたのです。とくにロロ族に強い関心をもっていました。ところが運命の皮肉とでも言えるでしょうか、中国の代わりに日本へ行くようになってしまった。中国に滞在した期間はひどく短いものでした。一九三七年から三八年にかけて、私は最後には中国西部へ研究に行けると期待していたのですが、一九三九年は、あの戦争です……。日本軍が華北の村々を占領した時、私は上海におりました。当時私が中国について知っていたことといえば、上海にあったフランス租界内の難民キャンプぐらいでして、そこで私は恐ろしい数日間を過ごしています。そして、そこで見たものは、すでに軍事に対して抱いていた自分の疑念を増幅させずにはおきませんでした。

■アンドレ・マルロー

――数年の差はありますが、そうしてあなたが見つけた中国は、マルローのいくつかの小説がすでに描いていた中国でもあった……。

ええ。でも、私がマルローを知るようになるのはずっとのちで、しかもその知識はごく限られたものでした。彼は優れた文化相でした。彼のおかげで、今日きわめて円滑に機能している発掘部を文化省内に設けることができたのです。私は彼とともに先史学について話し合いました。彼はこの学問のために緊急に何かしなければならないと熱心に考えておりました。考古学にはずっと関心をもち続けていたようです。

――『反回想』[一九六八年]の中で、彼はパルチザンたちがラスコー洞窟に機関銃をたくさん隠していたことに触れていますね……。

面白い冗談ですよ、おそらく。私としてはその話の真偽のほどを確めてはおりません。ラスコーでもそんな話を耳にしたことがありますが、実証性に欠けています。たしかに、何ヶ所かの洞窟がパルチザンたちの隠れ家として用いられていたところからすれば、ある人々が邪魔になった武器をラスコーに放置し、それをフランス解放時に回収したというのは、決してありえない話ではありません。しかし、ラスコー洞窟の中には、武器穴も、パルチザンたちの隠れ家もあったためしはないのです。だからといって、ラスコーの栄光が色褪るようなことはないでしょう。壁画の方は多少なりと傷むようになるかもしれませんが。

■テイヤール・ド・シャルダン

――中国や中国考古学を問題にする際、当然テイヤール・ド・シャルダン〔一八八一―一九五五。司祭・古生物学者で、北京原人の共同発見者〕の名が浮かんでくると思いますが……。

解放後、国立中央科学所（CNRS）に新しい委員会が設置されました。人類学・先史学セクションは全部で六人〔現在は二〇人〕のメンバーからなっていましたが、テイヤール・ド・シャルダンはその一人でした。私はセクションの他のメンバー同様に彼を知っておりましたが、仕事上のつき合い程度の関係にすぎませんでした。しかし、実に大変な人物で、個性的な魅力をもっていました。

――知的な魅力ですか、それとも精神的な？

知的にも、肉体的にも、精神的にもです。半年おきに一回、それも数時間会うだけでしたので、精神や精神性について多くを語り合う機会はありませんでしたが、こちらの心を強くひきつける情熱的な話術を身につけていました。当時、私は彼の書いたものを読んでおりませんでした。それを手にするようになったのはずっとのちのことで、著作集の刊行が始まった時です。彼の仕事に対しては賞讃の念を抱いております。ただ、多少疑問もあります。彼は現代文明のうちに黙示録的側面を非常に強く感じ取り、それを、発達全体が連続し、最終的にオメガ点へと至るというパースペクティヴによって示したのです。人間に焦点を合わせて考えれば、このオメガ点とは決して安心できるものではありません。そもそもテイヤール・ド・シャルダンは彼の渡米直前に考案されたばかりのサイクロトロン★1に魅せられてしまい、物質世界の黙示録的終末論とオメガ点の展望とを自分のうちでうまく混淆させることに困難を覚えていたのです。おそらく彼はこのオメガ点を原子のパースペクティヴと混同していた。しかし、原子を回転させる機械を賞讃しながら、それが彼のオメガ点に差し出してくれる脱出口のことは理解していたはずです。きわめて明確とはいえないまでも、彼はそんな仮説を考えていたのでしょう。いろいろな問題が出てくるのはこの辺りです。人類にさらに数千年間を与えた場合、そのありようが今とどのように異なるかは誰にも分かりませんし、生物学的存在としての人類がどう生き延びるかについても、なお何一つ分かっていないからです。

■展望のタイム・スパン

——あなたをテイヤール・ド・シャルダンのような人物に近づけたものは、どう申しましょうか……物質に対する崇拝ないし友情ということになりますか?

《崇拝》ですか……、いや、《友情》とする方がよいでしょう。物質が有害なものなら、それは一般に人間のせいなのです。人間の行為全体は当初より一種の破壊的武器として、物質を徐々に賢明なかたちで利用するという方向に向けられておりますが、かつては生存用の食料源とするため、つねに動物の生命を破壊するだけでした。私は至福千年主義者ではありませんので、西暦二〇〇〇年なるものが黙示録の時に違いないとは思いません。しかし、遠い未来については少なからず疑問を抱いています。数世紀前に大地が残してくれたよう本当に素晴らしい道を辿るとは考えられないのです。同時代人や子孫たちの生活がな状況を考えてみると、そこには地上の楽園とでも呼ぶべきものをつくるに足る何かがあったことに気づくでしょう。でも今日、短期的な展望では、我々人間の掠奪者的な行動は本質的に有害なものとなっています。いろいろな苦境を何とか避けるには、従って少なくとも五〇〇〇年間の展望をもたなくてはならないのです。いったい今だれがこれからの五〇〇〇年間について議論しているか。おそらくだれも先のことを少しは考えているでしょうが、問題はその期間がつねにひどく短かすぎるというところにあります。我々はなおいつ果てるとも知らぬ物質的発達の渦中で蠢いています……。ただし実際は、生ある者はそれぞれの世界の終わりを自らの死のうちに見ています。ある者はそれを五〇歳の時に見たり、あるいは三〇歳、二〇歳、五歳の時に見るわけです……。《我去りしのち、大洪水きたり》というわけですよ。しかしながら、我々にはなお利用可能な物質やエネルギーの量的計算が可能になっています。一〇〇年もすれば、新しい物質があれこれ存在し、現在用いられている物質がなくてもやっていけるようになるかもしれません。そうなった場合、人間はいかなる問題を抱えるようになるか。私はとてもオプチミストではいられません。

■資源と枯渇

過剰人口としかるべき快適さとを同時に維持することは不可能です。地球資源を節約するために下されたさまざまな決定は速やかに人波にかき消されてしまっています。その好例がインドです。中国についてもある程度あてはまるでしょう。こうした国々では、何百万人にもふくれ上がった飢民たちの腹を満足させるための方法が、まず第一に求められております。これからの五〇〇〇年間は、こうしたインドや中国の体験が活かされなければなりません。さもないと、一切が灰燼と帰すはずです。そこで今日では土地を節約するところか、逆に急ピッチでその開発がなされている。しかし、このような状態の行き着く先は、人々が猫の額ほどの土地を耕しながら自らの教養をも高めるといったシステムからは、ひどく離れたところとなるでしょう。世界の構造は全面的に再考されなければなりません。これこそ大部分の人々が何ら意に介していないと思われる重要な問題の一つなのです。愛車のためのガソリンがもはや得られなくなれば、だれもが大変困惑するはずです。おそらくそれは一つの困惑にすぎません。しかし、車の中で燃やすガソリンとは、純粋な損失として蒸発してしまう生命の一部にほかなりません。もちろん、私は《エコロジスト》と呼ばれる人々に共感を抱いてはおります。彼らの声は現在でこそかなりか細いものですが、やがて逞ましいものとなるでしょう。でも、私には彼らが現実主義とは埒外なところにいるように思えるのです。

第五章　神話文字・絵文字・造形表現

■中国への関心

現地で研究するのを放棄したからといって、中国に対する関心をまったく失くしたわけではありませんでした――それは日本に対しても同様です。私は今も中国芸術に興味を抱いています。戦争中、そしてフィリップ・ステルン〔一八九五―一九七九。二十世紀フランスの代表的な東洋学者〕が戦禍を避けて自由地域にいた留守の間、私はギメ博物館の館長役を務め、フランス解放時には、モンソー公園にある中国芸術の収蔵で有名なチェルヌスキー博物館で副館長をやっていました。これまで私は、古代中国の陶器にかなり没頭してきました。日本にいる河井寛次郎氏との関係は続いており、宋や明の王朝下における無名の陶工についての情報を氏から得たりしております。漢字もつねに興味の対象としてありましたが、とくに『身ぶりと言葉』を書いた時はかなりの注意を傾けたもの★1です。というのも、エジプトの神聖文字やマヤ文字同様、それが、アルファベットの鋳型に流し込まれている我々の思考法とは、根底からして異質でユニークな記述表現法だからです。そうした漢字によって想像されるイメージの多義性や志向的な多様性は、実に見事なものです。つまり漢字とは、オブジェであると同時に想念でもあり、それぞれが完結した内容をもっている。驚くべきことと言えるでしょう……。さらに私は、文字に、そうですね、神話記述的《ミトグラフィック》文字とでも申しましょうか、そのようなものに対してもなお関心を寄せております。数年前になりますが、昔の教え子のアステカ文字に関する博士論文口頭試問に、審査員として加わったことがあります。

■絵文字と神話文字

――絵文字《ピクトグラム》と神話文字《ミトグラム》との間に、あなたはどのような違いを見ているのですか？

《神話文字》というのは、たとえばオーストラリア先住民や後期旧石器時代人のように、文字をもっていなかったにもかかわらず、その表現体系にきわめて深遠な思想が認められる人々の芸術を示すため、私が造ったかなり広義な用語です。洞窟壁画を初めとする旧石器時代芸術は、決して逸話的な表現などではありません。こうした洞窟壁画の中には必ずと言ってよいほど記号が描かれています。しかし、これらの記号は非常に長い間看過され続けてきました。たしかにその意味についてはまだよく分かっておりませんが、しかじかの意味を帯びていたことは疑いえないのです。

《斃された男》——ラスコー内の洞室、通称『井』の壁画（一部）

一方、絵文字というのは、ある行為を具体的に描写するような一つないし一連の図です。文字とのかかわりにおいて絵文字を特徴づけるものは、それが線形表現だということになるでしょう。つまり、ある行為のさまざまな位相を継起的な図の配列によって示そうとするわけです。かつてのイヌイットたちのように、行為の継起的な状態を小さな図によって表現する場合には、何がしかの絵文字が見られるものですが、このような絵文字を、所作が時間の流れにかかわっていると思える行為にまで及ぼすことはできるでしょう。たとえばラスコー洞窟には、ビゾンに斃されたとおぼしき男の壁画★2があります。これなどは絵文字、すなわち過去と現在と未来とを併わせもつ図像といえるでしょう。そこでは男を斃したビゾンの動き自体が、男がまだ倒れていなかった《前》と、動作が進行しつつあった《途中》、それに動作の完了した《後》とを示しているのです。神話文字の方はある行為の継起的な状態ではなく、線的に構成されていない人物、すなわち神話的世界の主役を表現するものです。たとえばオーストラリア先住民たちの樹皮彩画の中には、素朴な神話文字を示す資料がたくさんあります。ある人物を表現する場合、彼らはその傍らに投槍や鳥や別の人物などをも描き入れますが、こうして次々に並べられた、もしくは一般的なモチーフの中に取り込まれた各要素は、いずれも神話文字的と言えます。これらは口頭伝承にのみ結びついており、しかじかの伝説なり神話なりが語られる時に描かれるのです。

——寓意というわけですか？

言えなくもありません。寓意とかシンボルとか……。

――他の分野においてもそうした判別がおこなえるような適用法を考えておられますか？

我々の社会では、神話文字的表現はたくさんあります。たとえばポスターには数多くの事例が見られます。『身ぶりと言葉』の中で、広告ポスターを一枚紹介しておきました。《まぐろ《トン》、セ・ボン》というものです。そこには頭部と胴体と尾の三片に分断されたまぐろが一尾描かれており、胴体と尾の部分はそれぞれ缶詰と缶切りに、頭部はブルターニュの女性のかぶるマフラーに擬されています。そしてこれら全体を、《まぐろ、セ・ボン》

《まぐろ、セ・ボン》

《跳びはねるビゾン》

なる文句が引き受けているのです。

■絵文字と時間表現

——物語や図像の分析にさきほどの判別がおこなえるような用法なるものを考えていらっしゃるのですか?

はい。でも、それほど明確に、というわけではありません。私にとって問題となるのは、何がしかの純然たる神話的思考法、つまり、慣習的な時空の埒外にある思考法を特徴づけることでして、わざわざ神話文字なる用語をつくったのは、はっきり申しまして、実はそのためなのです。旧石器時代の各種作品を読み取る——こう言ってよければ——には、そうした文字に注意することが必要でした。今日まで、私はこの概念を何ら発展させてはおりませんが、それでもメトロの中などで、オーストラリアやニューギニアの先住民たちが描いたようなポスターに気づいたりしています。

——《時間的な》イメージと《寓意的な》イメージとを判別するというのは、映画ないし映像誌の分析にも大いに役立つでしょうね。

その通りです。民族誌学的な映画を学ぶ若い女性の博士論文を数年間指導したことがありますが、事実彼女は神話文字についてしばしば話しておりました。

——あなたが考えておられるような神話文字と絵文字との二項対立は、ミルチャ・エリアーデ〔一九〇七―八六〕の唱える《神話的》・《周期的》時間と《歴史的》・《線的》時間、すなわち《聖なる》時間と《俗なる》時間の対立図式を想起させます。つまり、人間というものはある行為の継起的な側面を表現することを考え出しながら、《歴史》をつくり出すためにある特定の存在様式を放棄しようとはしなかった。このようになりますか？

だいたいそんなところでしょう。シンタックスの観点より見れば、過去や現在、未来の征服は、絵文字的な表現形態と結びついています。旧石器時代芸術では、その一連の動物表現の中に図像がいくつか組み込まれていますが、これらは神話文字内部の絵文字と考えられます。たとえばアルタミラ洞窟〔第十一章訳註★3参照〕の天井には、《跳びはねるビゾンたち》と呼ばれているビゾン像が三体描かれています〔一一三頁挿画〕。たしかに、土埃にまみれながら転げ回っている様子なのです。もともと発情期を迎えたビゾンの牡にはそうした習性がある。まず埃の中に放尿して転げ回り、それから樹木の方に行って軀をそれにこすりつけ、自分のテリトリーを示す、という習性です。これはきわめて特徴的な一連の所作で、それを旧石器時代人たちは壁画の中で表現したわけです。

――結局、歴史を考え出すということは、あるいはさまざまな歴史を、そう、過去の諸事実を形象化し物語る技術や芸術に由来するものなのでしょうか？

そうです。言葉によって表現された思考の発達度は、手によって表現された思考作品の数々を通して測りえるのです。アルタミラの天井は、ラスコーの各洞室同様、物語や解釈

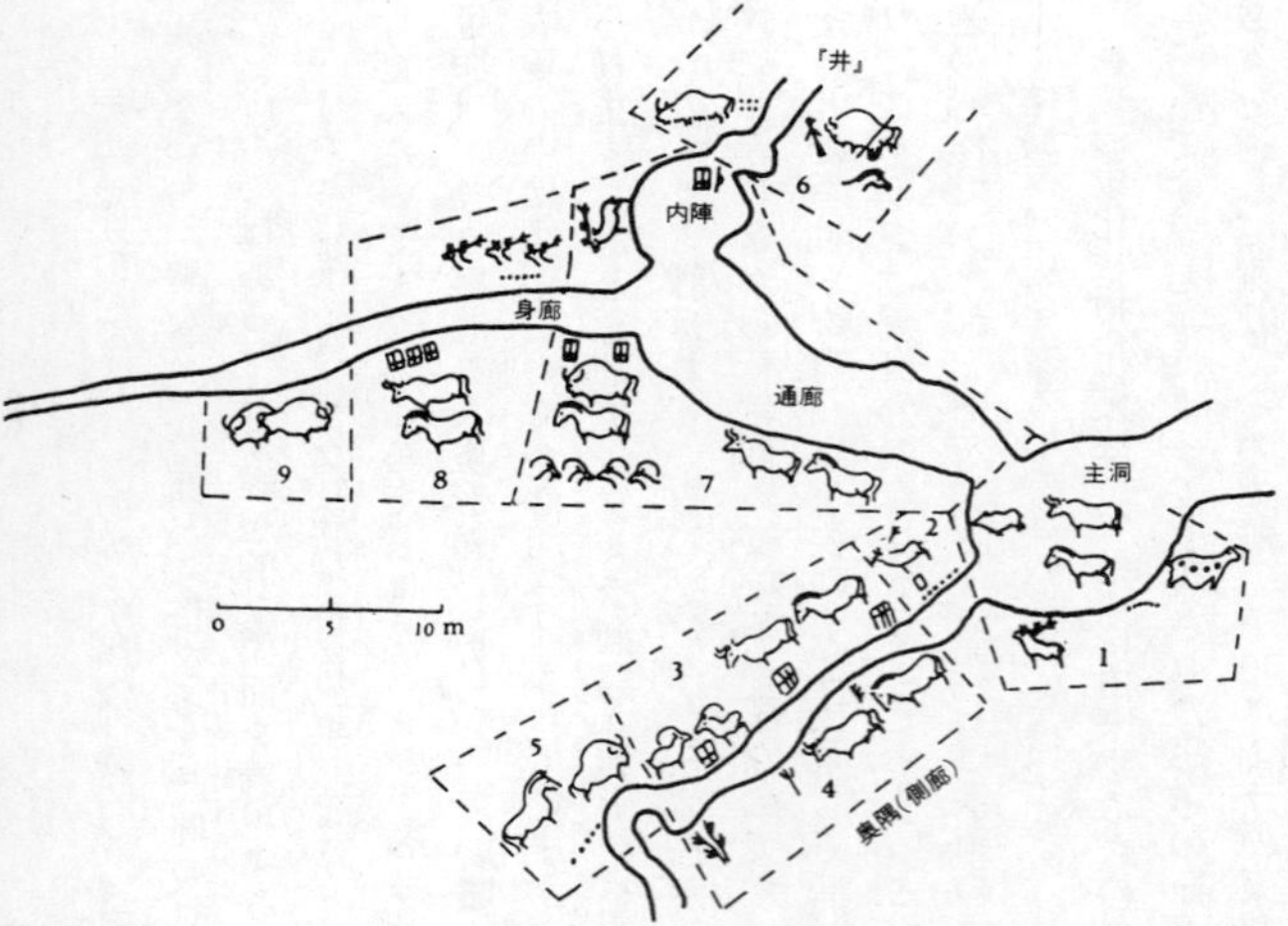

ラスコー洞窟壁画見取図

芸術がそのまま保存されてきた冷凍庫にほかならないと言えるでしょう。

■図像群の構成

——でも、たとえ各時代の出来事を同じ表面に置く方法を考案できなかったとしても、人間はやはり歴史的存在となったのではないですか？

旧石器時代の芸術には線形性《リネアリテ》がありません。そこではもろもろの図像が、洞壁面に中心と周縁との見られる一枚のタブローとして現われるのです。これらの図像群は、こうしたコロナ状の分布のもつ意味を保ったまま積み重ねられてい

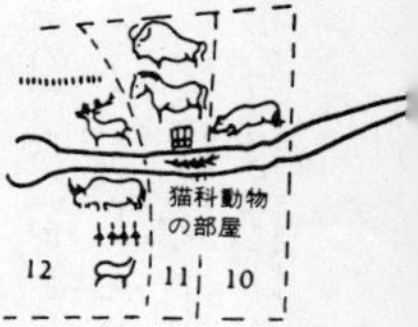

ます。鍵を手にさえしていれば、つまり、しかるべき距離を置いて見れば、図像の全てが神話そのものであったに違いない主題を巡って描かれていたことに気づくでしょう。ただし、この神話なり主題なりにかんする詳細な解釈は、おそらく望めないはずです。ある種の動物図像、ことにビゾンやオーロックス（原牛）といった牛科の動物図像は、壁画面中央部の優先的な位置を占めています。周縁的な動物図像の場合は、洞奥部や洞口部に見られます。洞内の地形と分布とを対応させていくと、一般にビゾンと馬とからなるもっとも興味深い図像対合の周りに、野生山羊やマンモスのような補完的かつマージナルな動物図像や、猫科動物や犀などの危険な動物図像が配置されていることが分かります［前頁ラスコー洞窟壁画見取図および巻頭参考図15参照］。熊の場合は、かなり漠然とした位置を占めております。ほぼいたるところに見られるからです。

■動物と人間

——熊は人間と考えられませんか？

人間ですか？　そうですね、熊はほとんどどこでも仮装した人間となっています。あるいはすでに旧石器時代においてもそうであったかもしれませんね。ありえない話ではありません。

――熊が仮装した人間であるとはどういうことでしょうか?

極東地域、とくにシベリアの全ての神話伝承において、巣に戻った熊は身にまとっているものを脱ぎ、人間になるとされています。

――お話は、おそらく私がカナダのケベックから持ち帰ったイヌイットの彫像のことを指していると思われます。あれは顔の部分だけを彫って熊を表現した平石ですが、より正確には人間の足のついた熊の毛皮を表わしているとすべきでしょう。私としてはシャーマンだと考えているのですが……。

現代のイヌイット芸術には、数多くの追憶が含まれており、それからすれば、あるいは、あれはイヌイット・シャーマンであるアンガコクかもしれません。注意していただきたいのは、シベリアの神話伝承において、動物たちは全て人間の性質を帯びた存在だということです。類話がほぼ全世界的に分布している有名な話に、が、ち、ょ、う、の娘が湖に降り立ち、物語上の英雄が葦の茂みに身を潜めているのも知らずに水浴をする、というのがあります。娘がそこでがちょうの羽衣を脱いだところ、英雄がそれを盗んでしまう。そのため岸に上がった娘は再び元の姿に戻れなくなってしまい、英雄と結婚する羽目になる。そしてある日、娘は英雄が家の屋根裏に隠しておいた羽衣をついに発見し、身につけて飛び去ってしまう。このテーマは西欧の物語作者たちによっても借用されておりますが、日本ではこれを基に有名な《羽衣》という能がつくられています。

■中心と周縁

――人間と熊との関係を質問して、あなたのお話を中断させてしまったようです。話を戻しまして、洞窟壁画の配置をあなたは中心から周縁へとみていかれたわけですが……。

簡単に立証できる理論です。ほとんどの壁画洞窟についての報告書が出ておりますので。こうした図像群に共通する性格は、ウラル山脈からスペインにかけての壁画に見出せます。

――お話では、壁画面中央に一番よく見られるのが牛科動物だと……。

ええ、大型の反芻動物です。時代と地域とにもよりますが、もっとも一般的に見られるのがビゾンです。その次がオーロックス。しかし、ラスコーの場合はオーロックスが基本となっています。馬の場合は時によりけりで、牛科動物と同量だったり、より少なかったりです。図像群の中央部にあるにはありますが。中央部の周囲には、時にビゾンの痕跡が認められこそすれ、おおむね野生山羊もしくは鹿が位置しています。これらは私が《第三の動物》と呼ぶもので、アダムとイヴの話における蛇になぞらえられるかもしれません。これはまあ単なる冗談ですが、この第三の動物は図像群の力関係においてしかじかの役割

《踊る呪術師》

を担っているはずです。蛇がいなかったなら、アダムとイヴに代表される人間の男女という関係も生じえなかったに違いありません。

——これらの動物が、それを描いた人間たちにとって神のような存在であったとする仮説を、あえて唱えることは可能でしょうか？

少なくとも、トロワ＝フレール洞窟天井に描かれている《踊る呪術師》★3なる図像については、そのような仮説が幾度か、とくにブルイユ神父によって唱えられております。でも、私としてはまず《神》とは何かということをよく理解したいと思っています……。たしかなのは、つまり、人が何かを確信しうる限りにおいてたしかなのは、それが単なる獲物ではなかったことです。旧石器時代人たちはそんな動物たちを洞壁面に描き、さらに、きわめて変化に富んだ形状をもつ記号でこれらの図像を取り囲んだわけですが、ひどく苦労したに違いありません。そう考えていくと、洞窟内の空気には無償行為とは相容れないものがあるように思えてきます。それはまた呪術的行為をも、少なくともきわめて直截的なかたちでは、排斥しております。主要洞窟の壁画は実に見事な造形表現となっているのに、呪術用の図像はおおむね素描程度で、それも通常かなり拙い。

■ラスコー洞窟と先史壁画の絵師たち

ラスコー人たちの芸術はまさに比肩しうるものがないほどです。彼らは《システィナ礼拝堂》と呼ばれる主洞室ないし軸状奥洞に図像を描くため、足場を築きさえしております。今でもその据付け穴が残っていますよ。一般的に言いまして、ラスコーの壁画は手の届く範囲もしくは、描こうとする箇所に近づく際、壁面の端が足場に利用できる場所に見られます。足場は洞口から壁面をよじ登ることができるような洞奥へと真直ぐに向かう通廊部に組まれていたらしく、そこには足場用の腕木を支えるためと思われる穴が二〇個ほど穿たれています。カリフラワーに似た方解石層に図像を描くための準備作業もおこなわれました。おそらく下絵作りには粗描用の筆を使い、これに顔料をしみ込ませては端のぼけた斑点をいくつもつけていったはずです。彼らラスコー人たちはさまざまな動物の体型に切った樹皮ないし皮製の型をもっていました。そして「皮などを丸めて作った」タンポンで、あらかじめ型を用いてつけておいた図像の輪郭線に沿って素早く粗描画を仕上げていった。こうしてできた輪郭はきわめて鮮明であり、実に美しいものであります。

──ラスコーの頃には、何かしら《遍歴絵師の工房》とでも言うべきものがあったらしいとの説もありますが、あなたはどうお考えですか?

実際のところ、同一の絵師が描いたと言えそうな壁画をもつ洞窟は二ヶ所しか知られておりません。しかし、これは大して当てにはなりません。我々が知っている洞窟はフランスとスペインとを併わせても、たかだか一三〇ないし一四〇ヶ所ぐらいでしかないのですから。図像の年代はおよそ五〇〇〇年にわたっています。その間には数多くのことが起こったはずですが、もちろんそれに関する証拠資料はありません。見つかる可能性もほとんどないでしょう……。ただたしかなのは、少なくともいくつかの壁画洞窟に限って、当時専門的な人々がいたということです。壁画以外についてもおそらく専門家がいたでしょうが、ともあれ彩画や線刻画にはそのような人々がいました。明らかに、芸術的質からみて驚くべき腕をもっていた一群が存在していたに違いありません。

ラスコーの壁画が必ずしも大型専門家チームの作品でないとするには、なお資料の蒐集が必要です。あるいは二~三人の絵師がいたかもしれません。数年間ぐらいなら、この人数で壁面全体を十分相手にできたでしょう。ともあれ、実際のところ、当時の芸術家たちについてはあまりよく分かっていないのです。

■贋作と先史芸術

——旧石器時代の芸術家たちの工房にかんする仮説は、フォン＝ド＝ゴーム洞窟[★4]の壁画に似た図像のある線刻礫——これを《ガレ＝カルパン》[★5]と言います——が一つ発見されたことに基づいているように思えますが、この礫は洞窟からかなり離れた場所で見つかっておりますね……。

ええ、エーン県のラ・ジュニエールという小さな洞窟で、フォン＝ド＝ゴーム洞窟の壁画の一つと奇妙に似通ったビゾンの線刻オブジェを見つけた時、一部の研究者はそれをかつて遍歴芸術家が紛失したデッサン帳替わりの礫だと考えました。ラ・ジュニエール洞窟とフォン＝ド＝ゴーム洞窟とはおよそ五〇〇キロメートル離れています。たしかに壁とオブジェとはこのように似てはおりましたが、それはある欺瞞者がブルイユ神父がおこなったビゾンの模写を基に、礫に線刻したコピーにすぎません。

これは先史芸術学において、詐欺的行為があったことを示す稀な事例の一つです。おそらくまがい物はいくつもあるでしょう。でも、ふつうそれらはすぐ見破られています。線がぞんざいで中途半端だったからです。中にはついに気づかれぬまま、先史芸術品に加えられているのもあるでしょうが、その数はごく僅かだと思います。ともあれ、我々の知っている先史時代の無数の装飾品には、何がしかの様式性が認められます。先史芸術は不均質なものではありません。何をどのように描くか、こだわりもありました。制作者に才能のかけらも見出せないような作品でさえも、時代的な特徴を帯びているのです。むろんこれは、現代のものについても言えるでしょう。作品のスタイルはなかなか理解しがたいところがありますが、何かしら鋭さを秘めており、時には一見してそうした鋭さが分かるのもあります。

旧石器時代人によって線刻の施されたと思われる石や骨製のオブジェはいくつも知られております。中には偽物らしきものもありますが、いずれも大変巧みなものばかりです。ただ、私がこの問題についてあまり深入りするわけにいかないことは、お分かりいただけると思います……。ある時、テッサリー洞窟に出土品鑑定のために呼ばれたことがあります。そこではさまざまな《作品》に紛れて、高さ六ないし七センチメートルの小さなマンモスの彩色壁画がありました。先史芸術書の図版から直接抜け出したようなものではありましたが、実は方解石に赤いクレヨンを塗った複製品だったのです。愚かしい話です。

この洞窟では約一二体の図像が見つかっております。そのうちの女性像を表わした一連の図像は、洞内の堆積、もっと正確に言えば、黒光りした美しい表面をもつ方解石の棚に線刻されていました。ところが、これらの女性像を白く浮立たせるために、誰かが図像の表面を掻き削ってしまった。実に呆れたことです。かなり傾斜の激しい棚であってみれば、何千年もの間、洞内に生じた埃をまともに受けているわけでして、そうした時の試練をかいくぐって今日まで残された図像が純白であるはずがないのです。事実、棚の端はいつも黒ずんでいるか茶褐色です。

――先史芸術の偽造者たちは、自分たちの仕事から利益を抽き出す代わりに、おそらく真の歴史と《並行する》歴史の萌芽に対する世話を、偶然の女神に託した。つまり彼らは外典の悪霊《ボルジュジェン》をもつ夢想家なのです。あなたとしては、そんな彼らに幾分なりと魅かれるものを感じてはおりませんか?

魅かれる? 偽造者たちに? とんでもありませんよ! むしろ非常に嫌悪すら覚えているくらいです。いやしくも先史学者なら、いくら有能であっても、いや、それならばなおのこと、決してごまかしに逃げ込んだりはしないものです。我々はきわめて不安定な地面の上に足を置いているのです。

――信憑性ということですか?

ええ、信憑性の問題です。

戦争前、そう、一九三五年頃でしょうか。私は中国芸術、とくに青銅器を豊富に収蔵しているパリのある博物館の館長について実習をやっておりました。手先がかなり器用だったので、館長はある日、私に非常に繊細な道具を用いて錆のひどい青銅器をいくつか磨くよう求めました。そこで私は、まず最初の一つを手にとって作業を開始しましたが、緑青と青銅器の表面との間に糊がついているのに気づいたのです。そのことを館長に報告すると、彼は私を凝視《みつ》め、壺を吟味した上でこう言ったものです。「本館収蔵の青銅器に関する君の仕事は止めにした方がよいでしょう」。実に親切なことでした。

御承知のように、贋物というのはしばしば性質《たち》が悪く、中にはほとんどそうと分からないものすらあります。中国の場合、贋物作りはオリジナルからとった鋳型を使い、土と焼入れの温度を同じくして、漢、唐、宋、明各朝の馬や小像をこしらえていました。これらの模造品を、やはり鋳型を用いて作られた本物と区別するのはまったくもって不可能です。いずれにしても、これから先、私が唐代の馬像の鑑定を担当するようなことはないでしょうが……。

■模作と実験的研究

——あなたには無縁かもしれませんが、先史学における教育の目的には、一見本物と見紛うような道具を作ることも入っているのではないですか?

石器制作技術や骨角器加工作業についての実験的研究は、それとはまるで別物です。最近のフランスでは、フリント(燧石)加工に対する関心が再び高まりつつあるようで、私もフリント製のソリュートレ期風月桂樹葉尖頭器《フーイユ・ド・ローリエ》を、おそらく古色《パティネ》さえつけられれば、本物と見分けがつけられないほど巧みに作ることのできる研究者を何人か知っています。たとえば昨年、私はベリー地方［フランス中央部］出身の小学校教師と知り合いましたが、彼はとても素晴らしい能力を備えており、骨や角――とくにトナカイの枝状角――の打剝同様、石の打剝においても驚くほどの腕前をもっていました。枝状角の柄にフリント石器を取りつけた道具を用いて、彼はほんの三分間に直接八ないし一〇センチメートルの若木を切り倒してみせたのです。確かにこの道具は先史人たちのそれを手本にしてはおりますが、贋物ではありません。漠然としたもしくは不正直な目的に用いようとする場合に、贋物となるのです。

二年前、我々はパンスヴァンでマドレーヌ期のテントを一基復元し、二度の展覧会に用いました。あるいはこれも贋物と呼べるかもしれません。しかし、誰も欺すわけではありません。卑俗的ではなく実験的な意味で、それはシミュレーションの一部なのです。地面にはテントの跡がありましたが、我々の復元は一連の論証に拠りました。真実に近づいているのは分かっていても、一部はなお単なる仮説の域にとどまっているわけです。

ご存知のように、旧石器時代の芸術の中には卵形状の垂飾品がいくつも見られ、そのうち最大のものは一八センチメートルもあります。上部に穴がひとつ開いており、両面は幾何学的装飾に覆われています。この垂飾品は五〇年以上も《唸り板《ロンブ》》、つまり、これに紐をかけて振り回すと、聞き慣れない人にはひどくびっくりするような激しい唸り音を発する板と考えられてきています。それを実際試してみようと思って、私は骨で同じ大きさの板を作り、先端に紐をつけて振り回してみました。すると、骨板はかなり大きな音を出し、これを唸り板とする旧来の仮説をたしかに裏づけるかのようでした。しかしですね、一〇センチメートルや、八、六、三センチメートルの同様の垂飾品も存在している。私は実験を続けました。もちろん八センチメートル程度の骨板では、辛うじて聞き取りにくい囁き程度の音が出ただけでしたが、これをただちに唸り板とする仮説は必ずしも的を射ていない、ということになります。誰もが空洞のある鍵を笛替わりに吹くことはできますが、鍵は必ずしも笛ではない……。経験とは貴重なものであり、それゆえ実験的にコピーを制作したからといって、虚偽をなしたというわけではないのです。

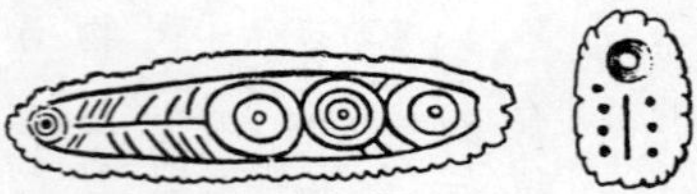

垂飾品

■ラスコーのレプリカ制作計画

――この先一般公開の望めないラスコー洞窟主洞のレプリカ制作計画について、あなたはどのようにお考えですか?

その計画のことはよく承知しています。それを担当したある女性画家と、かなり頻繁に話し合ったものです。彼女が協力者と進めていた作業は大変なもので、実現不可能と思える任務でもありました。それはラスコーの壁面に描かれている図像群をただ模写するのではなく、二万年という年月が洞窟に醸し出している状態で模写するのです。時がはっきりと刻み込んだ何かを模倣する。これはたとえば馬の図像群を本来あったかたちで模写することより、明らかに難しいものです。しかし、作業は信念（！）をもってなし遂げられました……。まず、ラスコー洞窟から五〇〇メートルほどのところに本格的な盛土をし、洞窟自体の量感と輪郭とを再現するため、セメントで形を整えることから作業は始まりました。それから、奥行七〜八メートルの本物と見事にうり二つの洞窟をつくり、その壁面に、軸状奥洞の図像群や身廊部の二頭の交叉するビゾン像などを描いたのです。担当者たちは確かに全力を傾けてことにあたりました〔第一章★3参照〕。

——この計画をあなたは全面的に評価しているのですか？

ええ、全面的に。

■アンドレ・ブルトンの蛮行

——先史学における贋物について語り合っている間、私はペック＝メルル洞窟〔第一章★10参照〕におけるアンドレ・ブルトン〔一八九六—一九六六。詩人・作家で、シュルレアリスムの創唱者〕のエピソードを考えていました……。

彼の作品は高く買っておりますが、彼がペック＝メルル洞窟のマンモス像に対しておこなった蛮行［一九五二年］には我慢できません。このロート県の洞窟壁面には、長さ約一二メートルにわたって、野牛やビゾン、馬、それにマンモスの一群からなる、洗練さと巧みさとを大いに兼ね備えた絵様帯《フリーズ》が見られます。これらの図像群は長さがだいたいここにあるテーブルぐらい、そう、五ないし六メートルの主壁面にも互いに組み合わされて描かれていますが、絵様帯はこの主壁面の端にあります。昔は手すりから身を乗り出せば、指で図像の一つに触ることができました。それをしたのが、アンドレ・ブルトンでした。その際、黒色顔料［二酸化マンガン］が指先についたのを見て、彼は壁画が贋作だとしたのです。しかし、そんなことは絶対ありません。洞窟壁面に旧石器時代以来何らの変化も生じなかったような事例が、他にも数多くあるからです。この絵様帯において、石灰化の程度は部分によって異なり、中にはそれがまったく見られない部分もあります。そうした認識がブルトンには欠けていたわけで、周りの者も彼の理解不足に気づきませんでした。★6

■旧石器人の足跡

洞穴学の体験的データによれば、旧石器時代以来、人の出入りした形跡のない洞窟に初めて入ってみると、まるで昨夜つけられたばかりのような新鮮な足跡がよく見つかるといいます。数年前、アリエージュ県の全長約一キロメートルに達するニオー洞窟★7で足跡が発見されたことがあります。この洞窟は二箇所ほど沼が進路を遮っているため、洞窟を探検して廻るというのはかなり困難ですが、ここから回廊奥部へと向かう二ないし三人の足跡が見つかっているのです。私が訪れた時は、ちょうどその発掘がおこなわれているところでした。旧石器時代の洞窟訪問者たちは、他の図像群からかなり離れたところに三つだけぽつんと描かれた壁画の下に、足跡を遺していったのでしょう。顔料が乏しかったため、おそらくそれを節約しなければならなかった。訪問者たちは、これらの図像を辛うじてそうと分からしめるぎりぎり最少限の線で表わしたのです。

資料をいろいろお見せしましょう。これが馬です。顔料をかなり節約して描いてあるでしょう。こちらは白てんの一種です。それから二頭のビゾン。互いに交錯しています。尻や背や角が識別できます。それだけです。こちらの図像はもっとはっきりしていますが、背稜線しか示されていません……。この写真には、大人二人と子供一人とが通った跡が見えます。堆砂の上を歩いたようです。おそらく滑りやすい粘土の上より砂の上を歩く方が温かかったのでしょう。

テープレコーダーを前にしてのこの対談で困るのは、私が何よりも視覚的な人間であり、クロッキーなどを用いて説明したいと思ってもそれが叶わないことです。言うまでもないでしょうが、たとえば唸り板の説明にしても、もし実物の全体像を眼で追えれば、ずっとはっきりするはずです。その形を漠然と指摘するだけではそうもいきません。

■描くこと

――さらに付け加えるべきことがありますね。つまり、あなたはただ文章を書くだけでは満足せず、いろいろ図を描いてみせる、と。

二十歳の頃、そう、まだ学生だった時分から描くことを始め、あちこちの雑誌に絵を売って生計を立てる漫画家になろうと思ったのです。でも、あまりうまくはいきませんでした。それは私の人生における比較的短い一コマにすぎませんでしたが、今でも描くのは大好きですよ。

――あなたにとって、描くとはいったい何なのですか？

身ぶりと言葉との接合です。私にとって、絵は語る手なのです。

――簡単に描く技術を身につけられたのですか？

ごく当たり前に描いてきました。両方の手で。まだ幾分なりと両利きです。五〇年以上になります。左右の手で異なった絵を描くこともできますよ。

――片方の手で描く練習はなさらなかったのですか？

ええ。子供の頃は、ボール紙を切り抜き、そこに絵を描いて作った人形で一年中遊んだものです。兄と私は馬やライオンや家など、ありとあらゆる種類の図像をこしらえ、地図の上であちこち冒険に出掛けたりしました。

■正面観と遠近法

——遠近法を用いてものを描くのが難しいと思ったことはありませんか?

子供なら誰でも体験する全ての段階を私もまた経たはずですが、だいたい四、五歳の頃には、遠近法に難しさを覚えるものです。やがて、子供はかなり急速に古典的ないし典型的な遠近法のもつさまざまな掟を身につけるようになります。こうしてひとたび身についた掟は、終生離れるものではありません。子供の頃に描いたものを、もう一度描こうとしても不可能です。私の子供たちが六歳にも満たぬ時に描いた絵や、あるいは今いる孫たちの絵には、まさに驚きを禁じえないものがあります。

旧石器時代の人々も、おそらくこのような経過を辿ったのでしょう。遠近法が次第次第に洞窟壁画を席巻していくようになっているからです。脚を地面につけたビゾンを描き、それによって図像に量感を与えることができるようになるまでには、ある程度時間がかかったはずです。そこに至るまでの長い間、動物図像は正面観の分趾蹄が宙に浮かんでいる恰好に描かれていたのです。こうした不安定な図像表現が素朴なかたちで乗り越えられるには、すでにかなり高度な芸術を有していたマドレーヌ人たちを俟たなければなりませんでした。彼らマドレーヌ人たちの壁画が幾分なりと洗練さを示すようになるのは、実にこの時期からです。大雑把ではありますが、ちなみにラスコーとニオーの動物図像を比較してみましょう。そこには初期ギリシアのクーロス（青年墓像）と、アカデミズムへの萌芽の見られるヘレニズム期の青年像との間ほどのひらきがあります。人類の芸術における大いなる時はこうしてラスコーの周りに位置しており、やがて徐々に技巧へと走るようになり、ついには非常に見事な、そして実に正確な図像表現が登場するまでになるのです〔巻頭参考図3・4参照〕。

――正確すぎるのでは？

《すぎる《トロ》》という言葉は使いたくありません。たとえ図像が実際に《正確すぎる》と思えるような場合であってもです。とても美しいものですよ。ニオー洞窟のビゾン像には信じられないようなものさえいくつかあります。でも、それらはすでにやや生彩を欠いています。ラスコーの牛については、誰もそんなことは言えないでしょう。

■芸術の始まり――曲線＝輪郭線の展開

――先ほどあなたは児童画に感服していると仰言いましたね……。でも、先史時代の洞窟壁画は言うまでもなく児童画とは異なっている……。

もちろんですよ！　発達したマドレーヌ文化に属しているニオーの洞窟壁画と芸術の始まりとの間には、およそ二万五〇〇〇年もの隔たりがあることが理解されていない。芸術とはまさに編年そのもの（！）なのです……。この旧石器時代芸術をもって特に原始芸術《アール・プリミティフ》とみなしてもよいでしょう。旧石器時代芸術こそが人類史における芸術の出発点を特徴づけているからです。しかし、その幼年期は……決して幼稚なものではありません。厳密に言えば、生まれてから数千年間の旧石器時代芸術を幼稚としてもよいでしょう。もっとも、そこには今日児童画についてよく知られているような特徴はありませんが……。たしかに、これらの作品はきわめて簡略化されており、すでに抽象化もかなり進んでおります。しかし、時経ずして、骨組みが表現されるようになる。ごく最初期には、そうした図像表現はより新しい時期の作品になおはっきりと見られるような背稜曲線の観察から始められていました。我々がある動物を描こうとする場合にも、やはりふつうはまずこの曲線から始めますね。我々がさまざまな提案をおこなったり、速やかに類似点を指摘したりできるのは、実はここに起因するのです。ともあれ、旧石器時代の芸術、とりわけオーリニャック期の芸術において顕著なのは、全ての図像に役立てうる曲線の使用です。それは次図のように描かれています。

　この曲線（図1）は、何がしかの改変を加えれば馬の背稜線となり（図2）、二本の角をつければビゾンのそれになります（図3）。また、前とは幾分異なった角をつければオーロックスの背稜線となり（図4）、長鼻をつければマンモスのそれになるのです（図5）。

　後期旧石器時代の最初期に属する作品の数は、残念ながら非常に少なく、私が様式Ⅰ〔第一章訳注★2参照〕と呼ぶ時期の動物図像は、ほんの数例にすぎません。次の様式Ⅱに

図 1

図 2

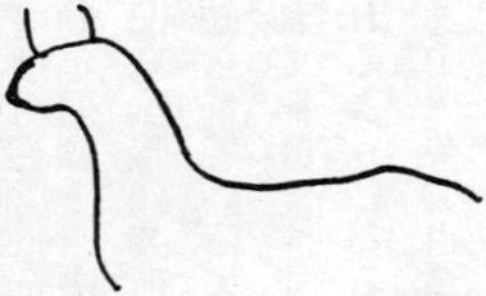

図 3

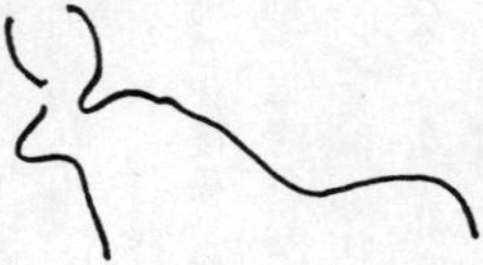

図 4

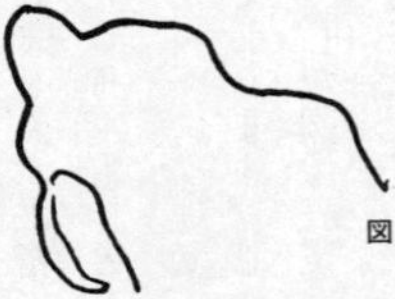

図 5

曲線＝輪郭線の展開

なると、図像はより数を増し、その構成について何らかの考えをもてるまでになります。先ほど言いましたように、どうやら輪郭線は背稜線を示すことから描き始められたように思えるのです。当初この曲線はほとんど同じように描かれており、あらゆる要請を満たしていました。しかし、様式ⅢとⅣの段階に入ると、多様化が見られるようになります。すなわち、初めのうちは多様な動物図像に対する画一的な輪郭線であったこの曲線に柔軟性が現われ、動物種が十分特定できるほど正確なものとなるのです。

最初の図像出現から数千年の間に、動物の特徴的な輪郭線は少しずつ明確になり、完璧に構成され、範型化していく作品がいろいろと登場するようになります。だいたいのところ、ペリゴール後期、すなわち前二万から一万七〇〇〇年頃のことです。そしてそれは、前一万五〇〇〇年頃のラスコーと一万ないし九〇〇〇年頃のニオーとで頂点に達します。このように、ある目印から他の目印へと辿りつくには、何世代もの年月がかかっているわけです。ここのところが一般には理解されていません［巻頭参考図1・2a・2b参照］。

■オーストラリア先住民の芸術

――とすると、オーストラリア先住民の絵はどこに分類されるのですか？

それは素晴らしい芸術でして、私も非常に感服しております。カレル・クプカ[★8]というチェコの画家が友人にいますが、彼はオーストラリア先住民の絵（樹皮画）に興味を抱いており、おそらくその画師の何人かについて、唯一のほぼ完全な証言を遺してくれるでしょう。しかし現在、この芸術は解体化への道を辿り、商業的なものとなっています。数年間にわたって、彼は画師たちを観察する機会に恵まれましたが、と同時に、《テクスト》を保存しなければならないということを理解する才能、私に言わせれば、実に大変な才能をも具えていました。彼はさまざまな絵を説き明かす神話もいろいろ集めております。大切なことです。一方、我々には残念ながら旧石器時代人たちの神話が欠けています。いつの日かそれが洞壁の上に化石のまま……そう、ラブレーの言う《凍えた言葉》[★9]というかたちで見つかる可能性もほとんどありません。

■南アルプス・北イタリアの線刻画

――オーストラリア先住民の芸術は、旧石器時代のそれとどの程度似通っているのですか?

この芸術は非常に変わっておりまして、おそらくそのシンボル体系は、旧石器時代芸術のそれと同じくらい古いものです。事実、オーストラリア各地で二万年前の線刻画が発見され出している以上、さもありなんと言えるでしょう。しかし、オーストラリア先住民の芸術はむしろ後氷期［前八〇〇〇年頃］の線刻画や彩色画、たとえば南アルプスのベゴ山にあるヴァレ・デ・メルヴェイユ一帯に見られる線刻画や、北イタリアのヴァル・カモニカ[★10]における無数の岩面線刻画群に似ています。ただし、こちらの方ではほとんど人物像の分析がなされておりません。これらの図像表現には全体的に円熟期、というよりもアカデミズムないし老化期を迎えていた旧石器時代のそれと、何ら共通項が見られません。分かっている限りで言えば、この旧石器時代のもっとも新しい図像は、実際のところきわめて月並みな表現形態をとっているのです。

——あなたの仰言るオーストラリア先住民の絵とは、ヴァンセンヌ[★11]のポルト・ドレにあるアフリカ・太平洋芸術博物館〔現ケ・ブランリ博物館〕で眼にできるものなのですか？

そうです。博物館のためにコレクションをし、自らあの部屋に陳列したのがカレル・クプカです。もう一〇年近く前になりますが、先史学の博士論文を提出した彼のために、開設したばかりのあの部屋で学位認定の口頭試問をやりました。

■神話文字

——オーストラリア先住民の絵にも大変関心をおもちとのことですが、何があなたをそうさせているのでしょうか？

それが真に神話文字であるということ、つまり、何ごとかを語る絵であり、ひたすら口頭によって伝えられる内容である、ということです。また、それが神話的な時間のうちにぶら下がっていること、言い換えれば、正確な時間の指示を欠いているということも、私の関心をひく要素となっています。彼らの絵はこうしてお互いのうちに有機的な構造をと

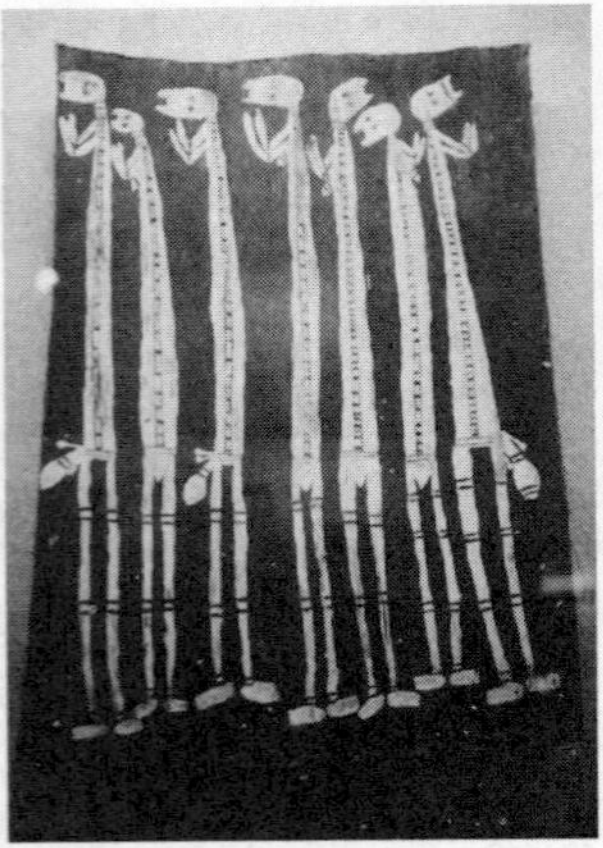

オーストラリア原住民の芸術（樹皮彩画）

っているのです。これこそ私が《神話文字》と名付けたものを説明する上で恰好の例と言えるでしょう。

――そうしたオーストラリア先住民の絵は、形態的には児童画に、概念的には先史芸術に似ていると言えますか？

いや、先史芸術には似ておりません。これは別の指示体系に属しておりまして、やはり神話文字的ではありますが、非常に異なっている……。旧石器時代の芸術でしばしばこちらを当惑させるものは、図像の中に解剖学的な正確さと動きとが追求されていることです。いったいに非常に《直線的》なオーストラリア先住民の絵には、そのような特徴がまったく見られません。後期旧石器時代というのは、人類の歴史にとって実に驚くべき時期だったのです。

■サハラ岩面画

――サハラ砂漠の岩面画★12はどこに位置づけられますか？

それもまた別物です。オーストラリア先住民の絵とはやはり様相を異にしております。サハラの岩面画と旧石器時代の洞窟壁画、それにオーストラリア先住民の絵は、たとえ一部の作品が同時代に描かれたものではあるにせよ、三つの世界、そう、三つの異なった世界なのです。まだ立証に足るだけの資料がありませんが、サハラ岩面画のうちのあるものは、もしかしたら旧石器時代最晩期の絵と同じ位古いかもしれません。おおよそ最終温暖期初頭まで、つまりウルム氷期が寒冷気候の終息を告げる後氷期まで遡るでしょう。サハラ岩面画はその出来映えからして、旧石器時代芸術やオーストラリア先住民芸術の場合と同様、実に見事な発見物でしたが、図像自体はまったく別の次元に属しています。たしかに牛の時代[★13]に属する小岩面画において、人物像や動物像は、最終期の旧石器時代洞窟壁画に見られるように、正確な描写がなされています。その解剖学的な正確さは、動きに対して非常にしっかりした観察がおこなわれたことを物語っております。しかし、出発点が異なっているのです……。こうした芸術なり図像なりについて語るのは容易でありません。ご存知のように、芸術の歴史には語いが不足しているからです。私としてもコード化を試みたことはあります。でも、それはやはり難しかった。自分が見つけた用語をつねに当てにするわけにはいかないのですよ。

――先ほどのアンドレ・ブルトンがペック＝メルル洞窟を訪れたお話しですが……、このエピソードは少なくとも彼が素朴な感情の持主だったことを意味していますね。おそらくそれは我々がみな等しく頒ちもっているものでしょう。《我が眼を疑う！》という感情です。こんな感情を抱いたことがおありですか？

今でも時々ありますよ。まだすっかり老けこんでいるわけではありませんから……。それはともかく、一九七九年に、私は妻や協力者たち[★14]と共著で、かなり大部のラスコーに関する報告書を出版しました。『知られざるラスコー』〔第十二章参照〕という題です。その際、ラスコーのことを再考する機会がありましたが、やはりめくるめく思いでした。

■ヴィーナス像の変遷

――マルローは全ての偉大な芸術が模作から始まると言っていますが、ジョット〔一二六七頃―一三三七〕が画家となったのは、羊たちを前にしてではなく、チマブーエ〔一二四〇頃―一三〇二頃〕と向き合ったためでしょう。つまり芸術の起源は芸術に他ならないというわけです。我々の知っている限りで最古の芸術についても、そうしたことが言えるとお思いですか？

その通りです！　芸術家の姿勢は時代と空間とを越えて一定しており、変わるものではありません。たとえばヨーロッパ全土で出土している旧石器時代の女性小像〔巻頭参考図7参照〕ですが、その原型は明らかにドン河谷で見つかったようなきわめて多岐にわたる形をした女性像にあると思われます。一般に《脂肪臀症《ステアトピージュ》のヴィーナス》と呼ばれてきたものです。これらの小像はドン河谷からピレネー地方のレスピューグまで、一定の間隔を置いて出土しており、ドン河谷最大遺跡の一つであるコスティエンキ[★15]からレスピューグまで、形状はさまざまに変化しています。ウクライナや南ロシア、オーストリア、モラヴィア、フランス南西部[★16]などで発見された彫像群が示す通りです。全体のバランスに変わりはありませんが、幾何学的表現への志向が、多少なりと正確な解剖学的モチーフの解釈に徐々に現われるようになります。そうして最後に、幻想的なまでに量感に溢れ、表面が見事なアラベスク様式となっている《レスピューグのヴィーナス》〔第十二章★8参照〕といった作品が、いよいよ登場してくるのです。これは――どう言えばよいでしょうか――空想的な小像でして、そこに解剖学上の真理を求めても埒があきません。ただ、輪郭の曲線はかなり洗練されており、解剖学的に細部をとらえようとしても、何ら自然の摂理が認められないことに気づくはずです。

■形態の伝達

――そうした幾何学化はどこに起源するのですか？

幾何学的関心もしくは幾何学化への関心については、今はひとまず措いておきましょう。ご存知のように、ネアンデルタール人たちは明らかに自然の珍しい物を蒐集していました。化石化した貝類などですが、こうしたコレクションは彼らが稀少な物や美しい形状に関心を寄せていたことを物語っています。私自身アルシー＝シュール＝キュール遺跡[★17]で、ネアンデルタール人のささやかな博物館を見つけております。黄鉄鉱玉や化石化した緑石塊、大きな貝……といったものをです〔一八九頁上図参照〕。しかし、表現意図や全体的な輪郭は、社会的な接触を通して初めて得られたに違いありません。明らかに数百年かけて――

それはきわめて短い時間ではありますが――少しずつそうした伝達がなされていったのでしょう。はっきり分かっているのは、何らかの人工的に作られたモデルがあり、これが説明不可能な造形表現上のディテールを、つまり、審美的な発見である一方、解剖学の埒外にあるようなディテールを生み出した、ということです。形態の伝達は、たとえば石器の場合同様、まず間違いのないものと考えられます。でも、ドン河谷出土のヴィーナス像に較べ、レスピューグのそれには、本格的なメタモルフォーゼがみて取れます。この両者のほぼ中間には、オーストリアで見つかったヴィーレンドルフのヴィーナスがありますが、そこでは解剖学的な誤りが半減しております……。では、ある一つの形態から別の形態への移行がどのようにして起こり、最終的に人体に対する詳細な観察から大きく逸脱している小像群が登場するようになったのか。この点に関してはよく分かっています。いわばそれは、レスピューグのヴィーナス像のようにきわめて理想化された表現となっているのです。ただし、形態論的に言えば、ロシアやオーストリアの小像抜きでは説明し難いものではあります［巻頭参考図7参照］。

■形態論的ディテールと解釈――豊饒・多産

――ある人にそうしたヴィーナス像の豊かな肉付きが、トナカイ狩猟者たちに豊猟のイメージを与えていなかったかどうか尋ねられた際、あなたは芸術作品と解剖学とを混同してはならないと答えられましたね。ピカソやベルナール・ビュッフェの描く女性像は、むろん現代のフランス女性のイメージではないとも仰言いました。そして《旧石器時代の女性小像についても、やはり同様の再検討が必要だ》とつけ加えられました。まったくその通りです。大切なところでもあります。たしかにこれらの小像群と食料獲得の要請とを近づけて考えるのは、幾分なりと素朴にすぎることと言えるでしょう。でも、小像群のうちに審美的な《意味》と生活上の《意味》を想定するわけにはいきませんか？　同じことは両刃石器《ビファース》についてもいえるでしょう。つまり、そこには実用的な必要性と美しい形態への志向性とが考えられるのではないですか。ともあれ、そうしたヴィーナス像のうちに豊饒・多産のイメージを見ようとする解釈を、あなたはどのようにお考えですか？

確実なのは、それらの小像群が芸術作品であるということです。この考えは想像力にではなく、むしろ、諸形態に関する個人的な分析がさまざまな伝統を背景として成り立つような、オブジェの観察に基づいています。ここを過ぎてしまうと、客観的な観察から逸脱した解釈が出てくるようになります。小像をしかるべき時空に位置づける形態論的なディテールから抽出した要素以外は、あくまでも理論的な要素にすぎません。では、これらの小像を豊饒・多産のシンボルとして、はたしてどのようなことが導き出されるのでしょうか？　世界各地に散らばっていた人間たちは、裸体、半裸体ないしきちんと着衣した、石や青銅、骨、象牙、木、陶土製の女性像を何万体も証拠資料として遺しており、その全てはシンボルと解釈されているようです。女性が人間の再生にとってつねにもっとも確実な方法であり続けたためであり、豊饒・多産観に結びつけられていたためでもあります。

　このように女性像を豊饒・多産のシンボルととらえることは、決して科学の大いなる勝利を意味するものではありません。でも、だからといって女性像のもつ審美的な有効性に傷がつくわけではないでしょう。口承であれ書かれたものであれ、何がしかのテクストがイシュタル女神[★18]やプロセルピナ女神[★19]などのように、女性像の名称や機能を詳細な来歴と共に明らかにしてくれる場合は、それらがもつ宗教的、審美的、遊戯的性格を峻別できます。考古学的なコンテクストのないオブジェについては、埒もない仮説には近づかない方がよい。ただ、誤りを怖れなければ、無限の多様性を示す作品が、変化の度合に応じて、宗教的なるもの、審美的なるもの、遊戯的なるものという三つの性格に符合していたとまで言うことは可能でしょう。宗教的な精霊の舞踊が、装飾品や所作の美しさという点で審美的な表現行為であり、同時に、肉体に宿る力の誇示という点では遊戯である、といった具合にです。

■先史画家とシャーマン

――彫刻家に当てはまることは、おそらく画家にも当てはまるはずです。とすれば、ラスコーの画家たちは、自分が目のあたりにした壁画の愛につき動かされかつ感動を覚えた者たち、と考えなければなりませんか?

自らが実際に何かを描こうとする前に、彼らはおそらく他人の絵を見ていたはずです。証拠資料がない以上、そうと断言するわけにはいきませんが、とりわけラスコーの画家たちは他の人々とはまったく異なっていたように思われます。自分の属する集団の中で、彼らは芸術家としての資格を認められていたに違いありません。その身分は、少なくとも一世紀前までトーテム・ポールを彫っていた、アメリカ北西部海岸地方の先住民たちと同じようなものだったでしょう。こうした彫刻家たちは別格の芸術家とみなされており、彼ら自身生計を立てるに十分なだけの能力が生来的にそなわっていることを認識していました。同様の事例は太平洋のいくつかの地域でも見られました。オーストラリアやとくにニュー＝ギニア、ニュー＝イングランド諸島などです。たとえばニュー＝ギニアのセピク峡谷では、ごく最近まで実に見事な芸術が存在しており、各村が専門的な彫刻家を何人か抱えておりました。彼らは明るいうちは仕事をしませんでしたが、その固有の文化に対する寄与によって、村人たちから生計を営むに足るだけの現物を支給されていました。

――彼らは社会の中でシャーマンと似たような地位にあったのでしょうか?

たしかにイヌイットのシャーマンはしばしば集団内の彫刻家でもありました。たとえばグリーンランドには、《テュピレク》という悪夢に出てくるような奇怪な顔をした小像がありました。これらの小像はシャーマンないしシャーマン的な理解を十分に体得した個人が彫ったものでした。

■遊び・芸術・宗教

——あなたが《先史時代の諸宗教》についてお書きになった本を拝見しまして[20]、夢想的な解釈なるものにあなたがどの程度不信感を抱いておられるか、分かっているつもりです。しかし私としては、ラスコーの画家たちが一種のシャーマンではなかったかどうか、あえてお訊きしたいのですが……。

そんなに気を使わなくても結構です……。ごく最近、私はその仕事ぶりを大いにかっていたエヴリヌ・ロト＝ファルク〔一九一八―七四〕という、人類博物館の極地民族専門家だった女性の追悼論文集に、先史学者とシャーマンについて一文を寄せています。その中で、先史時代にシャーマンがいた——おそらく確実でしょう——という理論を遵奉したフランス人の先史学者を二、三人取り上げておきましたが、そうした理論のもとになった情報はまったくもって常軌を逸したものでした。シャーマンとはその呪文によってひとつの世界から別の世界へと移動し、精霊たちの世界をあちこち旅しては病人や死者の魂を見つけ出す人物を言います。しかし、これは地理的にみて真のシャーマン、すなわちシベリアのシャーマンについて当てはまりこそすれ、たとえばオセアニアの人々にまでこの名称を用いるのは、私には少々行き過ぎのように思えます。そこでは用語を変えるべきでしょう。《ポトラッチ》とか《タブー》、《マナ》、《バラカ》といったようにです。もっとも、これらの用語は今ではいずれもフランス語となっており、本来の字義は消え失せてしまっています。たしかに旧石器時代において、画家がシャーマンに近い人物であったという可能性を全て否定するわけにはいきませんが、それを立証する資料が何もない以上、そうした考えは単なる仮説の域を出ないものなのです。

一方、我々のもっている資料からすれば、遊びと芸術と宗教とを区別することは不可能であると言っておいた方がよい。これらは全てほぼ時を同じくして出現したように思えます。かつては洞窟壁画のビゾン像を説明するため、しばしば《呪術》が引き合いに出されました。しかし、これはもっとも根拠に乏しい仮説の一つにすぎません。狩猟者たちが食欲やインスピレーションのままにマンモスなり裸体の女神像を描いたとして、そこに衝動的な感情の爆発を見ようとする説も的外れです。最初期の先史時代芸術は、男根とか女陰、馬やビゾンの頭部など、いくつか表現上の核を選び、それらを神話ないし寓喩仕立てで構成しています。言うまでもないことですが、自らの生存のために闘っていた先史時代人たちであってみれば、何であれ《無償の》行為をおこなうわけにはいきませんでした。ラスコーの洞窟壁画の場合もそうで、十六世紀に建立されたヴァチカンのシスティナ礼拝堂の天井画同様、社会的・宗教的生活の中にしっかり組み込まれていたのです。ゴシック時代の聖母の彫刻家とレスピューグのヴィーナス制作者との間に、いったいどのような違いがあるのでしょうか？　形態のために形態を創造するといういわゆる《無償芸術》は、ルネサンス期になって現われたにすぎません。それまでの彫像といえば、アダムとイヴ、諸聖人、聖母子および偉人・著名人の横顔…と相場が決まっていたのです。

――それゆえあなたは仰言るのですね、《我々は前《プレ》＝古拙《アルカイック》期にいる》と……。

■抽象と写実

私がそのように言うのは、近代芸術が大部分抽象芸術であり、抽象化が大いなる芸術期の初まりを特徴づけているからなのです。総体的な、そして、かなり意外性を帯びてもいる曲線は、実際のところ抽象的なものから具象的なものへと向かいますが、同時に、技術の発達と何千年にもわたって蓄積されたさまざまな観察に結びついているように思えます。旧石器時代の壁画洞窟の芸術が如実に示しているように、人間はリズムを図像化したり、記号や抽象シンボルを描いたりすることから始め、やがて少しずつ写実主義へと向かっていきます。私見によれば、そうした人間の表現行為の絶頂期はまさにその直前にあります。写実主義なるものがアカデミズムとして硬直し、凋落が始まるからです。ギリシア芸術やのちの西洋芸術がそうでした。我々がいつまでも抽象芸術のうちにとどまっているとは思いません。おそらく抽象化から徐々に新しい型の表現主義が作り出されることでしょう。

しかし、それがどのような特性をもつものか、まだ予測できません。今日、あらゆる国であらゆる時代の芸術が見られますが、この《想像力博物館》の影響はきっと無視しえぬものとなるでしょう。

第六章　文学について

■科学と文学

――今日は文学のことを話したいと思っているのですが……。

あなたの仰言る《文学》には《科学的文学》は一切入っていないのですか？　つまり、小説とか歴史文献、詩などを指すのですか？

――実はそれこそが私の考えていたことなのですよ。でも、ご質問よりすれば、あなたは科学書を《文学》に含ませていないように思えますね……。

もしそれが英語で言う《文学》なる語の意味でなければ。

――そうした区別は必ずしも易しいものではありません。たとえばビュフォン[★1]の場合……。《文学的人物なのか、科学的人物なのか？》と仰言るのでしょう……。当時は両方を一緒くたにしても何の不都合もありませんでした。ご存知のように、私は十八世紀という時代が大好きでして、現代の科学者たちが、いや少なくとも科学的資質をもった人たちが、当時の文体をなお息づかせていることを高く評価しております。ものごとを中途半端に語ってはなりません。利用しうる全ての方法を用いて語らなければならないのです。この場合、文学的方法というのは怖ろしい武器となります。もちろん十二音綴《アレクサンドラン》で化学をおこなうわけにはいきませんし、試験管の代わりに《口車》を用いるのも論外です。私にとって自明と思えるのは、科学が単なる物質的な探求に限定されてはならない、ということです。科学的な論述を特徴づける倫理的ないし精神分析学的側面は非常に大切です。数学の場合、文体は方程式と直接かかわりをもちませんが、他の科学と同じように、方程式相互間の説明にはかかわります。いわゆる文学においても、これと同様のことが言えるはずです。

先ほどあなたはビュフォンのことを引き合いに出されましたね。実際のところ、これは科学的作業と十八世紀に絶頂期を迎えた文学芸術の結合モデルと言えるでしょう。同様の傾向はたとえばラマルク[★2]を初めとする生物学者のうちにも見られるはずです。明らかに十八世紀から現代にかけて、科学的文学に適用できる言葉はかなりの進展を遂げています。でも、文体に対する必要性は変わっておりません。

――その場合、言葉はただ知識を伝達する方法にすぎないのでしょうか？　それが事実なるものを理解するための道具とは考えられませんか？

そうですね、言葉というものは真実を理解する方法として考えられるかもしれません。それは立証の道具であり、均衡と調和の度合が増すほどに、より深く思考の中へと入っていく道具でもあります。

■ジョルジュ・カンギレム

——科学的作業と文体の必要性とが結びついた今日的な例として、ジョルジュ・カンギレム[★3]が挙げられると思いますが、あなたも同意見ですか？

仰言る通りです。彼は科学を哲学する人でした。しかし、《哲学に迷い込んだ》ような科学者ではありません。彼にとって、哲学とは避難所などではなかった。あなたと同じく、私もまた彼が言葉と学としての科学との間にしかるべき補完性があることを巧みに例証した、と述べておきましょう。ちなみに、カンギレムと私は数年間ソルボンヌで机を並べた仲間同士でして、私は彼を大いに尊敬していました。

——先ほどのお話では、科学的な言葉がさまざまな特性を持っているに違いないとのことでしたが、私にはとくにあなたがそうした言葉の正確さや上品さ、有効性などを考えておられるように思えるのですが……。

言葉というのは均衡と《魅惑》を増せば増すほど、一層衝撃的な立証能力を獲得するものなのです。

——とすれば、そこで当然、道具ということが問題になりますね。

そうです。よくお分かりでしょうが、私が相手ですと、そこから抜け出すことは容易ではありませんよ。

——かもしれません。でも、あなたのお書きになったものからすれば、純然たる道具であるような道具は存在せず、その形態が機能から純粋かつ単純に演繹されるような道具も何ら存在しない、となりますね……。人が言葉のうちに感じ取る悦びなり楽しさなりについては何も言うべきことはないのですか？

とんでもないですよ！　過度の自己満足さえもち込まなければ……。しかし、ある何かが多少なりと審美的かつ正確に表現されてきたとすれば、それほど理想的なことはありませんね。

■仮面をつけた詩人

——『西洋芸術の先史時代』〔巻末著作リスト137〕の序文には、私にとって非常に嬉しい一節があります。《洞窟壁画の解読はいわば我々全ての共有物といえよう。というのも、我々が粘土の上に這いつくばるようにして催した数多くのコロック（シンポジウム）において、私の記憶に残る克服しがたい見解の相違はただ一点だけ、つまりマルスーラ洞窟[★4]のあるビゾン像上に描かれた一つの記号に対する考え方だけだからである》。……「我々が粘土の上に這いつくばるようにして催した数多くのコロック《デ・コロック・ノンブルー・ク・ヌ・ターンム・ザクルービ・シュール・ラ・グレーズ》」、私はなぜこの文句がこれほどまでに自分を喜ばせるのか、いろいろ自問したものです。

それは詩の一節ですね。全体の脈絡が欠けていますが。私のではありませんね。今まで一篇たりと詩というものを書いたことがないからです。すっかり忘れていた一節ですが、あなたのおかげで憶い出しました。そう、確かそれはある詩から借用した一節です。

——ポール・クローデル〔一八六八—一九五五〕は美しいフランス語の文例として、刑法の条文を挙げています。《死刑を宣告されたものは全て——斬首に処されるであろう》。パスカルの場合は《王国は何と——我々を無視していることか!》とか、《これら無限の空間に宿る久遠の沈黙は——私を怖れさせる》です。

音楽の問題ですね。一語一語がまるで交響楽でも奏でるかのように互いに均衡し合っている。詩句が必ずしも詩情の首輪につながれていなければならない、とする法はありませんが、長々と常套句を書き連ねたようなものでは困ります。あまりにも陳腐に堕するのは、詩句にとってほとんど致命傷と言えるでしょう。

あなたは先ほどの《詩句》が好きだと仰言る。でも、それは本全体の中の単なる一コマにすぎません。その前と後に何かをつけ足してこれを一篇の詩の中に挿入してみたらどうでしょうか。全体はおそらくひどく平凡なものとなるのではないですかね?

——あなたの中に仮面をつけた詩人、つまり隠れた詩性を見るべきか、それとも、こう言ってよければ、偶然の詩人を見るべきか、私には分かりません。

偶然の詩人? いや、そうは思いませんよ。むしろ仮面をつけた、そして仮面を剝いだ詩人だと思います。今では自分が詩人であっても何ら支障はありません。だいぶ人生も先にきてしまいましたし。自分の科学的能力も幾分なりと抵当に入れてしまった以上、詩に煩わしさは覚えません。

――でも、あなたは例の《詩句》にまったく記憶がないと仰言ってますよ。

ええ、たしかに忘れていました。それを書いた時は、そこに韻律的な側面を、すなわち音楽的なポテンシャルとイメージ遊戯といったことを感じていたはずなのですが、長い間にそれもどこかへいってしまったのでしょう。

――ところで、先史時代の壁画を賞讃している本のうち、自らが取り上げた絵の美しさに相応しいものたろうとしないような本は一冊たりと考えられません。これは自明なことですね。美しいものを語るにはそれなりの語り口があるわけで、下劣ないし無作法に語ることはできません。

そう、まったくその通りです。

■イメージの遊び

――先ほどの一節でいきますと、私がそれを好む理由は単に音綴の遊びによるだけではなく、イメージの遊びがそこにみられるからでもあります。この種のユーモアは、実はあなたの書かれたものの中にごく頻繁に感じられるものですが、たとえばいかめしい響きをもつ〈コロック〉なる語が、〈粘土〉という語に裏打ちされた卑俗な表現であるべき〈はいつくばる〉に結びつけられている。あるいはこれによって空転といったイメージを喚起しようとしたのかもしれませんが……、ともかく、私はそこに豊かなユーモアをみるのです。

嬉しいお話ですね。たしかに、私が考えたり書いたりするものの中には、ユーモアがかなり入っています。私自身からして真剣に受けとめたことのないようなものも含まれていますよ。

——持続するために？

いや、一般的な話としてです……。人生、とくに学者としての人生はひとつのゲームにほかなりません。ゲームのもつ崇高な意味において人生をとらえなければ、たちまち精神に萎縮をきたしてしまいます。一から十まで全てを真剣に考える人というのは、もうひとつ好きになれないのです。

——私には、しばしば情報がぎっしり詰まった重要な頁を迂回しつつ、本から送られてくる目くばせとでも言いましょうか、そうしたものを理解しようとする楽しみがあります。あなたの著書はいずれもユーモアで織り上げられていますが、おそらくそこにはアイロニーも若干入っているのでは？

いや、アイロニーというよりむしろユーモアからできています。

――ユーモアには底意地の悪さがない……。

ええ……。ですが、時としてその防止弁を開くこともありますよ。意地悪さが必ずしもないわけではないのです……。ちなみに、今から二〇年ほど前、フランス大学出版局（P・U・F）の求めで、『先史時代の諸宗教』〔前出〕なる小さな本を上梓しています。ジョルジュ・デュメジル[★5]が監修した《神話と宗教》叢書の一冊で、これに含まれた本はいずれも非常に厳密な吟味がなされ、版元の大学出版局もその点で妥協がなかった。そして私の原稿をこう言って送り返してきました。《大変よいのですが、三分の一ほど余分です。切って下さい》。そこで私は、文中の意地悪い表現をいくつか取り除くことにし、結局全文の三分の一ほど得したのです。幸いまだ少しはそのまま残してあります。

――詩的章句について、先ほどあなたは音楽のことを話されましたね……。

おそらく音楽には測り知れぬほどの深みがあります。自分の考えを述べる際、私はそうした音楽性をもつ詩的表現にすがらざるをえませんが、これは私の学問的ないし科学的な振舞いの一部となっています……。実際のところ、私はつねに理性的であろうと思っておりません。ようやく辿りついた結論を易々と放棄したり、あるいは学問のさまざまな側面に対し、超然とした態度をとることもあります。口に出して言うのはきわめて難しいのですが、たとえば数年前、あなたもよくご承知の旧石器時代芸術の意味についての理論を発表しております。今でもかなりがっしりしている理論だと信じているにもかかわらず、それはつねに批判とさらなる探求のための扉を開けているのです。

■発掘の目的

学問において、いったい自分に関心があるのは主題なのか行為なのか。私はこんなことを自問しています。考古学の場合、たしかに発掘は興味ありますが、それはたとえばマドレーヌⅣ期の文化層を明らかにするためではなく、人間そのものを見つけるためのものです。言うならば、彼の骸骨ではなく、彼の生きていた時代を探りうる手掛りを見つけ出すことです。自分の掘ったピット（発掘溝）の底に十八世紀の農夫の死骸が横たわっていたとしても、私にとってそれはまったく同じ意義をもっています。思うに私は、あらゆる学問的方法における仮定的な側面に対し、非常に敏感なのでしょう。

——あなたによれば、詩的な表現に対する欲求と学問的確実さに対する疑いとが同じ情動のうちにあるとのことですが、いったいにこれら二通りの感情の間にはどのような関係があるのでしょうか?

両者の間の関係を明示することは容易でありません。むしろ両者は補完的な関係にあるのです。一般的に言いまして、あまり真剣に考えているわけではないのですが、学問的な疑いなるものは私にとって手易く使える道具に他なりません。一方、《詩的》な構成は最終的に私の関心をひきつけるものです。ただし、この場合、私が《詩的》と言うのは、おそらく相応しいとは思えない他の言葉を使わないようにするためです。

■美と思考

——美しさとは何にもまして確かな真実と言えるでしょうか？

真実は美しさ抜きでは無用の長物です。むろん私にとってですが。私がやっておりますような学問において、真実とは何なのでしょうか？　人がどのような不確かな部分をもっているか、私にはよく分かっています。たとえば先史学ですが、これは実に捉えどころのない分野と言えるでしょう。概略なら何とか抽き出せますが、ディテールに対する解釈の扉はつねに開かれたままで、そこには偶然の入り込む可能性が大いにある。数多くの人類古生物学者や先史学者たちは、従って詩人と呼べるでしょう。もっとも、彼らはそれを必ずしも認めてはおりませんが。

——あなたが《詩人》と仰言るときは、その目のことを指しているのですか、それとも言葉遣いのことですか？

どちらかといえば、目の方でしょう。先史学者の想像力はおそらく物理学者や化学者のそれとはまったく異なった構造をもっており、人は一種の召命とでも呼ぶべきものによって、そんな先史学への道を進むようになるのです……。言挙げしたばかりのテーマですが、これは少し面倒な議論になりそうですね。

——多分。でも、かなり面白そうに思えますが。違いますか？

そうは思いませんよ。テーマが必ずしも他のものと絡み合っていないからです。あえて言えば、あれこれ考えを巡らすということには魔術的な側面がある。自分の話を推し量ろうとしてもなかなかうまくいかないのは、実はそのためなのです。先刻の話ではないですが、とくに私のようなユーモアの持主の場合、話の筋道を無理にでも強調しようとしてユーモアを押し込もうとする。こうしたことは時にはひどく厄介なものとなります。

——ただ単に《文学》だけを取り上げたはずの対談なのに、話は明らかにいくつもの方向へと及んでいます。ちょっと気に入りませんね……。とりあえず、ここで先ほどの質問に戻ることにしましょう。言葉や眼に見える形態の美しさ、あるいは道具や洞窟壁画のビゾン像の美しさなどといったものは、結局のところ人間の、つまり人々が発掘によって明示しようとしている何がしかの人間の、最終的かつもっとも確実な避難所と言えるのでしょうか？

はい。私の考えでは、月並みすぎて滅多に口にすることはありませんが、美とは思考の、少なくとも私の思考の基本的な動力にほかなりません。

——あらゆる教義や行動に共通した不滅の核とでも言うべきものは、従って美の君臨と素晴らしいことの開花とを願う欲求だと？

何らかの均衡を追求する欲求です。先ほどあなたは『西洋芸術の先史時代』を例に引かれましたが、この本で私は、自分が学んだり論じたりしているような不調和で意外なテーマをあれこれ扱いながら、美術史とみなされうるものを逆説的に立証しようとしました。芸術作品は、少なくとも私にとってのそれは、自分のささやかなる問いを構築するための基本的な部品として利用できると思っています。

——ある講義で仰言っていますが、あなたは図像群の編年よりも審美的な意味の方にこそ関心をもたれている。たしかにこれらの図像が何を意味し、何に結びついているかは絶対に分かりえないでしょう。でも、一つだけ分かっていることがあります。それは図像群が美しい、ということです。

ええ、非常に美しい！　だからこそ年代測定などといった通俗的なことにそれを用いるのに逡巡を覚えるのです。しかし、先史人に関する内的なイメージを得るには、そうした逡巡を乗り越えなければなりません。

——どうやらあなたは科学的ないし哲学的知識よりも詩的知識の方を好まれているようですね。あなたの考えをつきつめて言えば、歴史のあらゆるメタモルフォーズを越えて、人間のある種のアイデンティティが何よりも深く残っている、ということになるでしょうか？　そうだとすれば、人間は自分を取り囲むものと審美的にかかわっている、と考えられますね？

ええ、その通りです。実際、私の関心は人類なり人間なりについて一貫したイメージをうち立てるところにあります。気づいておられるかどうか分かりませんが、そうした自分の関心を見定めるのに、私は数年間を費やしています。事実、これまで書いてきた論文や本の大部分は、いわば奥の手として、つねに人間のことを取り上げた文章によって終わっているのです。そこまで辿りつくには結構手間どりました。でも、これはかなり重要な意味を帯びていると思います。人間を探るというのは、自分自身を探ることにほかなりません。どんな理論も幾分なりと自画像としての性格を帯びているものですよ。

■起源と未来像

――先ほどまで、私は人間の永続性に対する感情と、あなたが古生物学から、つまり進化論から学問へと入っていったこととの間に、あなた自身何の矛盾も覚えていないかどうか、自分なりに考えておりました。

そうですね……。ここで問題となるのは人間の起源という点です。遠い祖先たちの過去についての情報を集めたいと思うなら、自発的に何らかのイメージを求めなければならないでしょう。十二歳の頃より、私はいつも同様の問いを自分にぶつけてきました。人類の過去と未来像というひどく通俗的な問いですが、それでも通俗性が少ないと思える物事を考える上で、この問いは一種の発条《バネ》として役立ってくれました。人類の過去を研究することは、その未来像を得るための最良の保証となるに違いありません。結局のところ、私の関心はおそらく未来の中に、これまで過去から探し出したものを投げ入れる、ということに尽きるでしょう。

――仰言ることがよく分かりませんが……。

私もまた自分の言葉をどれほど理解しているか、確信がもてないでいますよ。

――これこそがあなた一流のユーモア……。

時が経てば、概括的な大思想も変化します。危険なものですよ、そういう大思想は！

――私がお尋ねした素朴な質問は、人間の出発点に関するものだったはずですが……。

分かっています。それは重要な質問です。人類なるものは次第次第に自らを獲得していきました。今日、そうした人類の過去は三〇〇万年以上[★6]にまで遡るとされています。では、当時の人間はどのような存在だったのでしょうか？ 唯一分かっているのは、後足で直立歩行をし、明らかに石を加工していたことぐらいです。しかし、それをもってして、人間と呼べるかどうか？ ずっと後になると、芸術という抽象的なものが出現するようになりますが、人間の資格はこのことによって規定されるのか？ たとえば時代的に継続する一ダースあまりの人間を並べてみるとしましょうか。こうすると、我々がもっとも人間的であるなどとは言えなくなるはずです……。自然と文化との通婚ないし結合はすでに昔語りとなり、自然は喪失の一途を辿っている。あとに残るのは……。現代社会において何よりも私の心を強く打つのは、自然のありようが確実に死滅点へと、つまり何一つとして地球的規模での人間存在に均衡をもたらしてくれそうにない地点へ向けて退廃しつつある、と感じられることです。

――あなたが今仰言ってるようなお話は、いずれ本になると思いますが、そうしたお話が現状を救うためにいささかなりと寄与するとは思われませんか？

あまりにも綺麗ごとすぎますね。最初に警告を発したのは毛頭私ではありませんし、最初に他人《ひと》にこう言われたのも私ではありません。《お説の通りで、人は恐ろしいことをおこないつつあります……。にもかかわらず、それをおこなうのです。たとえある人がそれをおこなわなくとも、隣人が我々に替わって、自分のためにおこなうでしょうから》。それは人類についての短期的な予測にすぎませんが……。

今日の対談は根本的に沈黙から構成されていますね……。これをあなたはどう活字になさるつもりですか？

――私が黙っておりましたのは、あなたがいろいろ話されるので、当初のテーマである文学に立ち戻るきっかけがなかなか見つからなかったためです。美と生存理由とにかかわっている以上、文学は決して無用なものではありません。

ええ。

――この《対談》はどうも私が予想した通りにはいきそうにありませんが、私としてはエコール・リヨネーズのモーリス・セーヴ[★7]からまず始めたいと考えていました。

最初に《著作紹介》を……。

――いえ、私が期待していたのはそんなことではありません。私ははなはだ拙い書誌学者でして、固有名詞や引用句がどうもよく憶えられないのです。しかし、どうしても私にセーヴのことを話させようとお考えでしたら、次回にしましょう。あなたが他のテーマを予定している時に！

■叙事詩ヴィリーナ

――では、ロシア文学ならどうですか？ 今日はそれについて話し合ってみませんか？

ロシア文学には私もかなり特別な関心をもっています。ほとんどの古典は読破しておりますし、今でも読んでいますので。現代文学の中にも非常に面白いものがあります。たとえばゾシチェンコ[8]の作品がそれです。彼は本物のユーモリストで、ロシアのことを毎日非常な鋭さで批判しています。決して呪われた作家などではありません。

しかし、私が本当に興味を抱いているロシア文学は叙事詩、つまり《ヴィリーナ》と呼ばれる往時の詩《うた》です。[9] 十七世紀頃でしょうか、当時ギリシア正教会は分裂しており、教皇不可謬説を排撃する分離派教徒たち[10]は、幾分サン＝ニコラ＝デュ＝シャルドネの教権主義者たちにならって、いかなる宗教改革にも与しようとはしなかった。そんな彼らのうち、数千人は北極海岸や白海沿岸地方に難を逃れ、見事な韻文学を守り続けたのです。そして、そのあるものは、『サドコ』を初めとするさまざまなロシア・オペラの傑作を生み出す母胎となりました。こうした詩は全てが口承というわけではありませんでしたが、各家族ごとに永く受け継がれました。二〇年ほど前には、この文学の伝承者たちが一堂に会し、ムーロムの騎士イリヤやイゴール王子の冒険譚を語るヴィリーナを聴く催しが何夜にもわたって開かれたものです。

コレージュ・ド・フランスでも一九三〇年から三三年にかけて、私の師の一人だったアンドレ・マゾン〔一八八一―一九六七〕――彼は修道士で、ギリシア語学者でもありました――が、教授生活の晩年をヴィリーナの研究にあてています。私が際限もなく好きなのは、実はこのヴィリーナなのです。

また最近では、モスクワ民族学研究所所属の研究者たちが、私にどんな本が欲しいか尋ねたことがあります。これにはかなり驚きました。しかし、折角の申し出でもあり、ヴィリーナに関するアファナシエフ[★11]の本を頼みました。革命以前に出版された古典的名著は入手できませんでしたが、それ以後の白海叙事詩の復刻本は何冊も得ることができました。この文学はロシア極北部の農民や漁師たちによって間断なく受け継がれてきたもので、信じ難いほどの新鮮さと活力とを保っておりました。

■古詩への愛着――閉ざされた回路

――それら一連の詩の中で、あなたをとくに魅きつけているのは何なのでしょうか？

いずれあなたにも分かってもらえると思いますが、私の感情にはさほど矛盾がありません。つまり、私にとってこれらの詩の魅力は詩形の美しさにある、ということなのです。たとえばフランスの十六世紀文学を読んで多少なりと気づくのは、フランス語が多様な面をもっている……。どうも説明がうまくできそうにありませんが、古詩の形態はある種のずれや隔たりによって強調されているように思われます。私が好きになれないのは日常的なものです。むろん、往時の詩を味合うには、多少なりと昔の言葉に精通していなければなりません。

――ずれとか隔たりとかを、あなたは時代的な意味において仰言っているのですか？

そうです。私が古詩を好むのは、カトリックにおいて教権主義者たちがラテン語を選んだのと同じ理由によるものでしょう。つまり、形態を日常的な次元においてではなく、むしろそれとは対極的な次元においてよりよく見ようとするのです。言うなれば、これは閉ざされた、永久に閉ざされた世界にほかならない。こうして最終的に、私が先史芸術にからめてあなたに話しておきましたことへと少し舞い戻るわけです。初めのうちはよく分からなかったのですが、外見的な違いを越えて考えてみれば、私がやっていることは実は今申し上げたような感情に符合しているのですよ。

――古い、あなたの言葉で言えば閉ざされた、となる形態的なシステムに対する愛着、というわけですか？　だとすれば、あなたを魅《ひ》きつけるもの、あなたをそうした世界のうちにとらえて離さないものとは何でしょう？

はっきりと説明するのは難しいのですが、私はそこで心のやすらぎとでもいったものを覚えるのです。それがいかなる理由によるのかは、我が事ながら分かりません。

――あなたとしては、そうした世界からの隔たりを楽しんでいるのでしょうか、それとも何らかのやり方で、そんな世界のうちに今日的なものを嗅ぎ取ろうとしているのでしょうか？

これも難しい質問ですね。たとえばラスコーの芸術家たちに対しては、私は同時代的な感情をもっています。彼らは私がそこで自分を見出す限り……、興味をひく存在なのです。学問というのは、このようにしばしば信じ難い、そして予期せぬかたちをとるものですよ。

■レヴィ＝ストロースとレミゾフ

――あなたから先史学者の書いた本の誕生譚を伺っていますと、時には民族学者の『悲しき熱帯』〔一九五五年〕のことが想い出されます。

かもしれません……。レヴィ＝ストロースと私は多少対極的な関係にありますが、いったいにそうした関係は最後には互いに結びつくものです。二〇年ほど前まで、我々は互いに別な道を歩んでおり、二つの両立しがたい世界にいると思っていました。この想いは何年も続きました。しかし、私は少しずつ彼がしようとしていることを理解するようになり、彼の方でも同様でした。そして、それまでの猜疑心を取り払って、友情関係を結ぶようになったのです。私は現代の未開人研究が、まだあるとすればの話ですが、取って代わりうる過去のことに自分の時間を費やしています。レヴィ＝ストロースが空間的に辿ってきた道程は、あるいは私が時間的に辿ってきたものかもしれません。ただ、私の場合、自分の道程は避難所ではない。十二歳の頃より、ことは一貫して続いているのです。

——最初にロシア文学について話し合った時、私はレミゾフ[★12]のことを引き合いに出しました。もちろんご存知の作家だと思いますが……。

恰好な例を引いてくれましたね。意図的に古風な手法でロシア語を書いた人物ですよ。彼の作品の中でとくに感動的なのは『トラヴァ＝ムラヴァ』（一九二二年）だと思います。これは中篇小説集で、作品はそれぞれ十六ないし十七世紀のロシアを題材としています。

レミゾフという作家は一風変わった人物でした。私はとくに彼の奥方を知っていました。六十歳位で、かなり肥っていましたが、人好きのする知的な女性だったことを覚えています。彼女は古文書学を学び、東洋語学校でスラブの古文書学を教えていました。私もその講義を受講したことがあり、それでレミゾフ夫妻のことを知ったのです。そして私は夫君のレミゾフが小説家であることを知り、ソルボンヌでの学士論文に彼の著書の一冊を選びました。

――あなたとこうして話し合っておりますと、どんなテーマでも、ひどく絡み合った内容となってしまいます。もともとは文学を、とくにロシア文学を話題にしていたはずなのにもかかわらず、いつの間にか古文書学へと入ってしまっています！

そうですね……。

――ところで、書くことはひとつの技巧です。あなたはそれをどのように学び、どのように書かれているのですか？

多くの人がそうであるように、私もまたいろいろな本を読みながら、少しずつ書くことを学んできました。私は決して話上手ではありませんし、即興的に何かを話すのも得意とは言えません。その場限りの話というのが苦手なのです。しかし、ひとたびペンを執ると、ことはスムーズに運びます。ほとんど添削などはせず、一気呵成にまとめてしまうのです。もちろん原稿用紙に書く前に、長い時間をかけて文章を考えます。私が書くものは大量の図版を必要とするため、執筆に先立ってその準備もしなければなりません。テーマに関係する、時にはそれとはかなり隔たったオブジェをいろいろ身の回りに集めたり、自分の作業を進展させてくれそうな精神状態を象徴するオブジェ[★13]を、眼前に置いて眺めたりすることもあります。私がつねに同じ問題点に戻ってしまうと仰言るかもしれませんが、オブジェについては改めて……。

——分かりました……。それから、あなたがいくつかの博物館の館長をなさっていた頃の体験談もゆっくりと伺いたいのですが、もちろんそれには新たに一章を設けなければなりませんね！

第七章　知の構築

■戦時体験──レジスタンス

──日本を離れられたのは何年でしたか？

一九三九年の夏でした。それからパリに戻り、少し滞在したあと、書類の整理のためブルターニュ地方のラ・ブール近くに移りました。戦争が始まった頃は、再びパリでした。かなり特殊な状況のおかげで、私は《奇妙な戦争》を体験しました。東洋語学校でロシア語と中国語の学位をとった私は、海軍の通訳および暗号解読士官として配属されるはずでした。ところが、訓練は将来騎兵となるためのもので、実際は、騎兵ではなく、いきなり船に乗せられてしまった。作戦は短いものでした。私の参加した地中海への小規模な作戦活動は、すでに完全な失敗に終わりつつあったからです。そこで私はマントノン［フランス中北部ユール＝エ＝ロワール県］にあった海軍司令部に派遣され、さらに将官全員の撤退に従って、まずボルドーに、次にネラック［南西部ロ＝エ＝ガロンヌ県］に、最後にトゥーロンへと赴くことになりました。このトゥーロンで、退役しました。ちょうどその頃、私の家族がバス＝ピレネー地方に疎開していると教えられ、これと合流しました。パリに戻るより、むしろどこかに土地を買い、馬でも飼う方がよいとは思いましたが、なかなか決心がつきかねていました。今から思えば、そうしなかったことが残念です。そうこうするうちに、ある友人が私にパリに戻るように言ってよこしました。東洋学者としてかなり名声を駈せていたフィリップ・ステルンの代わりに、一時ギメ博物館の副館長をやってくれないか、というのです。非アーリア系人とみなされていたため、ステルンはパリを逃げ出さざるをえなかったのです。私は彼の代理を一九四四年まで勤めました。

この年にはまた、私はコレージュ・ド・フランスの偉大な中国学者であったポール・ペリオ★1から、マルセル・グリオールを仲介として、レジスタンスと接触をとるようにとの連絡を受けました。私にはその時間がありませんでしたが、フランス美術館連盟のジョージャール氏やギメ博物館のジョルジュ・サール館長からも、ヴァランセ［中部アンドル県］の自由地域に赴き、ケースに積まれたままになっている重要美術品、とくにミロのヴィーナスやサモトラケの勝利の女神などを戦禍から守るよう命ぜられたのです。こうして私はレジスタンスといろいろ接触を取るべく、辺鄙な地へと送られる羽目になりました。目的地はヴァランセ城でした。ここで私は美術品の保全を期すことになったのです。城内の保蔵庫は非常に立派な人物の監督下にありましたが、彼との間にはいつしか問題が生じてしまいました。私の任務に彼が幾分不安感を抱きだし……、ついにはコレクションの存在を怖れるようになってしまったのです。しかし、そんな彼の態度が誤りであったかどうか、私にはまだ分かりません。

ともあれ、そこで私は城を出て、周囲の森の中に作られていたレジスタンス組織と接触し、彼らと数ヶ月間を共にして、ドイツ軍のあまりにも速い侵入を避けるため、ヴァランセ地方の片隅で美術品を守り続けました。やがてドイツ軍の敗走部隊がやってきて、城はSSの一団に包囲されてしまった。でも、幸いなことに大した被害はありませんでした。僅かに物が盗まれたりしましたが、ルーヴルのコレクションは無傷でした。ドイツ軍の装甲師団がフランスの南西部から北東部へと移動した際、その一部とオラドゥール＝シュル＝グラヌで住民を多数虐殺するという罪を犯したSSが、暫時ヴァランセで休憩しました。私はドイツ軍に召集をかけられていた人々と共に城内の芝生にいました。SSは誰かを探していたのですが、どうやらそれは私のようでした。レジスタンスの将校が城にいるぞと話していましたから。しかし、幸運にも我々が芝生のあちこちに立たせておいた見張りたちがそれに一早く気づいてくれたおかげで、私は何とか勝手の分かっている城壁を乗り越え、ガティーヌの森をぬってレジスタンスの一団に合流することができました。しばらくの間、我々は森に身を潜めていたのですが、やがて分散して脱出を図りました。その際、ドイツ軍との間に多少の撃ち合いがありました。

■《ヴィーナス軍団》

私に与えられた最大の任務は、数人の捕虜や対独協力者を、解放されたばかりの——一時的にではありましたが——シャトールー［アンドル県］に連れていくことでした。彼らを裁判もなしに処刑させるわけにはいきませんでしたので、全員をしかるべきところに連行しなければならなかったのです。私は《ヴィーナス軍団》と命名された一団を引き連れて出発しました。この一団は六人の地元出身のレジスタンス活動家と、捕虜の中から徴用した一人のセネガル人狙撃兵とで編成されていました。シャトールーにはさほどの問題もなく到着しました。捕虜たちを引き渡したあとで、私はトラックに大量のガソリンと送信機を一台積み込み、ドイツ軍の撤退直後にシャトールーに置かれたレジスタンス参謀部と接触しました。そこに半日ほどいたでしょうか、ヴァランセに戻る準備をしていると、チャンドラ・ボース［一八九七—一九四五。インドの独立運動家］の一隊がやってきました。ドイツ兵と若干のインド兵とからなる混成一連隊で、隊長のボースは大佐級だったと思います。彼らはただ町を通過しただけなのですが、パンセールの数個師団に捕らえられてしまいました。

シャトールー奪還の際、とても面白い出来事がありました。参謀部が撤退するための援護を命じられたのです。私の指揮下にある《兵力》、そう、ほとんど数メートルしか届きそうにないステン式軽機関銃をもったレジスタンスの六人と、弾薬不足が誰の目にも明らかな機関銃手一人という兵力によってです。私にしたところで、単発式のアルゼンチン製コルトを一丁携帯しているだけでした。私は最後にトラックで撤退しようとしました。ところがこのトラック、エンジンがかかるまで三〇分もかかる始末。止むなくトラックを下り、参謀部と共に隣県のラ・スーテレーヌまで逃げることになったのです。そして、ようやくヴァランセに戻りましたが、途中、ブレンヌの沼沢地帯[★2]で休憩をとりました。我々がヴァランセの北で捕えた捕虜の一団の中から徴用した、例のセネガル人狙撃兵のためでした。これら捕虜の中には百人あまりのセネガル人たちがおりましたが、我々は彼らを約二週間森の中に隠さなければなりませんでした。彼らの着ていた狙撃兵の制服がひどく目立つためだったからです。そんなセネガル人たちの一人が、私と行動を共にしたいと望んでいました。そこで私は仲間の一人に加えることにしたわけです。

ドイツ軍の輜重隊が通過している国道から、二キロメートルばかり入った小村にさしかかった時でした。このセネガル人の仲間が洗礼を受けたいと言い出したのです。我々が休憩したのはこのためでした。私は司祭を探しに行きました。探し当てた司祭は七十歳位だったでしょうか、来意を告げると、こんなことを言いました。「それは実に素晴らしい。ついに黒人に洗礼を授けられるのですね！」。私は答えました。「そうですよ。でも急いで下さい。トラックは三〇分後に出発します。三〇分後には私は出立していなければならないのですから」。彼は予想を遥かに上回る長い典礼書を読みながら、儀式を始めました。それはいつまでも、いつまでも……続きました。とうとう私は言いました。「急いで下さい。出発しなければならないのですから」。こうして、ようやく我々の仲間は洗礼を受けることができました。我々は再びトラックに乗りました。目的地に向かうには国道を突っ切らなければなりませんでしたが、我々はついに戦火を交えぬまま、トラックに兵を詰め込んで退却する、ドイツ軍の輜重二部隊の間隙を縫うことができたのです。それから二日後、私はヴァランセのレジスタンス活動家たちに合流して、物資の補給をしました。しかし、それはもはや必要ではありませんでした。事実上、戦争が終わっていたからです……。それでも私はシャトールーの参謀部援護の手柄により、戦功章を授けられました。

――ヴィーナス軍団の方では何も？

いや、そちらの方ではレジオン・ドヌール勲章をもらいました。ざっとみまして、こんなところが私の冒険談です。本来なら狩猟譚と言いたいのですが、一般にはいくさ話となるでしょうね。

――当時、あなたが抱いておられた気持については、あまり仰言いませんでしたね。

たとえその必要があると思っても、それを実際に口に出して言ったりはしないでしょう。私がとりわけ怖れるのは、もしかすると、それによって全てが台無しになってしまうかもしれないからです。でも、鉄道の補修工事やままごとのような伏兵作戦は、とても楽しいものでした。また、そうしたことは私の人生に大変重要な影響を及ぼしています。すでに話しておきましたように、リヨン大学の教授となった私は、学生たちにフィールド民族学の実践教育をおこなおうとしました。しかし、旅行をしたり、アフリカその他の地で種々の調査をしたりする費用がなかったため、実際に発掘をおこなうほかによい手立てはありませんでした。先史学研究所はこうして誕生したわけです。むろんこれは、先史学や民族学に対する私の使命感によるものですが、と同時に、レジスタンスへのノスタルジーとも幾分なりとかかわっています。

■最初の発掘

最初に発掘したところはマーコン地方［フランス中東部］でした。ベルゼ＝ラ＝ヴィルのフュルタン洞窟で、報告書が出版されています。そこには人間の存在そのものを立証するいくつかのフリント石器と共に、見事な洞熊の骨がありました。何しろ解放六ヶ月後の発掘だったため、道具らしきものはほとんどなく、ようやく手押車を一台借り受け、それであちこち廻ったものです。発掘グループにはマルティニク島出身者や医学部学生、のちにチリのフェゴ島で死んだ民族学者、それに二、三人の少年・少女が加わっていました……。これは我々の最初の発掘ですが、実はそれ以前にも、手押車なしでの出撃をおこなっています。ブール＝カン＝ブレス地方［フランス中東部］で、完全に廃墟化した礼拝堂の周囲にある中世の墓地を発掘しているのです。これが正真正銘、我々の最初の経験というわけですが、おそらく少し粗雑なものだったでしょう。しかし、ついに我々は遺跡を観察したり、考古学的な論文を発表したりする力を身につけ、やがてこれは貴重なものとなっていくのです。この時以来、私は少なくとも年に一回、協力者や学生たちを必ず招いて集まることにしています。

■愛国心について

——レジスタンスについて、あなたは先ほど《自分がそれに加わったのは、そうしなければならないと思ったから》と仰言いましたね。そうした気持にならせたものはヒューマニズムですか、それとも愛国心ですか？

当時とくに強かった愛国心です。つまり、そこに属する者にいかなる逡巡も与えないような民族的実体に、自分もまた属していると感じていたのです。

——そうした愛国心は今でも？

この種のものは状況によって大いに変化しますので、よく分かりません。ただし、無卓見な愛国者ではありません。いわばこれは、いろいろな事件に直面した時に各人が解決すべき問題だと思います。国が攻撃を受けた際に自分が何をするかということを前もって知るのは、たとえ漠然としたかたちであれ、なかなか難しいものであり、実際の働きによって愛国心が立証されるのでしょう。

ともあれ、自分がサモトラケの勝利の女神を守る一人であるということは、私の大きな名誉の一つでありました。若者たちは最後の落下傘降下のコール・サインとして、こんな科白を唱えていました。「ミロのヴィーナスがサイクリングをする」!……。これをイギリスのラジオ放送で聞いた時は本当にびっくりしました。戦争はすでにほとんど終わっていましたので、この落下傘降下は最後のものの一つとなりました。

私としてはそうした全てのことについて複雑な感情を抱いています。そこにはほとんど誇りを感じてはおりません。全体としてみれば、たしかに興奮は禁じえませんが、ある兵士の振舞いには多少失望すら覚えているのです。だからあまり多くを語りたくない……。他の話をしましょう。

■人類博物館とのかかわり

――博物館のことでしたら?

結構ですね。喜んでお話しましょう。

一九三二年、私はボランティア学生として人類博物館にかかわるようになります。当時、我々は全員ボランティアでした。それから、私は日本に赴きました。帰国の時はすでに戦争が勃発していましたが、僅かな時間をさいて、私は人類博での仕事を再開しました。何人かの友人が逮捕され、そのうちアナトール・レヴィツキィーやボリス・ヴィルデといった仲間たちは、銃殺刑に遇っています。[★3]

やがて私は、先ほど申しましたような条件で、つまりフィリップ・ステルンの代理として、ギメ博物館に勤めるようになります。約四年間にわたって、その博物館の副館長を勤めたわけですが、そこは私にとって非常に居心地のよい場所でした。とても和気藹々とした雰囲気で、素晴らしいコレクションも数多くありました。中でもとりわけ興味をひかれたのは、中国や日本のコレクションでした。すでに私は多少なりとそちらの方の知識を持ち合わせていましたから。

当時、私は国立中央科学研究所（CNRS）の研究員もやっていました。また、解放を挟んで前後数ヶ月間、時には継続して、時には兼任というかたちで、中国美術品のコレクションで有名な、モンソー公園のチェルヌスキー博物館副館長やリヨン大学文学部の民族学助教授、人類博物館の副館長などを勤めました。ただし、人類博の場合もジャック・スーステル〔一九一二—九〇。民族学者でアカデミー・フランセーズ会員〕の代理でして、いわばギメ博物館でのステルンの代理を経て、スーステルの代理となったわけです。その後、私はリヨン大学に民族学の教授として残りましたが、人類博物館にも自分の研究室を確保していました。こちらの方は現在同様、無給でした。研究所の研究員は辞めました。リヨン大学での教職に専念するためです。

やがて、ソルボンヌの民族学科正教授であったアフリカニストのマルセル・グリオールが、梗塞のために他界してしまいます。私は一九四五年に文学博士号〔国家博士号〕の、五四年には理学博士号〔同〕の論文公開試験をそれぞれ受けましたが、そんな私のために、ソルボンヌの理学部に人類学科が新設されるようになりました。しかし、グリオールが他界したこともあり、ひとつ彼の代わりとして文学部で教える気はないか、という話になったのです。私としてはそれに異存はありませんでした。ただ、あとになって少し後悔しました。研究費の点で、文学部の能力はきわめて覚束ないものだったからです。もっとも国立中央科学研究所の方で私の研究に助成金を出してくれており、また文化省の発掘委員会も助成金を提供してくれていました。今でもなお、私はそうした助成金を受けています。

■文学博士論文「北太平洋の考古学」「北ユーラシアの比較芸術資料集」

――あなたの文学博士主論文はたしか「北太平洋の考古学」という題でしたね……。

そうです。《民族学研究所叢書》として出版された論文〔一九四六年〕で、日本とカリフォルニア間の、つまり北太平洋弓状部の全域にわたっての考古学的遺物を考察しています。イヌイットやシベリア先住民たちのうちに、ベーリング海峡を渡った文化の流れを探ろうとしたのです。これによって、私は考古学的な位置関係を明らかにすることができました。それから三〇年間はその作業から離れていますが、私の所説はいくつかの地域について、なお有効性を失なっていません。

副論文は「北ユーラシアの比較芸術資料集」という題です。[★4] ここにはいくつかのテーマが取り上げられています。鳥の止まった木とか、鹿を狩りする騎士、草食動物を倒すライオンを倒す鳥といったテーマです［巻頭参考図8・9］。この最後のテーマからは、たとえば鷲、ライオン、牛という例の福音史家を象徴する動物が想起されます。[★5] これらのテーマは何千年にもわたって用いられてきたわけです。たしかにそれが象徴する内容は異なっております。しかし、テーマ自体は今日でもなおもとの宗教的な起源と結びつけられたかたちで、きわめて象徴的に見られます。通常は単なる装飾として用いられるようになってはいますが……。ともあれ、私はヨーロッパ考古学から出立して、こうしたテーマの全てを太平洋岸まで調べ上げたわけです。

■図像表現の蒐集

――どうしてこのテーマを選ばれたのですか?

簡単には言えそうにありませんが、それは必然的にそうなったのです。つまり、自分の自然科学志向や芸術への愛着、美的嗜好などといったものが、私をそこまで導いていったのです。私が最初におこなったのは、サーミ（ラップ）人のナイフケースに見られる装飾の分析でした［巻頭参考図10参照］。ケースの上には線刻されたトナカイ像や彼らサーミ人たちの夏の住居であるテントが表わされ、端には明らかに装飾的な鋸歯状モチーフが刻まれていました。今も当時のナイフを二、三本もっていますが、その記号的表現があまりにも多岐にわたっているため、私はそれをじっくりと眺めたものでした。こうしてサーミ人からスカンディナヴィア人へ、スカンディナヴィア人からラオス人へ、ラオス人からスペインへ、スペインからペルーへ、ペルーから……等々と、図像表現を追っていったのです。

そして、あくまでも意図的に反復されていると思えるテーマを数種類集め、約二万五〇〇〇枚の分析カードを作り、これをもとに仕分けをやり直しました。三五年も前のことですから、もちろん自動パンチ・カードやコンピュータなどは用いられていませんでした。もっとも私は自分の仕事に情報処理法を導入しようとは思わなかったでしょうがね。第一、手作業でかなり巧みにカードを作成し、すでに興味深い結果を抽出するまでになっていました。そのうちとくに重要なのは、これらのテーマが、事例ごとに多少異なった象徴的内容を帯びてはいるものの、たしかに執拗なまでに踏襲されているということです［第十一章参照］。

■造形芸術の出発点

——あなたの仰言っていることは、言うまでもなく形態と意味との間の関係にかかわっています。お話しを伺いながら思いましたのは、あなたが先史芸術についての本の中でいくつか例を紹介なさっている、トナカイの枝状角を加工して作られた動物彫像のことです。そこでは動物像が角本来の形状と非常に似通っている。いや、おそらくは角の形を利用して動物像が彫られたのでしょう……。だとすれば、造形表現なるものは自然の《造形表現》から生まれたとは考えられませんか？

この件に関しましては、ここ一五〇年ばかりの間に実に数多くの発見もあり、かなりよく分かっています。現在の信頼に足る編年によりますと、明確かつ本質的な造形芸術の出発点は前三万年頃とされています。今日知られている当時の作品はいずれも抽象的なものばかりです。これまで、たとえばレ・ゼジー地方やラ・フェラシー遺跡[★6]、セリエ岩陰遺跡[★7]などの線刻岩塊で見つかった最初期の動物図像は、解剖学的な実際からできる限り遠去かっている。つまり、それらは実物の正確なコピーではなく、概略の再構成となっているのです。

一例として野生山羊の図像を考えてみましょう［巻頭参考図2b参照］。そこには角や背稜線が見られるでしょうが、ほぼそれで全てです。むろんこれだけではこの動物が何かは特定できそうにありません。せいぜい短尾の草食動物である、といったことが言える程度です。こうした抽象化の出来栄えを制作者の拙さに帰すことは可能でしょう。しかし、それは実物を忠実になぞったようなコピーから出発したわけではありません。最初に表わされたのは動物の頸背線でして、動物が何たるかを示そうとするものではない。一本の線が馬

珍しいオブジェ

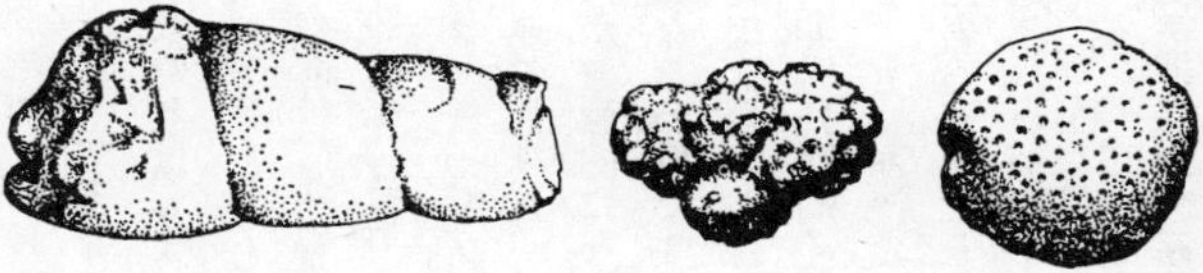

にもなればビゾンにもなり、マンモスにも野生山羊にもなるのです。

このことについてはいずれ日を改めて見ていくことにしましょう……。

造形芸術は実にこのようにして始まりました。人間が化石化した自然界のフォルムに注意を向けるようになったのは一〇万年以上も前からですが、造形芸術の方で写実性が現われるようになるのはずっと遅く、だいたい前一万ないし一万二〇〇〇年頃になります。マドレーヌ期末になって、ようやく芸術家は自然の模写を始めるのです。

■自然界のフォルム

――芸術や図像表現の誕生において、自然界のフォルムはどのような役割を果たしたのでしょうか?

まず、二つのことを区別しておく必要があります。すなわち――

1　化石（アンモナイト、貝、ポリプ母体など）や奇妙な形状をした岩石を代表とする珍しいオブジェ。これらは萌芽的な《博物館》ないし《骨董店》とでも呼ぶべきもので、非常に早い時期に、つまり、ネアンデルタール人たちの時代に生まれ、今日にまで及んでいます。

2　そのフォルムが何らかの明確な図像を生み出すもととなった自然界の表面や容量。たとえば舌骨ですが、これを彫って馬の頭部の輪郭を作り、ほとんどそこに修正を施したりはしません。

――一風変わったフォルムなり規則的なフォルムなりに対する嗜好とリズムに対する嗜好との間に、類似性があることはよく分かっております。でも、第二のフォルムの場合、偶然的な《造形》が意図的な造形の起源だとお考えですか？

いえ、そうは考えません。といいますのも、最初期のタッチ、そう、互いに交差する線や一連の刻み目、輪郭線などが、ことごとく抽象的なものだからです。一方、これらの輪郭線が象徴的になると、表現は私が先日見せましたようなかたちをとります。万能の頸背線となるわけです。

先史人たちが像や馬の恰好をした礫を見つけ、それらを変形したのではとのご指摘ですが、非常にびっくりするのは、たとえどう考えようと、そうしたことはなかったという点です。もしあったとすれば、何百、いや何千もの礫や不思議なフォルムないし動物形状をした岩石が出土しているはずなのです。従って、事実上そうしたことはついに起こらなかったと言わざるをえません。

■理学博士論文「陸棲脊椎動物の頭骨」

——あなたの理学博士論文は《陸棲脊椎動物の頭骨》についてでしたね……。

ええ。これは今までの話とはまったく別の分野でして、正式な題名は「陸棲脊椎動物の頭骨にみる力学的均衡粗描」です。きわめて大胆なテーマですが、その研究に入り込むには実はちょっとしたきっかけがありました。ある時、治療を受けにかかりつけの女性歯科医に行きました。その際、歯科矯正医でもあった彼女は、私との一連の会話の途中で、子供の顔の変化と成長度に見合ったかたちでの顎骨矯正とについて、人類学者がどう考えているかを訊いたものです。我々はこれについて何日間も話し合いました。そしてある日、私はついにこう言ったのです。《それではひとつ調べてみましょう。たぶん分かるはずですよ》。頭蓋学にはずっと関心がありました。そのために自然史博物館〔パリ〕の古生物学関係展示室をしばしば訪れたのです。一九二六年ないし二八年頃でしたでしょうか、二、三年間、人類学研究所でラウル・アントニィ〔一八七四―一九四一〕の講義と実習に出たこともあります。脊椎動物の頭骨は動物種のそれぞれに適応した構成となっています。十九世紀にキュヴィエ[★8]が示しましたように、体の各部は決して偶然にできているものではありません。私が考えたのは、しかるべき分析がなされれば、頭骨のしくみを示すこの秩序が明らかになるのではないか、ということでした。それは骨格の全ての部位についてもあてはまりますが、ともあれ私は、力学的なシェーマが作れる構成パターンをついに見つけ出しました。そしてこのパターンを用いて、人間の顔や歯の奇形から最古の化石魚のもつ頸骨構造へと速やかに向かうまでになったのです。それから少しずつパターンの骨組を整えていって、『身ぶりと言葉』で披露したような脊椎動物に関する研究へと辿り着きました。ただし、それはあくまでも作業の一部でして、全貌を明らかにしているわけではありません。

ちなみに顔面のもっとも突き出た点である歯槽点(プロスティオン)を頂点とし、後頭孔の前縁を底辺として三角形を描くとしましょう。こうすると動物の顔面の機械的に活動する各部位の角度が計算できます。たとえば齧歯動物の場合、顎骨底部と他のいくつかの部位との関係が、角度によって一目瞭然となるのです〔巻頭参考図11参照〕。

——結局、あなたは骨格を一種の道具のように扱っておられる……。

その通りです。これについてもっと長々と語るのは少しも苦痛ではありませんが、あなたがいま仰言ったことは、私がこの研究に従事しつつ抱いてきた気持を十分に特徴づけてくれるものです。

——そしてあなたが自らに課しておられる課題は、明らかにこうした言葉の中にあるのですね?

そうです。それは力学的な均衡という課題です。私としては動物学ではなく、力学研究をやってきたとの感じがあり……。象の頭蓋をご覧なさい。すごいでしょう? でも、各部を結ぶ角度がきわめて狭いことからして、それは通常の構成と言えます。同様の基準点は他の脊椎動物にも見られます。

■力学的均衡と基準点

——《基準点》とはどのような？

あらゆる哺乳動物には、歯槽点とか頭蓋底点《バジオン》とかいった点が等しく存在しています。これらの点は二等辺三角形をなしており、その底辺部の変化によって、歯列と顔塊と脳腔との間の均衡関係が明確になるのです。

私の研究のもとになった一連のレントゲン写真をお見せすれば、歯列を支える歯茎が分かるでしょう。この写真に幾何学的な構造を読み込んでみれば、歯茎が全体的な構成の力学と同じ方向性をもっていることが理解できるはずです。

——あなたがそうして示されたことには、いったいどの程度の斬新さがあるのでしょうか？

作業はまだ終わっておりません。重要な論文も発表していません。しかし、より深く入り込み始めておりまして、顔面の進化につきましてはすでに何本か論文を出しています。

——そしてその考察の結論は？

それはいくつかの事実、とくに哺乳動物の顎骨の構造を説き明かしています。動物学の視点から見れば、頭蓋の構造が実は正確な力学的法則に符合しているがゆえに非常に興味深いものです。

でも、実際上の結論はとりわけ全ての斧足類にかかわっています。人間については他の哺乳類と択ぶところがありません。つまり、後頭孔と歯槽点との中間点がちょうど第三臼歯に、それがない場合は第二臼歯にくるのです。これら全てのことは歯の欠損にかかわるさまざまな現象を説明してくれます。

■頭蓋の反応と変形

私がこれまで明らかにしようとしてきたのは、個人の一生を通じて、たとえば歯序に不均衡が生じたような場合、頭蓋に反応と変形とが見られるということです。この問題は今日自らそれに気づいた何人かの専門家の間で確かなものと受けとられています。歯序の不均衡は顔のアングルの欠陥や異常な力学的状態として現われます。レントゲン写真やリヨンの病院に収蔵されている乾いた頭蓋などで幾度となく確認したように、歯が全て抜けてしまった頭蓋は構造的に最初の脱歯で失った均衡を取り戻しています……。このレントゲン写真を見て下さい。健常人の場合、アングルは力線に沿って対称をなしています。一方、十二歳位でしょうか、ほぼ間違いなく異形症と思われる子供の場合、アングルはできる限り対称を取り戻そうとしているかのようです。

――どうしてこのような研究が反響を呼ばなかったのでしょうか？

それにはいろいろわけがあり、そのため論文担当教授は私の研究をあえてプッシュしようとはしなかった。私の方でもあまりそれにこだわっていませんでした。当時は他にやるべきことがたくさんあったからです。確かにこの研究論文はかなり有効性をもっていましたが、その基礎となった資料はまだ出版されておりません。これは私が目下やり直したいと思っているテーマの一つです。一、二の出版社にも当たったことがありますが、関心を示しませんでした。理由は分かりません。でも、もう少し暇ができるのを待って、この研究にかかわってみたいと思っています。

——論文担当教授はなぜあなたの論文を広く紹介しようとはしなかったのですか？

分かりません……。あるいは論文があまりにも整然としすぎていたことを怖れたためかもしれません。

——例の歯医者は、結局あなたの答えに満足しましたか？

ええ。我々はその件について何年も話し合いました。現在彼女は隠退していますが、時々会って、少し専門的な頭蓋学のことを論じ合っています。

——体各部の構成が全体として何ら偶然によるものではないと仰言った際、キュヴィエのことを引き合いに出されましたね。私はその時、黄金数が骨格のプロポーションを規定しているとしたマティラ・ギーカ[★9]の論文を考えていました。彼の本についてはよくご存知ですか？

いいえ、知りません……。しかし、均衡の定式が存在しているということは確かです。なにかしら活き活きとして釣合いのとれたものがあれば、立証可能な普遍的現象があれこれ見つけ出せるでしょう。

■構造論的アプローチ

――ところで、あなたの研究はいわゆる《構造主義》にも属しているように思えます。それは技術論を介しておこなわれる動物学への《構造的》アプローチだとする説もありますが……。

おそらく、その通りでしょう。

――この対談の場を借りて、是非あなたに伺いたいことがあります。それはあなたの科学的ないし学問的構想がいつ出現したか、という点です。つまりあなたにとって物事が鮮明になったのはいつか、ということです。

鮮明に？　いや、決してそうではありません。私の召命は十二歳頃まで遡ります。たまたま私の手元に化石人類についての本が何冊かあったためですが、それを最終的に決定づけたのは、『化石人類』というそのものずばりの題名をつけたマルセラン・ブールの著書でした。一九二七ないし二八年だったと思います。初版もちょうどその頃〔一九二〇年〕で、私は十五歳位でした。すでにお話ししましたように、この本に私は非常に心を揺さぶられました。すでに十歳の頃、自然史博物館を訪れて動物標本や骸骨を目のあたりにしていた私でしたので、大変な《熱中》ぶりでした。そう、私の召命は、子供の頃にすでに準備されていたのです。

十一、二歳になると、各種の骨や魚の骨格、猫や蛙の頭骨などを集め出しました。こうして私は、古生物学的にも動物学的にも、つねに周縁をなぞっているような者になるべくしてなりきったのです。

子供の頃にはまた絵画や彫刻にもかなりの関心をもっていました。しかし、こちらの方も幾分周縁的なものにとどまっていました。私にとって、それらは過去の人間や動物を覗くだけの意味しかなかったからです。私は古生物学に人類学と同等の関心を払っています。そこで目下感じているのは、過去を通して未来を探るということです。未来が自らを現わさず、潜在的なものとしてある以上、情報源は過去にしかありません。

■多角的視点の意義

——私としては、あなたの著書の中でも数多くの視点を備えた『身ぶりと言葉』——そこには先史学や道具、シンボリズム、文学、人骨……といったテーマへの関心が同時に認められます——のことを考えるのですが、こうした構想があなたのものとしていつ現われたのでしょうか、お訊きしたいのですが……。

他の多くの人たちと同じように、私もまた自分の仕事に専念しています。基準となるのは自分だけです。『身ぶりと言葉』を著してから、この研究にはある種の統一性があることに気づきました。それはかなり長い間感じていたものですが、ついに明らかにするにはいたりませんでした。『身ぶりと言葉』で考えたことの一つは、まさにある領域から他の領域へと橋を架け、互いに結びつけるという可能性でした。こうした橋なり結びつけなりはつねに考察の対象となっているわけではありません。しかし、それらは人類の発達を推進させる要素であり、はっきりとは分かりませんが、おそらく未来に対する質問への回答の一部を含んでいるでしょう。

――あなたとしては一種の必要性から科学ないし学問の発達にかかわっているとお考えですか? つまり、こう仰言るのでしょうか。「たとえ自分がそれをしなくても、誰かがやってくれるだろう」と?

そうです。私の研究も他人の研究も、結局はほとんど同じ結論へといたるはずです。今のところは具体的な人物が思い当たりませんが、研究は私ばかりでなく、他の人々によってもおこなわれています。たとえ辿った道がかなり異なっていたにせよ、私の心をとらえた問題はかつて他の人々の心をもとらえたに違いありません。

■人類進化の経路

――そうしたことから、あなたは歴史の発展に同一性をみようと考えられているのですか?

また、人類が辿った道はただ一本の道だったのでしょうか、それとも反対に、数多くの人類が存在しえた、そしてなおも存在しうるのでしょうか？

私の考えでは、大筋において進化というのは不可避的な性格をとってきました。ただし、これは最初に飛躍的発展を遂げたあとの話です。想定しうる道は明らかに狭いものでして、どちらかと言えば数も少なく、しばしば一点に集中する傾向があります。真直ぐな道は存在しませんが、急激な集中化の可能性も、起源に近い段階でない限り想像できません。これはいわば均衡現象です。ある人が一方を行けば、別の人が他方を行く。しかし、たとえばヨーロッパが千年間置かれてきた歴史的条件の中では、さまざまな形での方向転換といったものがよく見えない。たしかにそれらはあったかもしれないし、いや、そのいくつかは実際に生じたはずですが、遠くから眺めればほとんど直線に見えてしまう。技術＝社会＝経済的進化線とはそういうものなのです。

――歴史の流れについても頭蓋の構造についても、同じことが言えるわけですね。この場合、つねにある種の《均衡》を見つける方法というのは？

ありうべき道の数や性質について、多大の幻想を抱いてはいけません。過去一世紀以上の長きにわたって、人類多元論者と人類同祖論者［後述］との間で互いに議論が交わされてきましたが、ホモ・サピエンスのさまざまな頭蓋を年代順に並べてみても――これはすでにかなり困難なものとなっています――、同じ頭蓋を《人類の成長》度に準じて並べてみても、各段階が同じ秩序で続いているとは決して言えないのです。人類の系譜はいくつかの支脈に分かれた線のようなもので、我々にはそれをどう継ぎ合わせればよいか分かりません。オーストラリア先住民の場合はその典型的な事例でして、かつて前二万ないし三万年、すなわち、クロ＝マニョン人の時代にまで遡る彼らの先史文化は、この数年間に驚異的な発達を遂げています。

■オーストラリア先住民と人類揺籃の地

オーストラリア大陸への移住は二度おこなわれたようです。最初にここに移り住んだ人々は、形態学的にみて、今日の住民たちが出てきた第二期の移住民たちより遥かに進化していました。これら第二期に移住した祖先たちは、きわめて原始的な性格、とくに晩期のピテカントロプスを想起させる非常に発達した眉弓をもっていました。知られている限りで言えば、証拠資料の編年は系統樹ではなく、むしろ入り組んだ迷路を想わせます……。一方、人類の祖先たちがただ一本の道を通って進化したかどうかという問いについては、アウストラロピテクスの事例がかなりの示唆を与えてくれます。次々と発見がなされた結果、今日ではアウストラロピテクスが二系統存在していたと考えられるようになっています。一方は大柄ながっしりした体格で草食を主とし、もう一方は小柄でかなり華奢な体つきをしており、雑食性でした。時には大柄でもおとなしい同類を食べたかもしれません。

現在までケニヤとエチオピアがもっとも可能性の高い人類揺籃の地とされています。だいたい前二〇〇万年頃でしょうか。

しかし、この時代の人骨が出土した場所は数多くありません。今日の我々の知見からして、人類化への最初の萌芽が地質学的な原因によるものかどうかを知ることは容易でありません。たしかに構造地質学的な運動によって、何百万年もの間に地層に変化が生じ、その層位は二、三〇〇万年まで辿れますが、アフリカ東部が人類揺籃の地であるかどうか、あるいは少なくともそこがさまざまな発祥地のうちの一つであるかどうか、断定するのは難しい。たとえヨーロッパやアジアの地がヒト科の遺骨をアフリカほど大量に出土していないとしても、人類化を示す資料として不足はなく、問題は未解決のまま残されています。人類の祖先とも言うべき哺乳動物種の多様性は、人類同祖論[★10]と人類多元論[★11]のいずれに軍配を上げるでしょうか。もっとも、このような議論は稔り多いものとは言えません。これまで発見されたような十個程度の遺物では、とてもいずれの仮説が正しいかを立証するわけにはいかないのです。

■弾道学的未来予測

――先ほどあなたは過去についての科学が未来を予知させるものだと仰言いましたね……。

はい。私はそれを弾道学的に考えております。人類の過去と現在における弾道が描けるなら、これをそのまま伸ばすことによって、ある点までは将来の発達も仮定できるというわけです。でも、実際には誰が将来のことを考えているでしょうか？　先日、原子力発電所の危険性についての放送がありましたが、その中で、放射性廃棄物の除去コンテナーが数世紀間は耐えられるので誰も反対する者はいない、との話を聴いたある人が憤慨していました。彼によれば、予測というのは少なくとも五千年間をカバーするものでなければならず、そうでない場合、予測は役に立たない、というのです。他人からそうした発言を聞いたのは、それが初めてだったと思います。ただし、五千年でも十分ではありません。二万年程度の計画というのも決して無理ではないでしょう。人間の過去を振り返れば、理論的に一〇万年より遠い未来に着地する弾道を描くことが可能であり――保存条件さえ最高なら――、二万年ぐらいは楽にカバーしてしまうからです。

ところが、おかしな話ですが、現実には誰もそれに気づいていない。ホモ・サピエンスの物質的な生存時代については、すでに何の困難もなしに計算ができているのに、誰もがきわめて短期的な予測に甘んじているのです。鯨を最後の一頭まで滅ぼしてしまうような世界の愚かさを前にしては、大切な集団的理解という状態をつくり出すのは非常に難しいと言わざるをえません。

――あなた個人について言いますと、あなたをして過去の考察へと向かわせたものは未来に対する心配でないのですね？

ええ。それほど恰好のいいものではありませんよ……。成り行きでそうなったのです。三十歳の時に、人はさほど将来のことを考えたりはしません。三十歳になってもです。いや、六十歳になっても考えない人がたくさんいます。一般に未来への関心は遅れて現われるのであり、それゆえに多くの予測ができないのではないでしょうか。

私の場合、この問題はすでに『身ぶりと言葉』を書いている間じゅう自分の脳裏にありました。私の個人的な哲学はごく一部ではあるものの、頁を追うごとに披瀝されているはずです。当初、私にはある腹案がありました。それは限界こそはっきりしていましたが、内容はひどく漠然としていました。やがていろいろな考えが自分のうちに去来するようになって、少しずつ書き進めていったのです。こうしたことは作家なら誰でも体験するでしょうが……。ともあれ、何かを言おうとすれば、まず表現方法を考え、それによって全体像に迫るため、その細部をあれこれ明るみに出さなければなりません。そこでもやはり方法はいろいろありますが、結局は全てが一点に収斂するでしょう。

第八章　博物館のことども

■民族誌博物館から人類博物館へ

　前世紀の末以来、トロカデロ宮殿の民族誌博物館[★1]は、自然史博物館の付属研究所となっていましたが、自然史博物館のコレクションは狭い場所に置かれており、その人類学部門は近づき難い収蔵庫の廊下の壁にかけられていました。しかし、一八八九年の万国博の際、自然史博物館内に分散している民族誌関係のコレクションは、トロカデロ宮殿の方に移管した方がよいということになりました。

　ヴェルノー[★2]に代わって館長に任命されたポール・リヴェは、副館長を選ばなければなりませんでした。そこで彼は、当時オルガン奏者で時々キャバレーの《ブフ・シュール・トワ》でピアノも弾いていた一人の若者に、白羽の矢を立てた。それがのちに人類博物館の屋台骨を背負って立つことになるジョルジュ＝アンリ・リヴィエールだったのです。この博物館の改造案は、リヴィエールの創造的な能力に負っています。彼の博物館入りは一九三一ないし三二年でした。

その頃、私はちょうど二十歳ぐらいで、ロシア語の修士論文を用意していました。私が人類博物館と初めてかかわりをもったのは、カナダの鉄道会社がトロカデロの博物館にトーテム・ポール★3を寄贈した時でした。除幕式にはネイティヴ・アメリカンが一人きて、オスコモンと呼ばれる一連の正調——だと思います——の歌を唄ってくれました。当時、私はシベリアやイヌイットに関心があり、そんな私にリヴェは極北部門の運営を託しました。こうして私は博物館に召し抱えられ、それからの数年間、さまざまなオブジェを扱い、その解読や分類に当たるようになったのです。私の分野は北方地域で、ヨーロッパは含んでいませんでした。

我々がまず手をつけたのは、完全に砕けたガラスに埋まっていた一般展示室の補修でした。博物館は見学者が直接陳列棚に手を出し入れすることができるような状態にあったのです。作業の責任者はリヴィエールでしたが、一時期は館内に一〇〇人あまりのボランティアがいました。見学者に邪魔されぬよう、作業はいつも夜でした。私が実に見事な博物館のコレクションによって極北人たち、とくにイヌイットの展覧会を開いたのはその頃でした。ちなみに、現在このコレクションはそれ以後の数回にのぼる派遣のおかげで豊かなものとなっています。次にかかわったのはサハラ展です。これは二人のサハラ部隊員によって組織されましたが、そのうちの一人はサハラ砂漠の石油発見者であるコンラ・キリアン〔一八九八―一九五〇〕でした。我々はまた北アフリカの仮装夜会の折に、トゥアレグ族[★4]の展覧会も催しました。そして、私が仲間の一人とつくったサーベルの決闘劇の演出をしたりもしました。会場はジョルジュ・サンク[★5]でしたが、その際、トゥアレグ祭の感興を盛り上げるため、ラクダを何頭か借り、これをジャルダン・デ・プラント〔前出〕から会場まで行進させようともしました。

――サーベルの方のたしなみは多少あったのですか?

フェンシングなら少し……。我々はこちらの身を完全に隠してくれる楯をもっていました。トゥアレグ族の大楯です。

シナリオはこうでした。まず娘たちが若者たちを招いて掛合いの歌競べをする音楽夜会の《アファル》をおこない、次に二人の戦士が互いにサーベルでやり合う。

――トゥアレグ族の歌垣については知っていましたが、それが決闘で終わるとは知りませんでした。

いや、トゥアレグ人たちがくるみ酒をふるまわれたこともそうですが、それ以上にはっきりしている民族誌的真実の歪曲です。ジャルダン・デ・プラントからのラクダ行進同様、なかなか独創的なアイデアでしたが、このラクダの方はついに調達することができませんでした。飼い主が、パリを横断する間、ラクダが何かと被害を蒙るのではと案じたためです……。もちろん、その一方で我々は地道な作業も怠りませんでした。

サハラ展がすむと、次にはアメリカ展を開きました。私はまた民族音楽のレコードを集めた録音資料保存所にも大いに関心を抱いていました。のちに国立中央科学研究所の主任研究員となった仲間のクローディ・マルセル＝デュボワ〔一九一三―八九〕は、すでに民族音楽の面でかなりの成果をあげていましたが、毎週土曜日の午後、彼女は民族音楽を聞く会を主宰しており、私もそのプログラムの実現に手を借してやりました。これは当時の自分にとってもっとも楽しかったことの一つです。その頃の博物館の雰囲気は今とはまったく異なっていました。人の出入りはいつでも可能で、そうしたいなら館内に残って午前三時まで仕事をすることもできました……。しかし、一九三七年の万国博の際、トロカデロ宮殿を取り毀し、代わりにシャイヨー宮殿をつくるという法律が出されます。魅力的な旧い宮殿にとっては実に残念なことでした。もっとも、その不便さはこの上もないほどでしたが。ともあれ、一九三七年の万国博を契機に、人類博物館が誕生することになります。当時、私は日本にいました。

――先ほどコンラ・キリアンのことを話されましたが、あまり知られている人ではないですね……。

私はよく知っていますよ。まだ二十歳の学生なのに、すでに四十歳ぐらいの、仕事面では中堅どころといった貫禄を備えていました。その彼が我々に陳列ケースのレイアウトにかんする一切の助言をしてくれたのです。地質学者としての彼のことは何も知りません。

我々にとって彼はすぐれたガイドでした。ラーラやタクーバが塩やサーベルであると知っていたからです。男用の襞つきのヴェールを我々にくれたりもしました。私の印象では、彼は我々と一緒の仕事に、他のこと以上の興味を示していた。それは我々にしても同様でした。人生とは私にとって賭け事もしくは遊び以上のものでなく、とくに当時はそうでした。しかし、キリアンの人生についてのきわめて特殊なディテールはあなたにお話しするわけにはいきません。彼が命を断った方法のディテールについてもです。

■博物館体験

——戦争のさなかに日本から戻られたあなたは、再び人類博物館と関係するようになるのですが、短期間でしたね。フィリップ・ステルンの代わりに、ギメ博物館の館長代理をつとめる話があったためです。そして解放時には、今度はポール・リヴェからジャック・スーステルの代理を彼の不在中つとめるようにとの要請をうけたのですね。

ええ、その要請は受け容れました。人類博物館のことは非常に心にかかっていましたので。それからの五年間、私はリヨン大学で教鞭をとるかたわら、人類博物館の副館長という魅力ある職責を全うしたのです。こうしてみれば、つまるところ私は自分の生涯においてかなり博物館学を学んだことになりますね。ご存知の通り、私はさまざまなオブジェやフォルムに関心を抱いておりますが、博物館とかかわったのは、これらのものを数多く見るのに実によい機会をつくってくれました。

――あなたの生涯において、いろいろな博物館とかかわった体験はどのような位置を占めているのでしょうか。

その体験はとてもためになりました。すでにお話しましたように、私は第二次大戦前から足繁くあちこちの博物館に通っており、これが私の仕事を決定づけたと言ってよいでしょう。それには東洋語学校のポール・ボワイエ校長や博物館学からのインスピレーションも影響しています。こうして私は何とか分類索引カードを作成し、『進化と技術』二巻を、つまり、『人間と物質』と『環境と技術』とを著すことができるまでになったのです。そのために私が作成したカードは数千枚にのぼりますが、それらは私が本を書く際に全ての事例を提供してくれました。

――ジャルダン・デ・プラントの自然史博物館についてはは少ししか触れませんでしたが、私にはそれがあなたにとってかなり重要な意味をもっているように思えるのですが……。

今でも非常に重要です。たしかに現在、この博物館は多少なりと疎外されているものの、傍らの《骨董館》はつねに私を大いにひきつけています……。これまでいくつかの博物館の近代化にかかわってきたにもかかわらず、時として十八ないし十九世紀の姿をそっくりとどめている博物館を見出すのは、実に嬉しい気がします。自然史博物館は前世紀末に絶頂期を迎えています。建物は当時のもので、前世紀中葉の科学的システムになお符合しているのです。館内の何ヶ所かは修復されておりますが、往古の怪獣たちを眺めながら、古生物学の展示室や比較解剖学の標本室を歩き回るのは楽しい限りです。というのも、生物学には大いに関心があり、先史学者として骨に関する論文も、そこに自分自身の感嘆を折り込んで、数多く書いているからです。

——ギメ博物館のことはすでに話していただきましたが……。

私がギメ博物館とかかわったのは、ドイツ軍の占領中でした。そこで一時期を過ごしたことについては何ら後悔しておりません。私にとって、それは審美的な啓示の源泉だったからです。中国や日本の陶器、チベットの絵といったものは、わたしにしてみればまさに鏡罠★6にほかなりませんでした。

■《タイ》事件

やがて私は、博物館の創設者であるギメ自身が、前世紀末のいわゆるベル・エポックに持ってきた《タイ》と呼ばれるミイラを管理担当することになりました。ちなみに、ギメ〔第五章訳注★1参照〕という人物はリヨン出身で、故郷のギメ博物館とまったく同じ博物館をパリにも建てたのです。従って、彼の名をつけた博物館は二つあり、姉妹博物館というわけです……。このギメはエジプトの初期キリスト教徒のミイラを骨董店から一まとめにして購入したのですが、その中に墓碑銘に《タイ》と刻まれた——写真ではそうなっています——女性のミイラとセラピオンという名の隠者のミイラがありました。隠者の方は粗末な服を身にまとい、錆びついた何本もの鎖と、苦行にいかにも適わしい首輪代わりの鉄板とをつけていました。タイの方は実に見事な布で全身を覆われていました。その布は初期キリスト教時代のコプト★7のものです。また、素晴らしいつづれ織りもミイラの遺骸の上にかけられていました。ルーヴル博物館から、ある日、この布を取り外し、自分の方でその修復をさせてもらえないかとの申し出があったほどです。

タイのミイラは尋常なものではありませんでした。ファンがたくさんおりまして——崇拝者とまでは言えないにしても——、博物館の階上にある円形の部屋に安置されていたのですが、朝になると守衛がその陳列ケースの上の花束を集めている情景にしばしばぶつかりました。この花束はミイラに捧げるため、来館者がこっそりと持ってきたものなのです……。そこでフランス国立博物館局の上層部とギメ博物館長のジョルジュ・サル〔一八八九—一九六六〕は、ミイラがまとっている布の方を強調する方がよいだろうと考えました。そして、ミイラがタイばかりでなく、またそれが美術関係の博物館になければならない法もないとして、このタイを人類学関係の博物館に移管することにしたのです。それが最善の策だと判断したのです。こうしてタイとセラピオンの二体は人類博物館に移されたのですが、正直私はほっとしました。《人類博物館なら問題はない！》。しかし、それは言い過ぎでした。予測しえぬ事態が起こったからです。

タイとセラピオンのミイラは、占領中見られた輪タクに乗せて人類博物館に運びました。それから二年して私がこの博物館の副館長となった時、厄介な問題が持ち上がり、そのためこの二体のミイラを引込めるようにとの指示を与える羽目になったのです。二体のミイラに柩を作り、それを人類学研究室の一隅に非常に良好な状態で安置することにしました……。ところが、それで一件落着というわけにはいかなかった。またすぐタイ熱が再発し、研究室のドアに客が押しかけ、一目でいいからタイに会わせてくれ、というのです。しばらくの間、我々はそれを面白がっていましたが、やがてそんな客たちにこう言わざるをえなくなりました。「タイは目下修復中ですので、お見せするわけにはいきません」、と……。

——それでどうなりました?

分かりません。少なくともここ一〇年あまりは新しい情報が入っておりませんので。おそらくタイはやはり湿度調節がされているケースに安置されているでしょう。たいした危険はないと思います。これは自然にできたミイラです。ふつう天然の塩と砂漠の砂、それに非常に乾いた空気さえあれば、特別な処置を施さなくても、遺骸は自然にミイラ化しますが、見た目はさほど美しくありません。体のあちこちが欠け、皮膚にもたるみが出るからです……。そうした自然乾燥化したミイラは何千体も残っています。ペルーのミイラなども何らの防腐処理がなされておらず、徐々に乾燥させるため、時に数多くの布で遺骸を包んでやるだけでした。

——A・T・P《アー・テー・ペー》(国立民衆芸術伝統博物館)★8の創設について、先ほどあなたは創設者のジョルジュ＝アンリ・リヴィエールに絡めて話されましたが……。

これもまた話せば長くなります。一九三七年の万国博の際、A・T・Pに関する最初の計画案が出され、この博物館をシャイヨー宮殿の反対翼の建物に入れることになりました。それからしばらくA・T・Pはそこにありましたが、これが完全に整備されるのは、リヴィエールが館長に昇進したのちです。彼はゼロから再出発して、トロカデロ博物館のフランス民族学関係のコレクションをこちらに移したのです。これらのコレクションの中には、前世紀に集められたきわめて貴重な民俗資料が含まれていました。こうして彼は少しずつコレクションを殖やしていったのです……。シャイヨー宮殿の地下にあった博物館は、そのコレクションを安置するには少し狭すぎたはずです。しかし、彼はそれを実に巧みに整理しました。

最初、リヴィエールは当時としては理想的ともいえる博物館を建てるよう提案していました。この彼の考えは現在のA・T・P開設というかたちで開花するのですが、それは彼が引退したのちのことでした。館長職を辞める前の数年間、つねに新博物館の建設を妨げる動きが、物の面でも、人の面でも見られたからです。現館長のジャン・キュイズニエ〔一九二七—二〇一七〕は、A・T・Pの学問的に実に素晴らしい資本を見事に管理し、リヴィエールの衣鉢をしっかり継承しています。

■パンスヴァン遺跡と石膏取り

――A・T・Pの創設に当たって、あなたはどのような役割を担われたのですか?

何にも。私としてはフランス民族学にまったくノータッチでした。人類博物館に残ることを望んでいましたので。

たしかに、私はこれまで博物館の設立・運営には情熱を燃やしてきました。一九三〇年から最近まで、ほとんどつねに博物館関係の仕事にあれこれ携わってきたような気がします。パンスヴァン遺跡において、私は石膏取りしたマドレーヌ期層近くに博物館を建てましたが、そのため私は一度ならず博物館学へと足を踏み入れることになりました。

パンスヴァンでは旧石器時代層のこれまで最大の石膏取りをおこないました。協力者のミッシェル・ブレジヨン〔二八七頁参照〕と一緒に、出土遺物を全てそのままにして、八〇平方メートル以上の層位面に石膏を流し込んだのです。こうしてこしらえた巨大なレプリカの上に建物を築いたのですが、そこには我々が発掘した全遺物の展示室を数室作っておきました。博物館学的観点よりすれば、我々の展示の一部はかなり立派なものと考えられます。そのおかげで、ブレジヨンは古美術局の総括監督官となり、最近ヌムール[★9]に博物館を創設していますす。ここには我々が発掘した遺物の一部が収蔵されているほか、パンスヴァンのもう一つの住居址と同じ大きさの復元模型も収められています。パンスヴァン遺跡については現在アニメーション作りが仕上げの段階にあり、私もここ数週間というもの、スライドの選択や解説文作りに追われています。どうやら博物館の仕事は最後まで私につきまとうような気がします。

——博物館を建てようとする際には、ある種の空間、たとえば建物のことをも同時に考えるのですか?

そうです。陳列をどう構成するかは建物のしかるべき構造に、つまり、その目的に適い、環境に融けこんだ構造に基づかなければなりません……。ヌムールの博物館がまさしくそれです。展示室は森に向いて建っていて、当然戸外の景色が手に取るように見えます。あるいはまた、建物の中央部に木が何本も植えられていて、これが建物のもつ幾分規則的で厳めしすぎる雰囲気を和らげています。

シャイヨー宮殿も博物館のために自由に建ててよいということでしたら、明らかに建物の形は今とはまったく異なったものとなったでしょう。現状は建築上の制約が全てに及んでおりまして、円弧状に走る長い回廊のために、来館者は自分がどの方向に向かっているかはっきり分からぬまま、博物館内を何キロメートルも歩くような構造になっています。展示ケースのシステムも実に時代遅れなものですよ。もっとも、これはすでに半世紀の歴史を有している博物館としてはふつうですが……。

■博物館のあり方と役割

――《陳列》というのが展示の原則でなければならないのでしょうか？　また、展示そのもののためには、どのような《システム》を採ればよいのですか？

私としては文章や図像のない博物館には賛同できません。かなり漠然とした表現ですが、ともかく《一般》大衆を相手にしたいなら、それぞれにこちらの伝えたいことを理解してもらえるような展示法が必要でしょう。博物館はただ秀れたオブジェを示すだけではいけません。陳列ケースに説明文や図像をつけて、展示品の理解や分析ができるよう配慮する必要があるのです。A・T・Pではオーディオヴィジュアルな方法を用いて、多少なりともそうしたことをおこなっており、そこでは陳列ケースが何かを語りかけ、さまざまな事例がスライドを用いて映像化されています。現代の博物館はかつては考えられなかったほどの可能性に富んでいるのです。ただし、昔でも少なくとも説明文をつけることぐらいはできました。

いくらネイティヴ・アメリカンの衣服を展示したところで、各部の呼称や着用者、裁断・縫製法などについての説明がない限り、さほど有益とは言えません。見学者が散策するつもりで博物館を訪れ、遠くから展示品を眺めるだけなら、その方がよいでしょう。事実、そうした人の来館を禁ずるわけにはいきませんし、博物館が説明だらけで彼（女）を失望させてもいけません。しかし、展示品を理解しようと願う人にとって、これらの説明は不可欠です。

――あなたのお考えでは、現代文明の中で、博物館はどのような役割を果たしていることになりますか？

人類がこれまでいかに生き、そして、そのうちのあるものがなおもいかに生きているかを知るのは、非常に大切なことと考えています。それは（誰もが口にするように）健全なかたちでの迷妄打破に他なりません。我々の文明というのはある意味で不完全なものであり、いわゆる未開とされている人々は、一般的に言いまして、我々以上に素晴らしい生活に対する目をもっています……。そう、博物館の存在を基本的に正当化すると思えるのは、人間的なものについての理解であり、人間についての知識です。少なくとも民族学や先史学、古生物学が関心の対象とするものなのです。でも、こうしたことは美術館にもある程度あてはまるでしょう。

私にとって、博物館とは人間の理解を拡大する道具にほかなりません。この理解は決して無味乾燥なものではないのです。博物館の目的はさまざまな人々にかかわる事柄を受容れるところにありますが、その方法はいろいろ考えられます。ただし、普遍化しうる方法はありません。それから、そこで用いる方便の効果についても考慮しておく必要があります。《人類博物館》として生まれ変わったトロカデロ民族誌博物館は、世界各地で一連の人類博物館を建設する際にモデルともなりました。このモデルは今日では少し時代遅れの感なきにしもあらずですが、かつては一世を風靡したものですよ。

――人類博物館の展示室とルーヴルのそれとには、根本的にどのような違いがあるとお考えですか?

美術品の単独展示とそれがもつ意味を見学者に伝える方法との間には、何らかのつながりがなければなりません。見学者がせいぜい台座に作者名がつけられているにすぎないような彫像の間を歩き回る、といった博物館は、私にとって決して理想的とは考えられません。反対に、美術品なり彫像なりを、まるで罐詰にでもするかのように、際限なしに解説文で埋めてしまうのもいけません。全ては何を言いたいかにかかっているのです。いずれの場合も、展示品の性質を尊重しつつ、最上の解決法を探さなければならないわけでして、それが予め示されることは決してありません……。

最近、ボーヌ[フランス中部コート=ドール県]近郊の南ハイウェイ上にパーキング考古学館がつくられました。駐車場に車を停めた人のためのもので、ブルゴーニュ地方から出土した考古学遺物が多数展示されています。そこでは復元されたローマ時代の道路跡や新石器時代の住居小屋、ドルメン等が見られますが、それらは博物館学的にまったく新しいスタイルの配置構成となっています。一種の野外博物館と言ってもよいでしょう。はたしてそれがどのような成果をあげるかはよく分かりません。しかし、ある地方の興味深いものを理解させようとする試みは、何よりもそれが理解可能である以上、非常に面白い考えと言えます。

――生態学博物館《エコミュゼ》についてはどうお思いですか？

賛成です。たとえばクルーゾ［フランス中部ソーヌ＝エ＝ロワール県］のそれなどは素晴らしいものです。でも、今のところ、それ以外の生態学博物館についてはまだ知る機会には恵まれていません。

――ポンピドー・センター［パリ］で、以前《日常性の考古学》といったテーマで展覧会が開かれたことがありましたね。将来の発掘から出土すると仮定された、きわめてありふれた現代の生活必需品が展示されていたのですが……。

ええ。とても面白い企画でした。

――面白い？

もちろんです！　悲観的にとらえるわけにはいかないでしょう。

――むしろ、真面目に受けとめるべきでは？

そうとらえることもできます。五分前にあったものなら、すでにして立派な遺物となるのですから。

■理想の博物館

――もしこれまでにないような博物館を思い通りに作れと言われたら、つまり、まったく独創的で理想的な博物館を作るチャンスが与えられたなら、どうなさいますか？

難しい質問ですね。本来博物館学というのは骨董店から博物館までをカバーする扇のようなものでして、この博物館では多様な設備によって遺漏のない展示がおこなわれています。そう、そこでは表現の対象となる物が図像や音を用いて展示されているのです。従って、望むらくは見学者がこれらの展示品に質問を発し、自らが関心をもついろいろな問題について、展示品と共に語り合うという状態が生まれて欲しい。おそらくさほど遠くない将来、情報機器の介在によって、そうした状態が現実のものとなるでしょう。しかし、そうなると教訓的な博物館学の限界がはっきりしてくるはずです。扇のもう一方の端には骨董店があります。ここには古銭のみならず、自然史関係の骨董品、すなわちワニの剥製を初めとして、大型魚で皮膚を作り、胸に猿を縫いつけたやはり剥製の《人魚》にいたるまでの骨董品などが、さまざまなかたちで並べられています。高価な、あるいは単に珍しいだけの鉱物が、ローマ時代の陶器と取っかえ引っかえ並べられたりもしているのです。

ところで、人間の稀少物に対する嗜好は非常に長い歴史をもっており、これをもとにして、ホモ・サピエンスのシンボリックな思考の初まりを特定することができます。たとえばネアンデルタール人たちは、すでに珍しい鉱物を集めていました。

しかし、今日の博物館の直接的な祖先としての骨董店は十六世紀に誕生したにすぎません。地方にある小規模な博物館の多くは、そうした本来的な性格を長い間継承してきました。改良された博物館は合理的な博物館学によって《骨董店》的な側面を払拭してしまいましたが、できれば今日の博物館が、祖先の最後の生き残りをたとえ僅かなりと《維持》してくれればよいと思っています。

——《理想的な博物館》についての話題が出たついでに、一種の自画像めいたものを語っていただきたいのですが……。むろん、間接的であれ、話されたくないことまで明らかにする必要はありません。

第九章　自画像

■ビニウーのこと

――発掘調査の際、あなたはビニウー★1を奏でていつも隊員たちの眠りを醒ましたということですが……。

アルシー＝シュール＝キュール遺跡を発掘した時、日当たりのよい洞窟群の一つ――トリロビット洞窟という名でした――を選んで、内部を食堂に使いました。そこにはビニウーにとって最適の保管場所もありました。ご存知かどうか分かりませんが、バグ＝パイプやビニウーなどといったいわゆる風笛類の楽器は、湿度に対してひどく敏感でして、たとえばビニウーの場合、しかるべき場所に置かないと舌管が黴びたり乾いたりしてしまうのです。アルシーでは、洞窟の入口に実に理想的な一角があり、おかげで二ヶ月というもの、私のビニウーはさほど調子外れな音を出さずにすみました。しかし、発掘地をパンスヴァンへと移したところ、ビニウーはついに気候に順応しませんでした。現地に着いて二日もすると、完全に調子を狂わせてしまったのです。そこで止むなく、ビニウーを起床ラッパ代わりに奏くのを断念しました。

パンスヴァンでは目覚し時計だけを使いました。作業開始や入浴、昼食、作業終了、休憩、夕食などの合図には、全てそれを使ったのです。消燈の合図はありませんでした。ただボンバルド★2をもっていた息子との間では、一部それを合図に用いました。

——非常に珍しい楽器ですが、その愛着はどこからきたのですか？

一九三三年から三四年にかけて、パリで自動車整備工場を父親にもつ一人のブルターニュ人と知り合いになりました。彼は父親のアトリエの旋盤を使って、他所ではとうに姿を消し、ブルターニュでも急速にその方向に向かいつつあったビニウーを作ろうとしていたのです。私はそんな楽器に共感を覚えました。当時、旧式のビニウーを本格的に演奏できたのは、せいぜい三、四人の老人たちでした。今では世界全体で数百人のブルターニュ人演奏家を数えます。ようやくこのかなり気紛れな楽器の再興がなったわけです。

——その再興にあなたはどんな役割を担われたのですか？

讃美者としての役割です。個人的にはビニウーを作ったことがありません。何度か試みはしたのですが、非常に難しい。

——どのようにして演奏法を学んだのですか？

顔見知りの何人かの演奏を見てです。でも私にはひどく悪い癖がついてしまっていまして……。左手が利くので、それでビニウーの底部をつかんでしまうのです。もし正規の指導を受けたなら、こんな悪癖が身につくことはなかったでしょう。もっとも、それは実際の演奏に際しては何ら問題がありません。生来の左利きなのですから。

——それはあなたにとって最初の楽器ですか?

いや、二〇年ばかりピアノをやっていました。それが不思議なことに、ビニウーに魅かれるようになってから、ほとんどピアノをやめてしまっているのです。

■古楽器への関心

——その楽器に何かしら特別な愛着を?

気が触れたわけではありませんよ……。昔の楽器が好きなだけです。私は一連のビニウーや風笛をもっておりますが、そのうちでも文様が錫できっちりと象嵌されたニヴェルネ地方のものは素晴らしく、一本の長管と、片方が一メートル半以上もある二本の低音管とを備えています。実に見事な楽器です。でも、その全ての管を同時に奏でるまでにはいたっていません。

——あなたの著書には、楽器や音楽技術に対する関心がほとんど示されていないように見受けられるのですが……。

たしかにそうしたことについて私はほとんど語ってはおりません。しかし、音楽はかなりの数を聴いており、スコットランドやロシア、セルビア、ブルガリアなどのポピュラー・ミュージックやコーラスはとくに好きです。旧い楽器としては、フリュートや風笛となるでしょうか。

私はまた手回し琴にも関心を抱いています。ひところ、遊び半分に手回し琴を何台も修理したことがあります。友人たちから頼まれたためですが、それらは先祖伝来のものであったり、彼らが古物商で買い求めた――しばしばひどい状態の――ものであったりしました。そのため、私が修理を請け負ったのです。ところが、面白いことに、私の息子の一人が後を継いで、プロの弦楽器作りとなり、現在手回し琴を作っている。こうしてビニウーの小史が三〇年後に再び繰り返されるのですね。五、六年前には、フランスにもはや実際に手回し琴を演奏する人はいませんでした……。ちなみに、きちんと音の出る旧い手回し琴は数十万旧フラン[★3]します。一台作るのにそれ位の費用がかかったわけです。一方、新しい手回し琴もかなりよくできていて、これもまた新たな歴史を作っていくのでしょう。そう、最近の民俗音楽グループにはしばしば新型の手回し琴が見られますが、このうちのいくつかは、私の息子が作ったものに違いありません。

私の息子は最近ヴォージュ風スピネット[★4]も復元しています。《ダルシマー》とも呼ばれるこの楽しい楽器は、長さ約四〇センチメートルの平行六面体の木箱に二本のペダル弦を張り、これを別の二本の弦（E線）と三本の共鳴弦とに連動させたものです。弦と箱面の間には、ギターのように、一定間隔で駒《フレット》が並べられ、その弦の上に小さな木製の棒や象牙製の撥《ばち》を滑らせながら演奏するわけです。リズムをとるには鵞鳥の羽を用います。音を出す場合は、駒から駒へと小道具を跳ばしたり滑らせたりする。これによって非常に美しい音が出ます。

ヴォージュ風スピネットは当初考えられていたより遥かに音響的な可能性に富んだ楽器でして、音楽的にはおそらくシタールほど豊かではありませんが、きわめて魅力に富んでいます。それはまず十八世紀から前世紀にかけて作られており、かつては北ヨーロッパのいたるところで見られました。今ではロレーヌ地方やアメリカ合衆国、アパラチア地方などに僅かに残っているだけです。また、カナダのフランス系農民たちは、移住先で《デュルシマー》と呼ばれる楽器を奏でていました。これはヴォージュ風スピネット同様、長い木箱で作られておりましたが、その先端はヴィオル[★5]のように丸まっています。

■先史時代の音楽と有声言語

――ラスコー洞窟の音楽については、どんなことが分かっているのですか？

これまで、洞内からはほぼ円筒状の骨を加工した管が二、三度見つかっていますが、その片面には、フリュートのように、穴が二、三ケ所開いていました。比較的後期のもので、前一万五〇〇〇年から一万二〇〇〇年頃といったところでしょうか。当時、とくにマドレーヌ時代人たちが韋製であれ骨製であれ、フリュートらしきものをもっていた可能性は一概に否定できません。

——そうすると、最初の有声言語は口頭というよりむしろ音楽的な楽器音と考えられますか？

言語の問題はもっとも厄介なテーマの一つです。最近人間について作り上げることのできたイメージは、およそ二百万年もの間切れ目なく続いた人類史の厚みを認めています。二百万年前に直立歩行と道具作りをおこなっていた最初期のヒトが互いに話していた言語は、明らかにかなり制約があったとはいえ、まがりなりにも言語としての体を成していました。もとより、言語が存在するには意味を背後にもった一連の整序音がなければなりません。ただこの整序音はきわめて簡単に現われうるものでして、もともとは大型の類人猿が発するシグナルと表面上ほとんど択ぶところがありませんでした。一方、言語が存在するには、過去と未来とを結びつけることができなければなりません。時間の流れを表現したり、狩りの話をしたり、獲物のいる場所を示したりすることができなければならないのです。こうした言語は類人猿が交換し合うサインとは非常に異なっており、直接的な情動によって生まれます。たとえばチンパンジーの場合、おそらく混乱こそしているものの、多少なりと未来と過去について考えることができます。でも、表現可能なのは現在についてだけです。

人間の言語は、当初から人類とかかわってきました。はたして音楽が言語と同時に誕生したかどうかとの問いには、思うに、チンパンジーもまた音楽的な営みをおこなっているという事実が答えてくれるでしょう。集団的な長い一連の唸り声や木の根元でのドラミングなどは、すでに一種の音楽なのです……。このチンパンジーの習性については、ようやくいろいろなことがよく分かりかけてきました。彼らがしかじかの社会的組織を運営し、単純な道具を作る能力を有している、といった具合にです。しかし、だからといって彼らチンパンジーを我々に近づけるわけにはいきません。それが類人猿に一般的なことと考えられるからです。

——あなたの発掘現場におけるビニウー利用について語ってくれた人は、あなたが隊員や仲間たちと歌競べをなさったとも話してくれましたよ。

その人があなたに語ったのは、ある晩私が、隊員の一人で、自分の国の民謡を非常によく知っているハンガリー出身の女性と、五、六時間も歌競べをやったお祭り騒ぎのことでしょう。私はロシアの歌もかなり知っておりまして、あの時は結婚式の歌や子守唄、悲歌など、次々にテーマを決め、それにかんする歌を互いに競い合って一夜を過ごしたものでした。一方が唄い終わると、他方が同じテーマの歌を唄うことになっており、彼女はハンガリー語で、私はロシア語で覇を競ったのです。午前二時か三時まで続きました……。ロシア人の友人たちともそうして張り合う時もありましたが、こちらの方はそれほど長い時間はかかりませんでした。あの晩の私は、とくにインスピレーションが強く働いていました。甥のイヴァンがたまたま姿を見せたのが、ちょうどそんな時でして、だから彼は二〇年後にその折の様子をあなたに話して聞かせることができたのです。

──彼はまたあなたについて、何事にも秀でないと名誉にかかわると考える人物だとも評していました。いついかなる時でも、最高かつ巧妙でなければならないというのです。こうした評は認められますか?

いや、全然。私が駄目なものも沢山ありますので。でも、自分がおこなうべきことについてはいつも的確にと心掛けてきました。

■学問的志向

──ある一つの分野に秀でようとするのはきわめて一般的ですが、数多くの分野に、というのは滅多に……。

仰言ることにどう応じてよいか分かりませんが、私としては、自分がただ一つの分野だけをやり、何とかそれも思い通りになったとの確信はあります。ですから今では、他の分野に入ってももはや異和感を覚えませんし、自分のやることに何かしらちぐはぐなところがあるかもしれない、とも思いません。つまり卓越した者たろうとしたために、これまでいろいろな分野に手を出してきたわけではないのです。今でこそ、全てを一人占めにしているとの感じを多少抱いてはおりますが……。いえ、たしかにいくつかの学問に自分を駆り立てたかもしれませんが、それは自分にとって一定の方向に沿っているのです。

——結局、単一さの追求ということになるのですか？　たとえばポール・ヴァレリィの『レオナルド・ダ・ヴィンチの方法序説』〔一八九五年〕[★6]では、あらゆるものの普遍的要素が模索されていますね……。

かもしれません。人が自分自身を理解できるとした上での話ですが。しかし、これは往々にしてひどく難しい。

——いずれにしましても、あなたの行動を力もしくは完璧さへの欲求と解釈するわけにはいかないと……。

力への意志なるものが本当になかったかどうかは分かりません……。しばしば、といっても年に数回程度ですが、かつて、そう、三〇年ほど前に、私の学生であり、今もなお私をその友情で支えてくれる人々との集まりや、現在私の講義に出ている学生たちのちょっとした集まりに顔を出すことがあります。そんな時、胸を締めつけられそうな思いというほどではないまでも、ともかく妙な気分になってこんなことを自分に言うのです。《もしお前がいなかったなら、この集まりは開かれまいし、集まりそれ自体も存在すまい》。そんな時、私は自分がまったくの小者であるような気がします。

いったいなぜ自分がこの集まりにいるのか、なぜコレージュ・ド・フランスの教授であり、学士院の会員なのか、なぜ自分の後に数多くの物事を、とりわけ数多くの人々を従えているのか、どうもよく分かりません。おそらく、これから先も分からないでしょう。分かるには、あまりにも遅きに失しているからです……。ただし、私が自分自身に完全に慣れたようなことは、これまで一度もありません。

——ある状況下では、自分が《まったくの小者》であると感じるとのお話でしたが、いま仰言ったような疑問はそれと結びついていると理解すべきなのでしょうか?

ある程度は……。言葉というものは裏切りの常習犯でして、そんな言葉を用いて、人はたとえどのようなかたちであれ、自分が感じたことを精一杯表現するものです。私はよく、なぜ全てがそうした方へと向いてしまうのか、自問してみるのですが……。分かっているのは、自分が何かしら自らを駆り立てるものに幾分なりと囚われているということです……。それにはしばしば自分が役に立っていると感じる必要があります。でも、これは間違いです。

——間違い? なぜですか?

自分が有用であると感じる時は、ほとんどつねに、さほど称賛に値しえぬ感情とでも言うべき満足感を味合っているものだからです。

しかし、哲学者ではない私に、この問題を語る資格はありません。

■遊びと仕事

――あなたの中では楽しさと仕事との間に限界を設けるのが難しいとのことですが、その辺についてもう一度伺いたいのですが……。

私の場合、きのこを探そうともせずに森を散歩することはできません。いわば、仕事と遊びとが分かち難く混同しているため、うまく両者を区別することができないのです。しかし、それこそがおそらく私をして自分を凌駕させ、一国のうちでたかだか数千人程度の人だけが享受しているにすぎない自由を獲得するよう、駆り立ててきた理由の一つなのです。もっとも、私はこの自由の大部分を遠去けています。それは、自分が多くの人々にとって不可欠な存在だと信じているからに他なりません。

私がいろいろと考えを巡らすことは、明らかに遊びの構造と結びついています。正直申しまして、私は自分が真面目だとはついぞ思ったためしがありません。本を書く場合でも、科学的な考察というよりはむしろ遊びの気分でやっているのです。だからといって、これは科学的考察を妨げるものではありません。性分の問題なのですね。

……でも、自分自身について考えるというのは大変難しく、私としてもそうしたことをおこなう機会は滅多にありません。

■自己との対話の困難さ

――それは時間がないからでしょうか、それとも好みに合わないためですか？

私が自己との対話を維持しうる可能性はほとんどありません。人は自らの心の糧となるものを手に入れようとするのですが、それを必ずしも自分自身の奥に探し求める必要はないでしょう……。私は東洋の哲学や瞑想に憧憬の念を抱いています。しかし、今までそれに従ったことは一度もありません。

――でも、このインタビューはあなたご自身との対話という形をとっていますよ。

そうです……。だからこそ私はしばしば自分がかなり明確に考えていることが表現できないとの思いにかられるのです。

――あなたの理想的で独創的な博物館のあるべき姿について、再考する機会はなかったのですか？

それについては考えるともなしに考えてきました。いつも脳裏にはあったのですが、さほどはっきりと意識していたわけではなかったのです。従って、今日この場ではこれ以上何かを言えそうにはありません。おそらく分かってもらえると思いますが……。

――私があなたを代弁することはできません。でも、この一連の対談によって、たとえ少しずつでもあなたの博物館構想が煮つまっていくのでは、と期待しているのです……。

これが本になったのを見て最初に驚くのは、おそらく私でしょう。

――さあ、どうですか？　ともかくこうして少しずつ形を整えていくこの本は、あなたが仰言るオブジェや物がどの辺りに位置するかを示すことになるはずです。

そうですね……。そして、形態についても。

第十章　悦びの力

■先史学の土台

――いつでしたか、あなたは予め古生物学に対する認識なしには先史学のことを云々することができない、と仰言いましたね。

言いました。道具の土台と道具自体とが先史学の道しるべだと思うのです。この土台とは人間にほかなりません。人類のこと、つまり、我々に先立つ人間たちのことを知らないなら、先史学者は自分の素養に何かを欠くようになります。たしかに、彼が最初一見しただけでピテカントロプスの何たるかが分からなければならないとは思いません。しかし、それなりにしっかりした基礎的知識だけは身につけておく必要があります。先史学をやろうとする人は、誰でもこのことをよく理解しなければいけません。ちなみに、三〇年ほど前の教育は、今よりおそらくずっと適性なシステムを敷いていましたよ。先史学者になるには、先史学と民族学と形質人類学とを必修課目としていた大学を出る以外に、ほとんど道がありませんでした。同様に、自分が地中に求めようとする人類の遺骸や形質的特徴などについて、多少なりとも知識をもっていない限り、先史学的調査に加わることもできませんでした。こうした教育法は純粋に歴史的要因によってやや放棄されてきておりますが、今でもなお洋の東西を問わず、数多くの国で先史・民族・形質人類学の三つが、専門家となるための基礎学問となっています。つまり、この三学問のうち少なくとも二つについては、精通し、訓練を積まなければならないのです。

■道具の意味

道具はいわば人体の延長としてあり、手は道具の中央統御室としてあります。従って、手の歴史は体全体の歴史を引きずっていることになります。それは十九世紀がキュヴィエと共に発見した偉大な真実の一つにほかなりません。体の各部は互いに連帯しており、たった一つの爪からでも、輪郭の細部にいたるまでというわけにはいきませんが、驚くほど正確にさまざまな動物の形姿や肉体的特徴が復元できるのです……。人類古生物学をやっていていつも私にショックを与えてきたのは、人間の体を復元する際に利用できる資料が非常に少ないということです。時には一本の歯しかない事例すらあります。ピテカントロプスのいとこにあたり、北京周辺を含む中国各地から出土しているシナントロプスの場合は、漢方薬の店先で《龍角粉》の名で細かく砕かれて売られていた化石歯からその存在が分かりました。

一本の歯を見て、それを霊長類の歯と認めること。さらに、霊長類の中でも、人間の歯と特定すること。そこには幾分想像が働きますが、やがて仮説を支えるために必要なもの全てが見つかるのです……。この場合、自然科学の中で比較解剖学がもっともしっかりしていて、説得性に富んだ科学の一つとなります。体各部のフォルムがたしかに体全体によって条件づけられているからです。往々にしてこうした解釈は困難を伴います。しかし、肉食動物の歯を取り上げることによって――たとえば臼歯のようにややこしい歯の場合――、今日の動物界なり人間界なりのありようと照らし合わせながら、化石についての解剖学的な定義を綿密に再検討できるようになるでしょう。

■進化論について

――あなたのお話は進化論を予想させますね……。告白めきますが、私自身ニューヨークの自然史博物館の一連の展示物に魅かれるものを覚えながら、《進化論》をどう受け止めるか分からないのです。

なるほど進化論には広漠とした砂浜が見られます。でも、ひとつの自明の事実には違いありません。そのことは時代を越えて互いにうまくつながった動物種に注目するという、実に単純な方法によっても確認できるでしょう。一連の進化はつねに大きな流れに乗っており、支脈も少なからず速やかに進化するのです。もっとも、進化の全貌は時間の経過と共に完成へと向かう動物のフォルムによって示されます。それだけで進化の詳細を結論づけるわけにはいきませんが、古生物学なり直接的な観察なりを用いれば、動物の進化なるものが何かしら見えてくることに気づくはずです。

――それこそがニューヨークの自然史博物館で私が強く感じたものなのです。創造の論理とでも言いましょうか……。でも、私のような凡俗にとって、そうした継続する創造というのはなかなか感じ取れません。

あなたの場合、単なる確認を越えて説明にまでいってしまっています。つまり、確認だけの立場より遥かに不安定で微妙な立場に立っているのです。一世紀以上もの長きにわたって、ダーウィニズムは科学者たちに気をもたせてきました。信奉者はその装いを新たにし[★1]、反対者はいろいろな学問を楯に拒んできたのです。しかし、たとえどのような機能を荷っているにせよ、やはり進化はありますよ。際限のない広がりをもつ古生物学は何千という証拠資料を明らかにしている。連続する層位中から象やネズミの先祖たちの遺物を提出しているのです。改めて言うまでもなく、あらゆる過渡的なフォルムがそれぞれの動物種にあるとするわけにはいきません。学ぶべきことはなお数多く残っています……。でも、環境による発生・淘汰の作用は進化のプロセスにおいて重要な意味を帯びているのです。このことはかなり前から、とくにここ四半世紀における遺伝学の進歩以来、一般に認められるところとなっています。そしてようやく、淘汰を大きく支配するものがいかなる道を辿るかが分かってきました。これはダーウィン自身の進化論同様、素朴で無垢なダーウィニズムなどではありません。彼の教説は好んで戯画化されていますが、実際の彼はそんな戯画に出てくる人物より遥かに聡明でした……。そう、それはもはや完全な謎ではなく、むしろ進化と呼ぶべきものなのです。

■ジャック・モノー

――もちろんジャック・モノーの『偶然と必然』★2（一九七〇年）はお読みになったと思いますが、それについて考えられたことなどをお聞かせ下さい。

モノーの本はそれ自体進化を槍玉にあげてはおりません。一連の定向進化★3を越えて、生物は一つながりに変化するが、そこには実は偶然軸と必然軸とがみられる、というのです。私としてもその説に異議はありません。

――彼が打ち砕こうとする考えの一つは、目的論、つまり、《テレオノミー》ですね。

私もまた目的論の信奉者とは言えません。しかし、いろいろな事物には均衡があり、この均衡は何か分からないものに条件づけられている。生物体が最初に創造されたのは、あるいは宇宙の物理的構造の偶然に起因する現象だったかもしれません。こうした仮説は宇宙的規模の謎をひたすらに排斥しようとしますが、たとえ偶然のなせる業にせよ、ともかく宇宙が形作られたものであるとの事実を完全に取り除くわけではないのです。ぎりぎりのところで言えるのは、目的性が、論理的な鎖によって自らを条件づける種々の事実の後天的な連なりにすぎない、ということです。そうした事態がこれまで持続してこられたのは、そこに何らかの秩序があるからにほかなりません。たしかに一連の現象は今はまだ我々の理解を越えたものとしてあります。でも、それは決して不可解なものではないのです。

■世界秩序と形而上学

——唯一の科学的思考とそれに基づく仮説の働きさえあれば、当座のところは間に合うのですか？　生命の起源を問わぬまま、宇宙の起源や進化について問うことは可能なのでしょうか？

遠回しにはなかなか答えにくいご質問ですね。世界の秩序を識別したり、そこに形而上学的な理性をあれこれ探したりするのは、人それぞれの勝手だと思います。これらの理性は各人の意志や選択に属しているからです。生物学者なり古生物学者なりは、ある種の形而上学的イデオロギーのために必ずしも全員が闘ってきたわけではありません。それに加担するにせよ、反対するにせよ、です。彼らの中には、自分の分野において真摯に研鑽を積み重ねながらも、ついに形而上学的なものと自らの研究との間に小さな橋を架けぬまま、姿を消してしまった者が数多くおります。誰でも上部の秩序について強い確信をもつことはできます。難問が科学的研究の発達によって撤去されているからですが、全てがそうだというのではありません。私が思うに、いかなる犠牲を払ってでも聖書的な誇張世界に再び落ち込んではなりませんし、この分野で我々が提出することのできる説明は、ほとんど一般的とは言えない通俗性にかかわっているのです。よくは分かりませんが……。自分としては、細部を明確にせぬまま世界の秩序を考える東洋の素晴らしい哲学を大いに賛美しています。

これは非常に複雑な問題でして、通俗的であるにもかかわらず複雑さを失っておりません。むしろそれは、各人が自らの生存のひとコマにおいて引き受けるべき質問とも言えるでしょう。どんな人にでも自らを正当に形而上学的な環境に位置づけたいと願う時期というのがあるものです。もし彼がそこで限度を越えてしまうと、この形而上学はやがて明らかに形而下的な骨組みのうちに置かれ、《寄せ集め》的な性格をもつ説明がいろいろみられるようになるわけです。でも、おそらくそこを通らずに先に行くことはできないでしょう。

■ニュッサの聖グレゴリウス

——あなたの身振りや手やシンボルに関する仕事の先祖を誰か一人挙げるとすれば、アリストテレスや前世紀の学者たちではなく、むしろニュッサの聖グレゴリウス（原註）［三三一〜四〇〇年］となるでしょうね……。

【原註】つまり、音楽家のごとき人物が我々のうちに言葉を生み出し、我々が互いに話せるようになるのは、実にそうした構造のおかげなのです。この特権は、口唇が肉体の要請を受けて食べ物に対する辛い重荷を荷わなければならないなら、おそらくついに我々のものとはならないでしょうが、実際は手がこれまでその重荷を引き受け、言葉のために口を解放してきたのです（ニュッサのグレゴリウス『人間創造論』、三七九年）

この一節はきわめて適切でして、一介の古生物学者にとって、垂涎の的とも言うべき魅力をもっています。グレゴリウスの言葉には私自身がこれまで言おうとしてきたことにかなり近いものがあります。でも、私と彼との間には約二〇〇〇年の時間的隔たりがあり、形而上学的な環境もまったく異なっています。

あなたが彼を択んだのは、そこに何かしら啓示めいたものが働いたためではないのですか？

——唯物論的主題を裏打ちするのに、教父を引き合いに出すのは無意味だと仰言るのですか？

私は唯物論者ではありませんので……。

グレゴリウスに限らず、孔子など他の人物も引くことはできるでしょう。その気さえあれば……。こうした引用は一種の自己撞着を明らかにする上できわめて適わしいものですよ。読者を愚弄することではなく、むしろ読者に戦いを挑むことですから。従って、引用はつねに歓迎すべきものと言えるでしょう。

――それは本来簡単であるはずの分類を混ぜ返す方法とも言えますね……。

一般的にはそうかも知れません……。

■身体器官と道具

――幾分素朴すぎるかもしれない質問ですが、もう一度進化についてお訊きします。あなたの場合、身体器官から道具へと同一の進化が見られるとお考えなのでしょうか?

これもまたなかなか難しい質問です。

実際のところ、使用される道具は取り換えのきく器官と考えられます。爪で何かを切る代わりに、私はハサミや小刀を用います。しかし、だからと言って、道具が私の爪と同じ性質をもっているわけではありません。まったく別物です。何らかの全体的な過程なるものがあり、それが特定の時に道具をして体の延長物とするのです。にもかかわらず、技術的発達が一連の生物学的成熟に何ほども同化しえなくなればなるほど、身体器官と道具との間には決して無視できないような切れ目ができてきます。

――『身ぶりと言葉』における一種のキー・ワードを次のように見定めようとするのは、著書を裏切ることになるでしょうか？ すなわち、人間的動物の直立・歩行とが手と顔＝頭部を自由にし、この自由化が脳の発達を促し、象徴化作用を強化した、というのですが……。

大体のところ私の理論の骨子に近いものと言えるでしょう。ただし、私の考えをより正確に表わすには、その骨子に少し筋肉をつけなければなりません。体全体は強く結びついたまま進化するわけでして、ある器官が他の器官の形成をひき起こしたとは言えません。しかし、そこにはどうしてもなくてはならない基本的な条件がいくつかあります。人間の場合は足の形です。類人猿の足の親指は枝渡りをする際にしっかり枝が摑めるよう、他の指に対して九〇度の角度をとっている。つまり、対極を向いているのです。跛行性である人間の親指はそうではありません。他の指と並行しているばかりでなく、構造的に足の骨格の中心部分となってもいるのです。四足歩行というのは餌物を追うにしても敵から逃げるにしても、速さという点で本質的にすぐれています。このことよりすれば、最初期のヒトが彎側親指をもっていたにもかかわらず、五本の指が全て並行する脊椎動物へとなぜ退行していったかがよく分からない。いずれにせよ、足の形や脊椎の均衡、脊椎上の頭蓋の位置、顔の小型化、歯の並び方といった条件を伴っている以上、アウストララントロプス★4が、たとえその角度が半減したとはいえ、ともかくも彎側した親指をなおもっていたとは考えにくいのです［巻頭参考図12・13］。

■人間的足の起源

数万年を越えて形作られた複雑な身体機構の中で、足の親指の問題は何よりも大切だと思います。しかし、将来のヒトの中で、この不幸な親指がどのような運命を辿るか、その彎側性はどうなるか、といったことについてはこれまでいかなる予測も立てられてきませんでした。なるほどアウストラロピテクスの祖先たちは、四足歩行をやめた最初の動物だったに違いないとされていますが、いったいどこから動物的な足が人間的なものになったかについては、よく分かっていないのです。もし私が、人間は足から始まるなどと言ったとしても、それは単なるイメージにすぎません。でも、足は人間化への決定的な条件です。足の親指が脇でぶらぶらしていては、原野を疾駆するわけにはいかないでしょう……。

霊長類の歩行法について、私はこれまでいろいろと研究してきましたが、この問題もなお未解決のままです。大型の類人猿を含む樹上棲息の霊長類たちは、猿の足をいぜんもってはいるものの、今日彼らが体重を後足にかけて何とか歩いてみせるのを見るにつけ、人間の祖先たちもあるいはそれと似た段階から始めたとの気がしないでもありません。一方、足の形は脚の長さをも決定します。両足動物と四足動物とでは、脚の骨のプロポーションや腕＝脚の長さの割合が決して同じではありません。僅かばかりの知識で言えば、どうやらアウストラロピテクスの腕は比較的短かったようです。その場合、彼らは二本足で立っていた。中途半端というのはありません。完全に両足性。さもなければ四足動物なのです。進化の観点よりみれば、そこには厄介な何かが潜んでいます。まさにこの何かが、進化器の中で軋み音をたてながら足の親指を脇に退かせて大きくし、そしてこれを他の四本の足指の傍らに沿っておとなしく鎮座させた。少なくとも半世紀前、最初期の人類はなお多少なりと他の足指から離れている親指をもっていたとされており、当時を代表する古生物学者たちはそんな理解をもって親指の問題がすでに解決していると考えていたのです。むろん、それは間違いです。たとえばネアンデルタール人の足は現代人と変わりがありませんでした。今日分かっている限りで言えば、ピテカントロプスやシナントロプスといった原人の足はそのまま我々の足でもあるのです。退行は遥か以前より見られていたわけです。とすれば、ヒトは一度たりと四足歩行をしたことがなかったのか、霊長類以前の足をもったことがなかったのか、という疑問が起こるでしょう。しかし、ここまでくると、さながら夢でも見ているようで、何ら確実なものはありません。

――禁忌の区域ですか？

言うまでもなく、研究者に想像力が欠けていればそこには何の進歩もありえないでしょう。ただ、時には立ち止まったり、あるいはとことん突き進んでいくことが必要なのです。

私が初めて後期旧石器時代の洞窟壁画における図像群のシンボリズム論を発表した時、数ヶ月後だったか、一、二年経った頃だったでしょうか、自分の唱えた体系、すなわち、馬とビゾンの対立、性的記号の対立という体系が何ら完璧ではないのでは、との不安感に襲われたものでした。でも、現在ようやくあるところまで辿り着いて分かったのは、一つの核が存続するには想像力が多少なりと溢れ出さなければならないということです。この核は今では堅固なものだと信じています。

■足の理論

——それで、ヒトの足については?

ここ数年来、私は先ほど申しました《足の理論》を幾度となく考え直してきました。自分自身にとってそれが満足のいくものでなかったからです。何か解答が見つからない限り——私にもそのチャンスが訪れない限り——、おそらくどのようにして人間が立てるようになったかは分からないでしょう。もしかしたら、人間は最初手長猿のように歩いたのでしょうか? 古いヒトの祖先として唯一考えられているのは、イタリアで出土した手長猿のような歩き方をする猿で〈オレオピテクス〉と呼ばれています。確かにその顔や頭蓋の形にはヒトと同じ特徴が見られますが、体のそれ以外の部位は異なります。たとえば両腕はかなり長く、手長猿の腕のようです。そして、樹上生活を営み、四肢を用いて徘徊するというよりは、むしろ枝渡りをして移動していたに違いありません。このオレオピテクスの場合、足は長い両腕のためにぶら下った恰好になっており、その対向する親指によってしっかり枝に摑まることができます。従って、オレオピテクスをして直立歩行をするヒトの祖先候補とするわけにはいきません。

■欲望の被造物

——ちょっと当てが外れてしまいました。私としては、あなたがご自分の理論の《骨子》と呼ばれたものを引き合いに出して、シンボルや手と言語、身ぶりと言葉の間の関係などをお訊きしようと思っていたのです。でも今日、あなたの中では手よりも足の方により関心が集まっていることを知りました……。まあ、それはそうとして、やはりシンボルについての質問だけは……。ガストン・バシュラールは例の『火の精神分析』[★5]〔一九三八年〕の中で、《人間は欲望を創造するものであっても、必要を創造するものでは断じてない》[原註]と言っていますが、これについて、あなたのお考えを伺いたいと思っています。

夢想が手を導き、欲望が道具の父であると同時に技術的行為の原動力でもあるという点について、あなたとしてはどの程度考えられるとお思いですか？　最初に丸木舟を造らせたのは夢想に他ならなかったのでは？

【原註】「どんなに時代を遡ってみようが美食の価値のほうがやはり栄養価値に優先してい

るようだ。つまり人間がその精神を発見したのは、喜びの中であって苦しみの中にではない。余剰の征服は必要の征服よりも大きい心的興奮を与える。人間は欲望を創造するものであっても、必要を創造するものでは断じてないのである」(邦訳三一一―三二頁)。

バシュラールの言葉の中には真実がかなり含まれていると思います。欲望が原動力だとのことですが、私も同感です。実際のところ、欲望が働かない限り我々は著しく人間的なことを何一つおこなわないからです。ただし、それは生物学的秩序というより、むしろ哲学的な秩序にのっとった見方にすぎません。いずれにせよ、シンボルが増大し、多様化する限りにおいて、人間は次第次第に欲望を味方に引き入れる。自らの創造欲を満足させたあとで走り出すのです。

はたして欲求もたずにいったい何ができるか、私には分かりません。目的を実現する欲望や何かをおこなおうとする欲望。これは生身の人間がもつ特性の一つです。たとえばピテカントロプスは、その必要がなければついに石を加工することができなかったはずですし、こうして作られた石器に対し、望み通りの美しさと規則性とを兼ね備えた形も与えられなかったに違いありません。ここで言うピテカントロプスとは、まだ一切が実現しているとは言い難い人間段階にありながら、少なくとも現代人につながる線上にいるものを指します。もし彼らが道具を作ろうという欲望をもち合わせていなかったなら、もろもろの欲求は決して満たされなかったでしょう。またこの欲望なしでは、左右対称でバランスのとれた恰好のよい道具を得ることもできなかったでしょう。

パラドックスはもう一つあります。今では当時のヒトが知的レベルとまではいかないにしても、肉体的レベルではかなりのところまで到達していたことが分かっています。問題はそんな彼らがなぜひどく苦労して美しい道具を作ろうとしたか、という点です。小石を打ち欠いて作った出来のよい剝片なら、手を切るほどでないにせよ、木を挽き割りする位なら十分役に立つ刃をもっていたにもかかわらず、です。これについては多くの先史学者たちが今までいろいろ注目してきました。しかし、まだ満足のいく説明はなされていない。およそ三〇万年前のアシュール期では、平均すれば人間の掌大でしょうか、大きなアーモンドの形をしたフリント製の両面加工石器が、形態上はもとより、二次加工の余地も残す製作法上でも、ほとんど完璧なものとなっています。本来実用的でさえあればよいはずのこれらの道具に、こうして規則性や審美性を盛り込む。ここにアシュール人たちの何かしらよい物を作ろうとする欲望を認めてもよいでしょう。

バシュラールの言葉は正鵠を穿っていると思います。

■自然の審美的価値

――人間の起源については二つの異なった考えがありますね。一つはウェルギリウス［前七

○—前一九〕の『農耕詩』〔前二九年〕に見えるもので、それによれば、人間は生存のために創意工夫をよくするようになった……。

いや、私としては人間の最初の創意とか生存条件とかいったものが、ユーモアの中にあったと考えたいのです。これがなければ、人間は簡単に想像できるように、ひどく惨めな生き物だったことでしょう。

——……起源に関するもう一つの異説では、人間的なものが空想や好奇心、遊戯、美しい事物への愛着、夢想力などから生まれたとしていますが……。

その全ては欲望の基礎にほかなりません。つまり、一切が《欲望》なる語に与えられた意味にかかわっているのです。しかし、私の考えよりすれば、人間が力学的な動機にひたすら駆り立てられたとする見方は、あまりにも悲観的にすぎます。自然のもつ審美的な価値を感じ取るという事実、思うにこれは古生物学上の事実であり、おそらく霊長類の出現以前から存在していたものでしょう。さまざまな動物が技術的なノウ＝ハウを身につけていた点については、数多くの証拠がありますが、明らかにそれは霊長類のとは異なる次元に属していました。たとえば、我々の祖先である猿はたいした建造物もついに建てることがありませんでした。平地におけるゴリラの巣やチンパンジーの樹上巣などは、いたって粗末な構造であり、最少限の機能しか帯びてはおりません。これを齧歯動物の巣なり、あるいは太平洋地域の一部の鳥たちが作る愛の巣の仕掛けなりと比較してみて下さい。

――あなたは美しい形状への愛着や《美的付加》について仰言いましたが、そこで私が考えますのは、四大元素や物質や労働の夢想、つまり、磨いたり、こすったり、こねたり、ひっかいたり、叩いたり、刻んだり……するという、実にいろいろな所作を伴う夢想などを取り上げた、バシュラールの一連の著書のことです。いったい、あなたとバシュラールの著作の間にはどのような関係があるのでしょうか、教えていただきたいのですが。

たしかに私は彼の著作に比較的密接にかかわっています。しかし、我々が互いに同じ言葉で語っていたとは思えませんね。たとえ同じことを語ったとしても、その口調はかなり異なっていました。何よりも彼は哲学者であり、私は生物学者なのです。

■ガストン・バシュラール

バシュラールに対しては私も大いに称賛してきましたが、個人的にさほど知っていたわけではありません。ラジオ局の廊下で時折すれ違ったことはあります。私にとって、彼は意見の交換を望んだ人物の一人です。ただ、我々の間には世代の開きがあった。これが二人の関係をより困難なものにし、またより微妙なものにもしたのです。何の含みももたせずに言いますと、我々の間にコミュニケーションがなかったのは、むしろ私の方にこそ問題があったためで、彼の方は実際は非常に人付き合いのよい人物でした。なぜ我々の関係がいわゆる世俗的な領域はなく、単に社会的な領域にとどまっていたか、よく分かりません。多少なりと意見の交換はしたこともありますが、それは実のところ立ち話の域を出ないものでした。おそらくそれは、二人の考え方に相関関係だけでなく、しばしば相異点があったためでしょう。私がいまとくに考えているのは、我々がほんの数分前に話し合ったことです。

——つまり、欲望の力と《物質についての夢想》ですね……。

ええ。彼が欲望について書いたことは、私にとってとても感動的でした。

——では、彼の科学的認識に対する考察はどうですか？　たとえば『科学的精神の形成』〔一九三八年〕[★6]をあなたはどう受け止められましたか？

だいぶ以前に読んだもので、今それについて何かあなたに言うことができません。次の対談までに読み直さなければ……。

——いや、それには及びません。ここで私は知的作業の年代記者ないし証人の役を幾分なりと勤めているわけでして、現代の知者たちの間にいかなる関係があったか知りたいだけなのですから。それは決して徒労ではないと思います。この場合、著作に必ずしも共通点がなくもないガストン・バシュラールとアンドレ・ルロワ゠グーランとが、真に出会ったことがないという事実を確認するだけでも興味深いものがあります。

そうした相関現象は学問の分野ではさほど珍しいものではありません。

——だから先日、私はマクルーハンのことを取り上げたわけでして……。

そうでしたね。そこで私は彼の仕事についてほとんど知らないと認めました。読んだことがないものですから。

第十一章　先史学・歴史学・民族学

■歴史学と先史学の境界

——歴史学と先史学との間には、どんな境界があるのですか？

建て前《アドミニストラティヴ》の境界論では、きっとがっかりされるでしょう……。でも、先史学には歴史建造物の管理当局なり発掘課なりが先史学者と考古学者との受持ち領域を分けるために、これまで敷かざるをえなかった明確な境界線があるだけです。

一方、先史学と歴史学の境界の場合も、一般的な次元で言えるのは通俗的なものとなるでしょう。ふつうおこなわれている先史、原史、歴史の各時代区分によれば、歴史時代は史料のある時代、原史時代は史料の中でこそ問題とはなるが、彼ら自身文字をもっていなかった人間集団の時代、そして先史時代は文字以前の人間集団の時代となります。この考え方からすれば、先史時代は今日でもなお我々からひどくかけ離れた生活を営む集団の中にあると言わざるをえません。

しかし、ここでひとつ重要な事実を看過してはいけません。歴史学と先史学とは同じ資料を相手にしてはいないという事実です。これら二つの学問は互いに相容れない性質の資料を抱えていますが、と同時に、相補的な性質をも帯びている。この視点は銘記しておく必要があります。

■先史学と考古学の境界

この三〇年来、私は発掘委員会《コミッション・デ・フーイユ》に属しており、今から三〇年ほど前には、先史学と考古学の境界線をどこに設けるかという大論争に立ち会っています。シャンパーニュ地方［フランス中北部］のヴィクスの墓壙から、高さ二メートルもある大きな青銅の壺が発見されたあとでした。論争は境界線を前八〇〇年に画定することで結着をみましたが、こうして問題の壺は先史学者の手を離れ、考古学者の方へと移っていきました。

――《歴史》を、たとえそのもっとも遠いところから語る時でさえも、人は誰しも当時の人々が我々の同族であるとの感情を覚えるものです。それに対して、《先史時代》なる用語はどうでしょう、危険だとは思われませんか？　この用語によって、そんな最初期の人々が我々人類の枠外に投げ出されはしませんか？

そうした《先史時代》観に対して、私としてはこれまで出来る限りの戦いをしてきたと思います。

――たしかに！　でも、用語自体がその考えを幾分なりと助長することになるのでは？

数年前ですが、形質人類学者と人類古生物学者との間に意外な出来事がもち上がりました。当時古生人類とされていた〈ホモ・ネアンデルタレンシス〉を、以後〈ホモ・サピエンス・ネアンデルタレンシス〉と呼ぼうというのです。それはまことに結構な気配りで、ネアンデルタール人を我々の身近な親戚になぞらえることによって《復権》させようとしたのです……。私も永い間その弁護をしてきましたが、今にして思えば、明らかに行き過ぎです。たしかにそれはネアンデルタール人の知的水準に対するしっかりとした理解を示すものではあります。しかし、ホモ・サピエンスとするわけには決していきません。

■民族学的類同法

――国立中央科学研究所で、あなたは《先史民族学》研究室の教授をなさっていますね……。このコレージュ・ド・フランスでも同じです。

――そこであなたは、しばしばイヌイットや南アフリカのカフラリア人たち[★1]が作った物を聴講者たちに示しながら、《太古人》の加工品に対して注意を呼びかけていますね。

民族学的類同法というのは、私にはつねに危険なものに思えてなりませんでした。たしかに他にどうしようもありませんが、肝心なのは、一定の枠の中に落ち込まないよう、十分な想像力を働かせることでしょう。つまり民族学的類同法は厳しい吟味を受けなければならないのです。ところがこれまでは、先史時代人たちの生活や思想を再構成する際に、明らかに彼らが生きたものとは異なる要素をいろいろ組み込んでしまった。《先史時代》が三〇〇万年にわたるイメージであればあるほど、そして、人間の多様性が、たとえばピテカントロプスとクロ＝マニョン人とを同一の水準で扱うわけにはいかないようなものであればあるほど、より一層の慎重さが不可欠となるのです。

■先史民族学

――では、《先史民族学》に期待すべきものとは何なのでしょうか？

私が試みてきたのは、人間の多様な物質的営為の中に存続し、なおかつ思想の領分内にも組み込められるようなものの上に基づいて、《先史民族学》を作り上げることでした。そこで私はあるひとつの視点から……そう《世俗的》というか具体的というか、ともかくそんな視点から出立しました。たとえば発掘技術からです。歴史学者なら文献資料から何かしら構築することができます。でも、我々の資料は地中に埋まっている各種の道具や芸術品、その他もろもろのオブジェばかりでなく、これらのオブジェの埋納状態によっても構成されているのです。だから私は、たとえほとんど無価値なものであれ、埋納品をあくまで細心な発掘技術を駆使して見つけ出そうと試みてきました。三〇年ほど前には二次的なものとされていたこの発掘を、私はなんら不可解さをもたぬ技術によって、人間自身が死んだのちも地中に残存した手掛かりを、どんな小さなものでも見逃すまいとする技術によって、発掘を基本的な行為に、そう、遺物資料の解読行為に格上げしようとしたのです。

——いま、あなたはいみじくも《我々の資料》とか《遺物資料の解読》とか仰言いましたが、先史学から記号論へという関係は、民族学へという関係ほど基本的ではないのでしょうか？　ジョルジュ・ムーナンの『記号論入門』★2〔一九七〇年〕を読み返してみて、彼があなたととても近いものに関心を抱いているのに驚きました。たとえばブレジョンの仕事は技術的な事物の命名に関するものですね……。

ムーナンの本は大変な評判をとりましたね。おそらく四版を数えているはずです。

——彼はまず語彙論の問題を取り上げています。有用なフォルムの意味を理解するには、その用法や機能を知らなければならないと。

当然ですね。

■日常的営為の発掘

——それから彼は、あなたが神話文字《ミトグラム》について仰言ったことや、必ずしも意味論が把握されているとは言い難いその統辞法についても触れています。私としてはあなたが目下先史学の方で記号の解読作業をなさっていることを忘れているわけではありませんが、ムーナンのそうした指摘に基づいて、先史と記号論との関係について改めて何かお話を伺えれば……。

長い間、私は知らぬ間に記号論をやってきました。むしろ必然的にそちらへ向かっていったのです。先史学的な資料を歴史的な資料と同様に取り扱うわけにはいきません。先ほども申しましたが、文字資料がない以上、先史学の資料はそれとは異なったものとならざるをえません。ひとつ例をとってみましょう。そう、十五世紀ないし十八世紀というかなり新しい時代でも構いません。当時の農村の住居址を細心の注意を払って発掘しますと、文字資料以外の遺物がいろいろ収集できますね。考古学者や先史学者の資料は、そうした文字資料とは明らかに趣きを異にします。たしかにこれまで古典考古学は誤解を受けてきました。古代ギリシアやエジプトの歴史に興味を寄せる考古学者にとって、地面を掘って文字なり碑文なりを見つけ出すことが最大の関心事である、といった誤解が一部にあったのです。でも、その民族学的意味において言えば、考古学は決してそうしたものではありません。地面を掘るのは碑文を見つけるためではなく――いや、見つかれば素晴らしいことですが――、むしろ素晴らしい日常的営為の痕跡を探すためなのです。

もうひとつ例をとりましょう。古代ギリシア・ローマにかんする読み物には全体としてさまざまな文献や碑文が数多く引かれ、それによって当時は動物の供犠がごく一般的におこなわれていたと言えるまでになっています。だとすれば、デルフォイを初めとする大神殿には犠牲獣の残滓が棄てられた穴が、神殿の重要な一角を占めているはずです。しかし、この聖なる屠殺場とでも言うべき穴について、これまで何か分かっているでしょうか？実はほとんど知られていない。もちろんそうした場所を発掘しなかったわけではありません。発掘しても、取るに足らないと思える物をことごとく棄ててしまったためです。ギリシアやラテン世界の動物遺物が総じて発掘者たちの関心を引くようになったのは、ほんのここ数年のことにすぎません。他の人たち同様、私もまたこのような風潮に三〇年来警鐘を鳴らしてきました。でも、残念ながら、日常生活にかかわる資料は無視され続けてきたのです。

私がふつう考えているのは、まず一メートル四方のグリッドを注意深く発掘し、遺物なり先史人たちの生活の痕跡なりをできる限りの方法を用いて収集するということです。たとえ一メートル四方の発掘でも、これを徹底的におこなえば、不十分な方法で一〇〇メートル四方の発掘をおこなう以上の成果が挙げられるはずです。古代史家たちの碑文研究のあおりを受けて、どうやら考古学は一方で歴史を明らかにし、他方で人間の生活を明らかにするという本来の目的から、これまで多少なりと逸脱してきたようです。

■記号論と先史学

――お話ではそうと知らずに記号論をなさってきたとのことですが、ついにそれを知る時代がきたわけですね。ここ数年来、人文科学の分野でも、記号論はもっとも盛り上がりを見せている学問の一つとなっています。この盛り上がりは、先史学者の仕事にどのような影響を与えているのでしょうか?

私の知る限り、記号論に魅かれている先史学者はごく少ないと思います。おそらく洞窟壁画の夥しい数の抽象的図像に何がしかの意味を与えようとしたのは、私が最初ではないですか。実際、先史学者たちがこれらの記号群を前にして、その存在が問いかける基本的な問題を半世紀以上も自分に引きつけずにいられたというのは驚きです。しかし、前世紀末から、彼らは屋舎型《テクティフォルム》[巻頭参考図5下段左]や棍棒型《クラヴィフォルム》[同下段右端]といった記号について語るようになりました。もっともそれは、簡単な説明で片付けて満足しようという程度でした。今から約二五年前、私が記号図像に興味を抱くまでは、このテーマに関する包括的な研究は皆無というありさまだったのです。

■動物表象の記号性

――あなたはこれまで記号図像に興味を抱いてこられたわけですが、おそらく最初は図像群のシステムや配置、それに図像相互の関係などに関心をもたれたのでは?

その通りです。これは現在いろいろな角度から、とりわけ統計学的分析によって解明が試みられている大きな問題です。

旧石器時代人の考えがどう発展していったかを知るために私が長年かかわっている学問

や方法は、あくまでも経験論的なものです。たとえば私は各地の洞窟の見取図を作り、壁画の分布地図も作成しました。これによって、洞窟それ自体とさまざまな壁画の表現場所との間に何がしかの関係があるのではないか、そう思うようになったのです。そして、この方法のおかげで、動物図像の壁画面やそれに隣り合った褶壁部、あるいは孤立したような側洞で見つかった記号を含む各種の図像が、いったいどれほどの重要性を帯びているかが無意識裡に理解できるようになりました。私がはっきりと認識しているのは、旧石器時代芸術の二万年におよぶ時間と、ウラル地方から大西洋岸にまで分布する広大な空間の中で、その表現形態と意味内容とが実に大きな変様を示している、ということです。

すでにお話しましたように、この分野での私の最初の経験は一九三四年ないし三五年頃ですが、そこで私は『北ユーラシアの比較芸術資料』という小著を書き、最近の民衆芸術、とくに樹木から鳥へと至る一連のテーマについて分析しておきました［巻頭参考図9参照］。これはたとえばスラヴ地方の刺繡などにもしばしば登場するモチーフです。と同時に、他の地方でも見られますし、必ずしも衣服の装飾だけに限られているわけでもない。もうひとつのかなり面白いテーマは、草食動物を倒す獣を打ちのめす鳥というものです［巻頭参考図8参照］。このテーマはさらに人間が付け加えられて、少なくとも五〜六千年を越えて現在まで伝わっている。たとえばツタンカーメンの墓には、体はライオン、頭は人間という恰好のファラオが、滑翔する鷹を王冠に戴いて描かれている絵があります。この場合、ライオンは打ち負かされるべき敵を形象化した牛を圧倒していますが、これと同じ三角構造《トリアード》は福音書史家と結びつけられた動物像にも見られます。すなわち、鷲はヨハネ、ライオンはマルコ、牛はルカといったようにです。

私はこれら多様なテーマをシュメール期から前世紀まで、ペルーからヨーロッパまでの各地に分布する二万五〇〇〇点の文献について調べ上げました。私の三動物を巡るテーマの研究はこうして始まったわけです。それは自分にとって大変貴重な経験でした。というのも、これによってテーマ自体の統一性、つまり、何千年にもわたっていろいろな場面に現われる神話文字の統一性と、たとえば例のツタンカーメンの物語のような、文字を介して今日に伝わる内容とを同時に峻別できるようになったからです。そして、いまでは鳥類・猫科・反芻という三種類の動物の表現が言外にどのような考えを含んでいるかが分かるまでになっています。中央アジアの芸術の中で、このテーマがいかなる意味をもっているかについても多少分かっております。福音書のシンボリズムは言うまでもありません……。ただ、この三重のシンボルは文明ごとに一見異なった意味づけがなされており、たとえ同じ容器であっても、中味の方は極端なまでに多様化した意味をもつ場合もあります。たとえば、それを美徳を打ち倒す悪徳ととったり、反対に悪徳を倒す美徳ととる。あるいは物質に対する精神の勝利とみる、といった具合にです……。

ずっとのちになって私が旧石器時代芸術の問題に取り組んだ時、いくつかのシンボル結合の恒久性と未知の、おそらく永遠に知られざる部分、つまりさまざまな表現に結びついたイデオロギーといったものを同時に考えたのは、実はこの芸術のもつ柔軟性、そう、主要なテーマにみられる多義性のためなのです。ただし、ここでいうイデオロギーとは決して包括的なものでなく、それぞれの時代と場所とに適応したものを指します。だからこそ、ラスコーとアルタミラ[★3]のテーマがどこまでもパラレルな関係にあるとしても、それが同じイデオロギー的な現実を示しているかどうか分からないのです。今まで往々にして看過されてきた問題の一端が実はここにあります。

■洞窟壁画のパターン

——あなたは洞窟の壁面や現実の空間に描かれた図像間の関係を明らかにされましたが、あえてお訊きしたいのは、建築や造形や文字は「感覚」を共通の基盤としているのか、もしそうなら、この感覚なるものは行為や空間観と相俟って自らの整合や方向づけを始めるのか、ということです。

洞窟がほとんど芝居がかっていると言えるほど壮大なありようを見せている場合、旧石器時代人たちは折角の機会……を放っておいたりはしませんでした。壁画洞窟は非常に異なった形態をとっていますが、その地質形成や《凝固作用》には多少なりと定数があり、これらが洞窟の多様性をいくつかの型に減らしてくれるのです。通常、洞窟は勾配のある小径程度から教会堂の規模にまで至る壁画廊や通廊などからなっていますが、稀には壁面の起伏が広々とした空間を構成して、部屋のようになっている場合もあります。このような自然の造形が完璧さの極みにあるラスコーでは、旧石器時代人たちがその彩色画や線刻画を洞窟の形状とマッチした箇所に描いたと思われます。ラスコーの場合、そうした箇所が全体としてひとつの記念碑的な配合をとっていますが、レ・ゼジーのレ・コンバレル洞窟[★4]では通廊状の小洞に、スペイン北部のカンダモ洞窟では巨大な滝や天井から躍るように下りた何本もの鍾乳石と、高さ一〇メートルもの石筍などを含む広大な洞室に、それぞれ壁画が見られます。カンダモの場合、全体的にいえば、彩色画や線刻画の描かれているのは何面かある壁面のうちの三ないし四面で、残りはごつごつした凝結物からできています。

旧石器時代人たちはこうした壁面の起伏を利用して、想像しうる限りでもっとも幻想的な図像の一つを描いたのです。たとえばそこでは、動物図像は壁龕の中にかなり目立った手法で描かれており、大石筍には小皿大のオーカー斑が何列も平行な列をなしながら、それぞれ数十センチメートルの間隔を保ったまま天井まで並んでいます。この装飾の意味はかなりはっきりしています。一方、ラスコーにおいても、図像群を構成するリズムにはきわめて明確なものがあります。誰よりもラスコーのことを知り抜いていたグローリィ神父[★5]は、これらの図像をリストアップし、はっきりそうと気付かぬまま、旧石器時代人と同じような仕方で洞窟を区分しました。ラスコーの場合、顕著なのは洞窟の中央部分で、そこにはA・B群の動物像、すなわち、馬やビゾンないしオーロックスといった反芻動物に代表される動物像が描かれています。副次的な動物像の存在は、グローリィ神父が六つに区分した洞窟各部の入口や出口、つまり端部に見られる鹿や野生山羊によって強調されています。

■動物図像・記号群の象徴的組み合わせ

グローリィ神父からだいぶ経って、私は自分の経験に基づきつつ、動物図像や記号群の象徴的な組み合わせが一定となっていることを示す一種のモデルを作りました。

問題は洞窟をその全体においてとらえるか、それともつねに洞廊状の部分からなるものととらえるか、という二つのアプローチです。後者の場合、一連の洞窟は互いに狭隘な通廊によって隔てられており、そこでは図像は一見何ら有機的な構成をなしてはいないように思われます。しかし、それは決してやみくもに、というわけではなく、一応の配置があります。すなわち、馬やビゾンやオーロックスなどのA・B動物群は一般に中央部に、野生山羊や鹿のC動物群は通廊部を占める――とりわけラスコーではそれが顕著――といった具合にです。

次に、図像の頻出度から見ていくと、たとえばビゾンと馬とが優先している事実に突き当たります。むろんそれは理想的な洞窟について言えるわけですが……。ここであなたに知ってもらいたいのは、そうした図像間の関係が一枚の壁画面に集約的に表わされているのではないか、ということです。実際、利用可能な壁面が一面しかなく、残りは図像がないか、あったとしても全体的な図像表現と直接何の関係もないような場合、壁画面の中央部はA・B群に属する動物が描かれています。ただ、そこにはあらゆる種類の計算が働いており、アルタミラ洞窟の天井のように、一頭の馬に数頭のビゾンが配されている例や、逆にバスク地方エケム洞窟の主洞のように、一頭のビゾンに数頭の馬が配されている例があります。つまり、親縁ないし補完的関係にある動物種が壁画面を互いに分かち合っているのです。一方、鹿の図像は画面の一番端にほぼ決まって描かれているようです。また、ブルイユ神父がすでに指摘しているように、犀や猫科動物などの図像は、多少なりと他から引き離されたかたちで、しばしば洞奥部の壁面に見られます。

こうしたことからして、さまざまな動物像を幾分放射状に配置するところに神話文字の構成が認められる、という点に関してはおそらく疑問の余地はないでしょう。というのも、単にラスコーばかりでなく、トロワ゠フレールやアルタミラ、ルーフィニャックなどをはじめとする数多くの壁画面をもつあらゆる洞窟において、同様の図像配置がつねに見られるからです。★6

■アネット・アンプレール

——この辺りで、あなたの研究と故アネット・ラマン＝アンプレール女史（一九一七—七七）の研究とが互いに別々の途を辿りながら、同様の結論に達したことを想起しておいた方がよいと思うのですが……。

私がアネット・アンプレールを知ったのはかなり昔で、そう、彼女が博士論文の指導を私に依頼してきた時です。今でもはっきりと彼女がそのために私の家にやってきた日のことを覚えていますよ。我々はまず彼女の論文について話し出したのですが、それから突然、どちらともなく黙り込んでしまいました。当時、彼女はラスコーを、私の方はル・ポルテル洞窟[★7]の調査をそれぞれやっていたため、互いにどう仕様もなく話が並行してしまうと気づいたのです。結局、私は彼女の論文指導を引き受ける腹を決めたのですが、以後、私かそれについて何かを云々することはありませんでした。彼女の方も同様でした。ただ、論文の公開審査[★8]の席上で、私は手元の論文をめくりながら、二人の考えがいくつかの点で一致をみていないが、基本的な動物の問題については合意がなっていることを報告しておきました。こうした状態はそれから約二〇年間続いたでしょうか。たしかに、我々はつねに意見が一致していたわけではありません。でも、馬＝ビゾン、馬＝オーロックスという二項対立の考えを私に吹き込んでくれたのは、実は彼女だったのです。もっとも、この点に関する彼女の解釈はそれほど明快ではありませんでした。ビゾンを雄、馬を雌とみなしていたようです。のちに彼女は、私から見ればもっとはるかに実り多いと思われる観点を自分に引きつけたにもかかわらず、どうやらそれをあまりにも明確にしすぎてしまった。目に見える事実から、図式化を急ぐことが必ずしも得策ではないような理論へと走ってしまったのです。すなわち、ビゾン族と馬族といった具合に、一対の動物図像を同族婚の枠に入れて、そこに社会集団の表現を見ようとしたのです。これはいかにももっともらしい説であり、ある程度民族学的類同にも基づいているようでもあります。しかし、はたして旧石器時代人たちは単に二つの集団にのみ分かれていただけなのか、疑問なしとはしません。いずれにせよ、そこに双分制に関するきわめて重要な考えが潜んでいることは確かでしょう。

■馬＝牛科動物の二項対立的表現と第三の要素

――ビゾンと馬の対合を取上げる際、マルセル・グラネが示したような陰陽の対合は考えられませんか？　つまり、男と女とが一年中一緒に暮らしていたわけではない古代中国の生活様式を、そこにダブらせるわけにはいかないのでしょうか？

それは私がやっている比較の一つです。もちろん二項対立を確固たるものとか普遍的なものとか見ているわけではありませんが、実際、これは旧石器時代の図像群に重ね合わせうる図式ではあります。ただ、たとえ大型反芻動物＝馬の二項対立が道教精神の表現であり、陰陽の図式と類似性をもつということが容易に想像できるとしても、幾分なりと周縁部に集中して描かれた野生山羊やマンモス、鹿などといった親縁ないし補完的な動物の役割についてはよく分からないのです……。解釈はいく通りかできるでしょう。たとえばそれを《第三の要素》として、数多くの宗教的概念における活力要素とする解釈です。もっとも、この要素は必ずしも望ましいものとは言えず、アダムとイヴの神話に出てくる蛇の役割しか荷わないこともあります。

――『先史時代の宗教と芸術』の序文で、あなたは《(人間が宗教的存在であるとも知らずに)他の天体から地球に降り立った知的な生物》《知的ではあるが、我々とは何の伝達手段ももたぬ》生物を想定していますね。そして、彼が《あちこちの教会を訪れて、ヨーロッパ人の宗教性を研究した》として、次のように書いています。《彼はそこで、小羊やロバや牛をはじめとして、拷問にあったり、鞭打たれたり、傷を負ったり、死に瀕したりしている数多くの人物像が、墓石に刻まれているのを見るはずである。その際、彼はキリスト教思想についていかなるイメージを抱くだろうか。どうすれば彼はいろいろな表現のもつ一見だまされやすい表層から、その奥にある観念の神秘的な深みにまで辿り着けるのだろうか。ラスコー洞窟についても、また然りである。他の星からの訪問者は、剣に貫かれたキリスト教の小羊と槍を受けたビゾンとを、いかにして観念的に識別するのだろうか》。

一方、パノフスキー[★9]はその『イコノロジー研究』の中で、《我々が例に取り上げておいたオーストラリアの先住民たちには、おそらく最後の晩餐の主題が理解できないだろう。彼らにとって示唆的なのは、張りつめた雰囲気の中での食事に託された想念ではなく、むしろそれ以外のものである。つまり、絵のもつ図像学的意味を理解するには、福音書の内容に慣れ親しむことが肝要なのである。一方、聖書の話や、ほどほどに「教養」のある者なら誰でも知っているような、歴史的ないし神話的情景以外の「主題」が表現されている場合、我々全ての運命はオーストラリア先住民のそれと何ら択ぶところがない》と述べています。あなたが先史絵画についてなさっている研究は、それが意味論の不可能な、そう、意味を明らかに把握しえないような記号を体系化したり、統辞法を樹ち立てたりする限りにおいて、一種の《構造主義》ないしは《構造主義的》方法と図像学との間に位置づけうると思われます。ちなみに、パノフスキーはこの図像学について《そのフォルムとは対照的に、芸術作品の主題なり意味なりにかかわる芸術史の一分野》と書いていますね。

私の研究がそうした位置を占めるというのはよく分かります。

――でも、パノフスキーの著作や考え方はあなたの仕事にプラスになったのですか？

美学や意味論の分野はあまり調べているわけではなく、パノフスキーも私にとってはほとんど未知の著者の一人です。

……それはともかく、私はアメリカ再発見のためにかなりの時間を費してきました。そして、その研究のおかげであるところまで到達しえた。私にとって非常に幸いだったのは、こうしてアメリカが自分の航跡の端にあるという事実なのです。自分の判断しうる限りで言えば、そこでは出会いがとても印象的なものとしてあります。

■旧石器時代的統辞法

――あなたの仕事の中で、《図像学》と《記号論》とは分かち難く結びついている……。

図像や記号の場合、問題となるのは要素間にさまざまな関係の《モデル》を作ることです。そのいずれの場合でも、私が導き出したモデルは同じものです。すなわち、二元論的な動物群には《第三の動物》を、同じく二元論的な記号群には《第三の記号》をそれぞれつけ加えなければなりません。おそらく《旧石器時代的統辞法》なるものは可能でしょう……。ただ、これらの図像や記号のもつ意味を知るのは、たとえ不可能ではないまでも、かなりの困難を伴います。

洞窟壁面に描かれた記号群についての考察から摘出できる最初の証拠は、それが普遍的な構成をとっている、ということです。図状記号は垂直・正中軸に沿った二つの左右対称な要素からできています。こうしたモデルにはいろいろヴァリエーションが見られますが、《抽象的記号群》の存在は広大な文化ゾーン、つまり、そのイデオロギーが明らかに共通

レ・ゼジー遠景（蔵持撮影）

の象徴的な基盤を提供していた文化ゾーンなるものを想定させずにはおかない、統一的な図像学上の伝統を示しているのです。しかし、共同体とアイデンティティとは必ずしも同一ではなく、そこに認められる相違は、言うまでもなく地域的な伝統が長い時間をかけて成熟していったことを物語っているわけです……。出土品はいずれも旅をしていまして、たとえば槍の穂先や孔あき棒などはそこから独創性を抽出するのは容易ではありません。反対に、これらの出土品は伝播や異なる人間集団間の接触を特徴づける上で実に貴重なものでもあります。したがって、スペイン北部アストリア地方のティト・ブスティーヨ洞窟★[10]から、五〇〇キロメートル以上も離れたドルドーニュ地方のラ・マドレーヌ遺跡★[11]で遥か昔に知られていたような装飾をもつ孔あき棒が出土したとしても、何ら驚くことではないのです。大西洋と地中海のほぼ中間点にあるピレネーの遺跡〔三〇三頁参照〕から、舌平目を象《かた》った骨製の垂飾品が見つかったとしても、然りです。

　しかし、洞窟壁面に描かれた記号群の場合、事情はまったく異なります。これらの抽象的で不可思議な図形は曰く言い難い性質を帯びており、地域集団のごく限られた枠内で発達しました。周知のように、一部の記号群はレ・ゼジーから一〇キロメートル内外のところでしか見られませんし、他のものも三〇ないし四〇キロメートル以上は拡がっておりません。結局、洞窟内の記号群は人間がほぼ一日かけて歩ける地理的範囲に集まっているのです。そうした記号群は外部の人々の目に触れる機会がほとんどなく、それゆえ比較的狭い地域を占めていたと思われる部族の性格をのちのちまで維持し続けました。記号の形態としては《テクティフォルム》(屋舎型。フォン゠ド゠ゴーム、レ・コンバレル、ベルニファル[★12]、ルーフィニャック)、《アルバトロス》(阿呆鳥型。クーニャック[★13]、ペック゠メルル)、それに棍棒状の《クラヴィフォルム》[エル・ピンダル]があり、それぞれに対応する部族の存在を想定させます。

一方、動物図像の分析、すなわち、その様式や構図の分析によって、地域のありようがある程度抽出できますが、これは記号群の分析から得たデータを裏打ちしてくれます。たとえばレ・ゼジー付近の少なくとも四ヶ所の洞窟[★14]では、第三の動物としてのマンモス像とテクティフォルムが描かれており、制作者たちの出自について正確に物語ってくれます。

■抽象的記号゠性器表現

――一九五八年にあなたは壁面記号についてある仮説を立てられましたね……。

ええ。当時、私は記号のうちでもっとも抽象的な形状をもつものが男女の性器表現に由来しているということを、何とか立証したいと思っていたのです。あるいくつかの事例では、実際に、写実的な表現が見られますので。ただし、旧石器時代芸術にはいわゆるエロチシズムはありません。ロシア北部の岩面線刻や、はっきりとした写実的な情景を描いたと思われるサハラの岩壁画などとは異なります。社会心理学的次元では、旧石器時代人、少なくともいくつかの集団に属する彼らは、性的な表現に関して禁欲的な態度をとっていました。そして、この禁欲こそが彼らをして説明不可能な形態学的シンボルへと導いていったのです。これさえ確証できれば、当然の帰結として、図像群の象徴的な配置がかなりしっかりとした骨組みをもっていることが分かります。記号群と動物図像群の関係は、そんな単純な目を向けるだけで説明がつきます。

なるほど動物図像の場合は、視覚的に多少なりと正確さを欠いてはいますが、つねに綜合ないし分析的特徴を帯びているわけです。もとより幾何学的記号の制作時代と動物図像のそれを分けるのは不可能です。せいぜい言えるのは、旧石器時代の壁画芸術が、一方では写実的、他方では抽象的という二通りのシンボルからなっているということぐらいでしょう。まさにこれこそが、時代的にもっとも《原初的な《プリミティブ》》壁画芸術が単なる獲物の展示などではなく、すでにかなりの程度まで発達した思想的骨組みを具現している事実を立証するものの一つにほかなりません。洞窟壁画とは一種の動物図像集であり、決して呪術的な食料貯蔵庫などではないのです。もう一つの証拠は、ラスコーの動物図像群の中にトナカ

抽象的記号の三型態

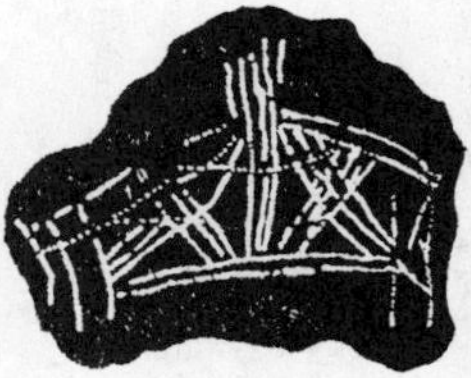

a.

b.

c.

第１章★２の参照図《記号の年代的・地理的分布》参照。本文にあるテクティフォルム(a)は56〜58、アルバトロス(b)――この名称は本書において初めてルロワ＝グーランが使ったもので、それまでは《アコラード》(括弧型）と呼んでいた――は38〜47、クラヴィフォルム(c)は34〜37、49〜52、59〜61に相当する。なお、彼はテクティフォルムが形態的にはカンタブリア（スペイン）・グループの《アコラード》と近似しており、後者は矩形記号（11〜16、20〜25）からクラヴィフォルムへの移行型だと考えている（*Préhistoire de l'art occidental*, pp. 142－43)。

イ像がまったくないことです――ただ一例だけ、それらしきものは見られますが。旧石器時代人にとって、トナカイとはいわば日々の糧でして、本当なら当然宗教的性格を帯びた諸々の表現にきわめて根強く結びついていて然るべきなのに、一頭たりとも描かれていないのですよ。

■点列と星形の記号

――奥洞部によく見かける点列はどう解釈すればよいのでしょうか? 利用可能な顔料によって、赤や黒の点となっていますが……。

点列のリズムは一定しておりません。たとえばラスコーの場合、七つの点からなるグループがいくつかあります。もっとも奥まったところにある猫科動物の洞廊の端はもはや入ることができませんが、ここに実は二つずつ対になった六つの点列があります。また『井』の奥に描かれた犀の尻尾の下にも、まったく同様の点列が見られる。これを単なる偶然に帰するには、事例があまりに多すぎます。

――七つの点からなる列について、アメリカとソ連の研究者は共々にこれが暦ではないかとの仮説を立てていますが……。

彼らは七点列を多数模写していますね。旧石器時代の芸術ばかりでなく、最近のシベリア人たちの日用品やシャーマンの太鼓などからです。他によく知られているところでは、七本の枝をもつ太陽や月、七つの海における七尾の魚などがあります……。シベリアには少なくとも半世紀前まで生きていた神話がそっくり残っていますが、旧石器時代の洞窟壁画の場合、七という数字が当時の人々の信仰の中でどのような役割を演じていたか、立証してくれそうなものは何一つありません。

——ラスコーの随所に見られる星形の記号はどうですか？［巻頭参考図14参照］

この記号は、完全な形では、放射状に拡がった六本の線からなっています。それぞれの線は他の一本ないし複数の線と結びついたり離れたりして、異なった形をとるのかも知れません。でも、いまのところはそんな一風変わった操作が何を意味するかは分からない。旧石器時代人たちがこれらの記号を拾い読みしていた、つまり、あちこちにあるこうした記号から何かを読み取ったのでは、との気もしないではありませんが、ではそれはいったい何なのか？　分かりません。たとえば前脚を点列で表わした馬か？　言って言えないことはありません。そう解釈した人も何人かいるにはいました。いずれにせよ、それはある実体ないし何かしら精神的なものを示していたと思われます。でも、なぜ一方で七個、他方で一四個の斑点が五個の点列と結びついて一種の鉤形を作っているのか？　どうも私は、自分が窓ガラスで頭をぶち割る蠅であるような気がしてなりません。たえず見えない壁に遮られているのです。これはまさに真実を求める歴史家の状況ですよ。難しいものですね、解釈というのは……。

■文字形成の諸段階

――あなたの仰言った斑点なり星形図形なりは、文字の最初ではないのでしょうか？

私としては旧石器時代を語りながら文字のことを云々するのを自制しています。でも、ある意味で、たしかにそれは文字のようでもあります。かつてこれらの図像は人々の間で読まれていたはずです。ただし、それは神話文字であって、表意文字や絵文字ではありません。文字と言い切れなくもないのですが、あくまでもふつう我々が意味するところの《文字》、すなわち、さまざまなシンボルの線的表現を含む文字とするわけにはいかないでしょう。

この文字の問題について、私はずっと考えています。おそらくそれはもっとも理解度の浅いテーマの一つだと思います。ただ私としては、文字がシンボルの線的表現によって初めて特徴づけられる、そう、旧石器時代について言えば、空間的に理解しうるものを時間的に伝えるという事実から出発しているのです。こうした線的表現は各地の社会でかなりのちになって――すでに形成された文字の直接的な影響下で――出現したにすぎません。そこで私は、まったく異なる二通りのプロセスを想定することにしました。神話文字と表意文字というプロセスと、アルファベット文字というプロセスです。そして、この中間期に絵画書法《ピクトグラフィ》を想定してみるのです。もっとも、絵画書法には二つの可能性が考えられます。

たとえば狩猟者とその獲物を表現するような絵文字《ピクトグラム》には線的性格が見られません。しかし、継続的な行為を一本の線に沿って表現する場合、それは線的表現の絵文字と言えるでしょう。その限りにおいて、絵画書法とは文字表現なのです。旧石器時代人たちは実際上絵文字を知らなかった。線的絵文字についてはなおさらのことです。

ここ数年間、私は旧石器時代の芸術の中に、神話文字から絵文字へと移る際の手掛かりとなるべきものを探してきましたが、実は絵文字的要素がごく僅かしかない。それには我ながら驚きました。ただ、ラスコーの『井』と呼ばれる一隅には、人物が傷を負った一頭のビゾンによって斃されている情景があります。これなどはシンボルがいかなる性格を帯びていようと、一個の絵文字にほかなりません。絵画書法的表現というわけです。同様のものは他に三ないし四例見られます。その一方で、私は動物表現もまた絵画書法的側面を控え目に表わしていると確信しています。たとえばアルタミラ洞窟のビゾン群像ですが、これらは自分の尿で湿らせた埃の中を転げ回り、それから軀を木にこすらせて自分のテリトリーを示そうとしている。明らかに絵画書法的事例と言えるでしょう。さらに、ビゾン群の前で立ち上がっている数頭の馬は、いかにも一頭の牝馬にのしかかるかのようで、これなども絵画書法の恰好の事例と考えられます。ただし、そこには叙述的な継がりがなく、文字とは呼べません。

――以前ある女性先史学者が私に文字が冶金術に起因すると断言したことがあります。鍛冶師たちは合金の割合を正確に記録しておこうとした、と言うのですが……。

少しばかりファンタスティックな仮説ですね。確実なのは最初期の文字がつねに系譜ないし計算にかかわっていたことです。この限りで言えば、あなたの言われた仮説にも符合するわけです。でも、合金の割合を記録するのがそれほど重要だったとは思えません。無文字集団なり無筆者を数多く抱えた文明なりにも冶金師が存在しているからです。たとえば三〇年前、アフリカのある鍛冶師は読み書きができなくても完璧に合金をおこなっていました。中近東で知られている最古の文字は初め王名帳や帳簿に捧げられ、のちにこれに肉付けが施されたのです。つまり、最初期の文字は、何よりも王や神々を称賛したり、聖堂や王宮の簿記に用いられていたのであり、その痕跡を旧石器時代に求めるわけにはいきません。

——世界の線形図像や文字以前の人物像について何か云々する時、あなたの問には何がしかの郷愁が認められるように思えます。

ご承知のように、私はかなり昔に中国語の学位をとり、大いに漢字を称えてもきました。この文字は自分の周りに不確かなオーラを残しています。しかし……漢字を読めば、ふつうはまずその全体的な意味が摑めます。そして、さらにそれを分析していけば、木とか葉、女、動物とかいった、漢字をとり巻く世界全体までが明らかになります。そう……、ただ密度の濃い文字や背景なり大きな寸法なりをもった文字というのは、非常に数が少ない。

こうした意味で、漢字はほとんど唯一の事例と呼べるでしょう。象形文字について言えば、これは一線に並べられた一種の神話文字で、その線的配置はそれぞれ表意法的な連鎖環をなしていますが、自らのうちに小世界を構成してもいるのです。

第十二章　パンスヴァンにて

■パンスヴァンの幸運

一九六四年五月のある朝、ブルドーザーがちょうどあの辺りを掘り返している時でした。幸運にものちに《一号住居址》となる遺構の端につき当たった。数日経ってからそれを知らされたミッシェル・ブレジョン[★1]は、早速発掘チームを組織し、現地に赴きました。それと軌を一にして、ほとんど奇蹟としか呼べそうにないことが起きました。考古学的層位を約一平方メートルえぐったところで、ブルドーザーが故障してしまったのです。知事と所轄官庁が、開発を停止させるための方策を講じるまでにさほどの時間はかかりませんでした。遺物の発掘収集の方はそれから少しあとに、つまり、一号住居址が遥かに大規模な遺構の一部にすぎないことを確認してから始まりました。三〇年間における砂や礫の除去作業によって、中世以前および前期の二つの墓壙やガロ＝ロマン（ガリア＝ローマ）時代の数基の建造物が破壊され、青銅・新石器時代の無数の墓地が消滅してしまいました。さらに由々しきことに、およそ一〇基のマドレーヌ期の住居址までが破壊されてしまった。こうしていろいろ不運につきまとわれたのですが、ともかくこの採砂場がパンスヴァンの考古学遺跡となったのです。

一九六四年以来、我々は年に二度ここの調査をおこないました。発掘メンバーがおのおの自分の年間スケジュールの一部を振り向けることにしていましたので、それ以上の回数は無理でした。我々のチームは一〇〜一五人の研究者と、ほぼ同数の実習生とからなっていたのですが、後者のうちの約三分の一は外国人でした。ブルドーザーならほんの数分で消滅させてしまうものに、我々は三万時間以上も費しました。土壌の分析や体系立った発掘作業、遺物の補修・補強、そして、一号住居址七〇平方メートルとその出土品全体の石膏取りなどのためにです。

――そうした発掘の詳細は、今我々がおりますこの場所に展示されていますね。ここは正真正銘の博物館というわけではなく――一般に博物館はフランス博物館局に属していますので――、遺物展示室というところでしょうか。正確には「パンスヴァン考古学資料センター」ですね。ここにはすでに何万という見学者が訪れているとか……。

たとえば先週は、リセやC・E・S[★2]の生徒たちが約千人も訪れています。六月は毎日のように数百人もの見学者がありました。

――もし見学者に何かを尋ねられたら、あなたの共同研究者がこと細かに説明してくれるのですね。言ってみれば、入館料を払ってくれる人々にできる限りのことをしよう、というわけです。

――研究者たちはその点をよく認識しているのでしょうか？

少なくとも私の場合はそうです。

――ラテックス★3仕上げの地層断面模型や、陳列ケースに展示された出土品のおかげで、パンスヴァン遺跡の複数の時代にまたがる層位が一目瞭然となっていますね。これによれば、五メートルほど下がると、中世およびガロ＝ロマン時代層から人間の手つかずの沖積砂層になるということですか？

■発掘の経過

そうです。最初の遺物は現在の地表から三〇センチメートルのところで発見されました。そこはまだ原史文化層《プロトイストワール》ですが、すでにゴール（ガリア）時代が始まっており、ここに三つばかりもってきました青銅の首飾り《トルク》や当時の高級な鉄製腕輪などが出土しています。こちらの方の三振りの剣はおよそ前四〇〇〇年のラ・テーヌ文化のものです……。ここに並べられている出土品を全て紹介する必要はないでしょうが、この斧や短剣は銅製で非常に珍しい。こちらの鏃《やじり》は金石過渡期、つまり、新石器時代末期から青銅器時代初期への移行期のものです。

ところで、鉄製の出土品がすっかり姿を消してしまい、青銅器や銅器で満開となる時期があります。これは先行技術が強力に残ったためですが、もう少しのちになると金属器がまったく見られなくなる。新石器時代には一切の利器が加工ないし磨製石器製でした。しかし、そこにはすでに土器が出現しております。たとえばこの見事な土器がそうです。これは前三〇〇〇ないし四〇〇〇年のいわゆる《セルニィ文化》[★4]に属しています……。当時はまた西ヨーロッパで早くも羊や山羊や豚の飼育が原初的な形で始まっています。利器の方はフリント製の幾何形細石器が主流でした。精巧に加工された三角形状の細石器はこの時期に特徴的なものの一つです。パンスヴァン一帯には夥しい数の野生動物、とくに鹿が棲息しており、おそらく一・五メートルから一・八メートルはあったと思われる、巨大な鹿の角の破片も出土しています。これは狼の顎骨です。狼もまた当時よく見かけられた動物でした。

こうしてようやくマドレーヌ時代に入るのですが、そこには金属器も土器もなく、飼育や農耕も営まれていなかった。営まれていたのはせいぜい狩猟か漁撈か採集ぐらいなものだったのです。

死んだような、それでいてはっきりと年代的に重なり合った一連の層位を明らかにする古い層位学的方法とは逆に、我々は共時的な面を重視して作業を進めました。旧来の方法と我々のそれとの違いを理解してもらうため、三〇年以上も昔のことですが、たまたま出版の機会に恵まれた小冊子の発掘手引書の中でひとつの譬えを用いました。すなわち、先史学者の発掘を、クリームで煉粉の層の中央部に《誕生日おめでとう》の文字をつけたバースデー・ケーキに譬えたのです。私が手引書を出した当時の発掘では、ケーキを縦に切ってしまうといった方法がなお広くおこなわれていました。これでは肝心の文字が何も読めない。眼にするのは、一切れのケーキの上に乗った僅かなクリームだけです。文字をはっきり見ようとするなら、ケーキを横に切らなければならない。先史学の土壌についても、それとまったく同じことが言えます。往時の人々が語った言葉を聴きたいなら、層位ごとに発掘をおこなう必要があるのです。

■炉の歴史学

——そうした発掘方法によって、あなたはこのパンスヴァンで《炉の歴史学》とでも呼ばれるべきものを再構築されたのですね。

最終的な検討段階に入ったら、少し……マドレーヌ人たちの都市計画という問題にも手を伸ばしてみようと思っています。実際、ここにはさまざまな炉址がありますが、その中から同じ時期につくられた炉を探り出すのは不可能ではありません。これらの炉は我々に数多くのことを教えてくれました。まず、住居址の形態復元に際し、決定的な役割を果たしてくれたのです。我々の理解によれば、それはいくつかのカテゴリーに分類できる。たとえば端が小石積みになっている《台所用炉》と呼んでいるもので、家事専用の炉です。ふつうはテントの入口に見られ、ここで調理やフリントの加工がおこなわれました。睡眠を含む日常生活が営まれたのもここです。もう一方の炉はより特殊なもので、とくに《礫炉》と呼んでいます。こちらの方は台所とは無縁でして、小石や食料の痕跡も認められず、くるみの実の大きさまでの礫でつくられています。

この炉は各住居址に接して二ないし三基見つかっています。中にはとりわけ保存のよい[★5]ものがあり、数個ずつ束になって選別されていた二〇個余りの石刃と二個の石核に周りを囲まれていました。これはマドレーヌ人たちが二〇〇度近い火力を数時間保ちうる技術をもっていたことを如実に物語っています。小礫はそのためにつくった炉の中で熱を維持したり、必要とあれば、それを下げたりするのに用いられました。言うまでもありませんが、そうした火入れのあとでは石の加工がかなりたやすくなるのです。

我々はまた、底に二～三個の小石が置かれた縁取りのない炉址も何基か発見しています。これらの炉はいったい何に用いられたのでしょうか？　私が数年来取り組んでいる疑問です。いままで考えてきたのは、サウナのようなものではないかということです。北米先住民の場合、《スウィーティング・ロッジ》といって、何本かの枝を半円形に組み、上を布で覆い、下で火を弱目に焚いた装置が用いられています。この火で熱した石に少しずつ水をかけ、蒸気を立てながら、利用者はドーム状の覆いの下に身をもぐらせる。しかし、正直に言いまして、今のところそんな仮説を裏打ちしてくれる資料は見つかっていません。

■場塞ぎ遺物

炉址や遺物の出土位置を検討すれば、当時の人々がどのような生活を営んでいたかが非常によく分かります。たとえばここでは石の破片がたくさん残っており、石器が炉の周りでつくられていたことを物語っています。また、テントの奥にはどうやら毛皮もしくは木片が大量に置かれていたらしい。寝床をつくるのに用いられたのでしょう。たしかにその土中には、住居址のいたるところに見られた灰やオーカーが含まれていませんでした。一方、私が《場塞ぎ遺物》と呼んできたもの、すなわち、トナカイのまた角や肩甲骨、加工後に残ったフリントの核といったものは住居の周縁部に棄てられ、中心部は綺麗になっていた……。我々はそうしたいくつかの住居址の見取図を、骨遺物の方向性を勘案しながら作成することができました。実際、住人の足に押しやられたさまざまな遺物は、通路に沿って並んでいたのです。もしも遊離物が何がしかの障碍物の下に堆積していたとすれば、それは《壁効果》と呼ばれるものを形成していたことになります。住居（テント）の出入口と住居復元に不可欠な間取りは、こうして当たりがつくのです。おそらく出入口は炉を挟んで両側につけられていたようで、この付近一帯からは夥しい数のフリント製小剥片が出土しています。

■フリント製小剝片と組み合わせの究明

――テントの外にはいくつもの灰の山や黒変した石の破片、フリント塊などが散らばっていた……というのですが、だとすれば、石の加工は野外でおこなわれたとなるのでしょうか？

ある場所で出土した小さな剝片を他の場所で出土した大きな剝片と組合わせなかったなら、我々もまた他の人たちと同様にそう信じたはずです。幸いにも、テント内での主婦なりフリント加工者なりの掃除がおざなりだったため、フリントが内部で加工され、破片が外に棄てられたという事実が立証されたわけなのです。

――《組合わせる》と言われましたか？

ええ。同じフリントの石核からいくつかの石器がつくられ、各々の石器には何度も研ぎ出しが施されたようです……。最近まで何人かの研究者は、石器が互いに結びつけられれば、その歴史を跡づけし、《石器伝》と呼ばれるかなり面白そうなものを作成できるのではと考えていました。でも、誰一人として何万もの剝片石器の中から互いに貼り合わせられるものを、辛抱強く探し出そうとはしなかった。我々はそれをしているのです。これはまことに気の遠くなるようなジグソーパズルですが、見返りは大いにあります。たとえばそれによって、炉を三基ももっているような住居がただ一つの居住単位を構成していた、ということが確認できるからです。この三基の炉は大きなテントの中に一線をなして並んでいました。我々はそれを、住居の随所で次々とビュランを作るのに用いられたフリント塊の動きを再構築することで立証できました。

■先史住居の男女空間

――こうしたフリント石器を見たり触れたりすると、作り手たちの存在がかなり身近に思えてきますね。でも、彼らの所作の跡が分かるのは、よりいっそう感動的となるでしょう……。

その通りです。先史学こそそんな彼らの所作の跡を理解する必要があるのです。彼らの遺してくれた遺物の向こうに、人間を探さなければなりません。逆説的に言えば、先史学的研究とは本来生きている人間の探求にほかならないのです。現在我々は二〇基ばかりの炉址を見つけています。これらの炉址のある住居はほぼ同時代のものですが、時代がここまで古い場合、C14年代測定法では時期的に近接した炉址同士の新旧を明らかにすることは不可能です。しかし、各住居址に散在出土した、互いに呼応するフリントを集めれば、人々の間で直接的な交換があった事実を証明できます。もうひとつ教訓的なのは、マドレーヌ人たちが必要に応じて互いに炉石を盗み合ったということです。遅々たる歩みですが、我々はこんなふうにして、住居間に存在していた同時的ないし継起的な関係を何とか見出せるまでになりました。

これからあなたに、マドレーヌ時代の住居址から発見されたデポ[★6]の部分レプリカをお見せしましょう。このような《ゴミ箱》は研究者にとってとても貴重なものです。そこには残飯ばかりでなく、道具製作に用いた石刃の加工屑や使い古しの道具自体も含まれているからです。また、彼らの料理や狩猟や家具などに関する我々の知識は、住居址を取り囲んでいた多様な残飯の研究に大部分基づいています。

このデポは住居それ自体から数メートルのところにありました。それは決して乱雑な世界などではなく、中央部には用済みになったフリント塊の残余物がさながら建具店の作業場の削り屑のようにきちんと集められている。道具の製作に用いた石刃を加工したあとの石屑が集められていたのです。そうした石屑を集めたり、テントの外に棄てたりするため、マドレーヌ時代人たちは一種の前掛けをしたり、あるいは地面に皮を拡げなければなりませんでした。なお、これについてはクローディヌ・カルランの研究があります。

――『身ぶりと言葉』の中で、あなたは先史時代の住居における男性空間と女性空間とについても語っておられますが……。

その仮説は私が最初に唱えたわけではありません。最近亡くなった知人のミハイル・ゲラシモ[★7]がバイカル湖の北で正面のあいた非常に長いテントを何基か発見したのですが、彼

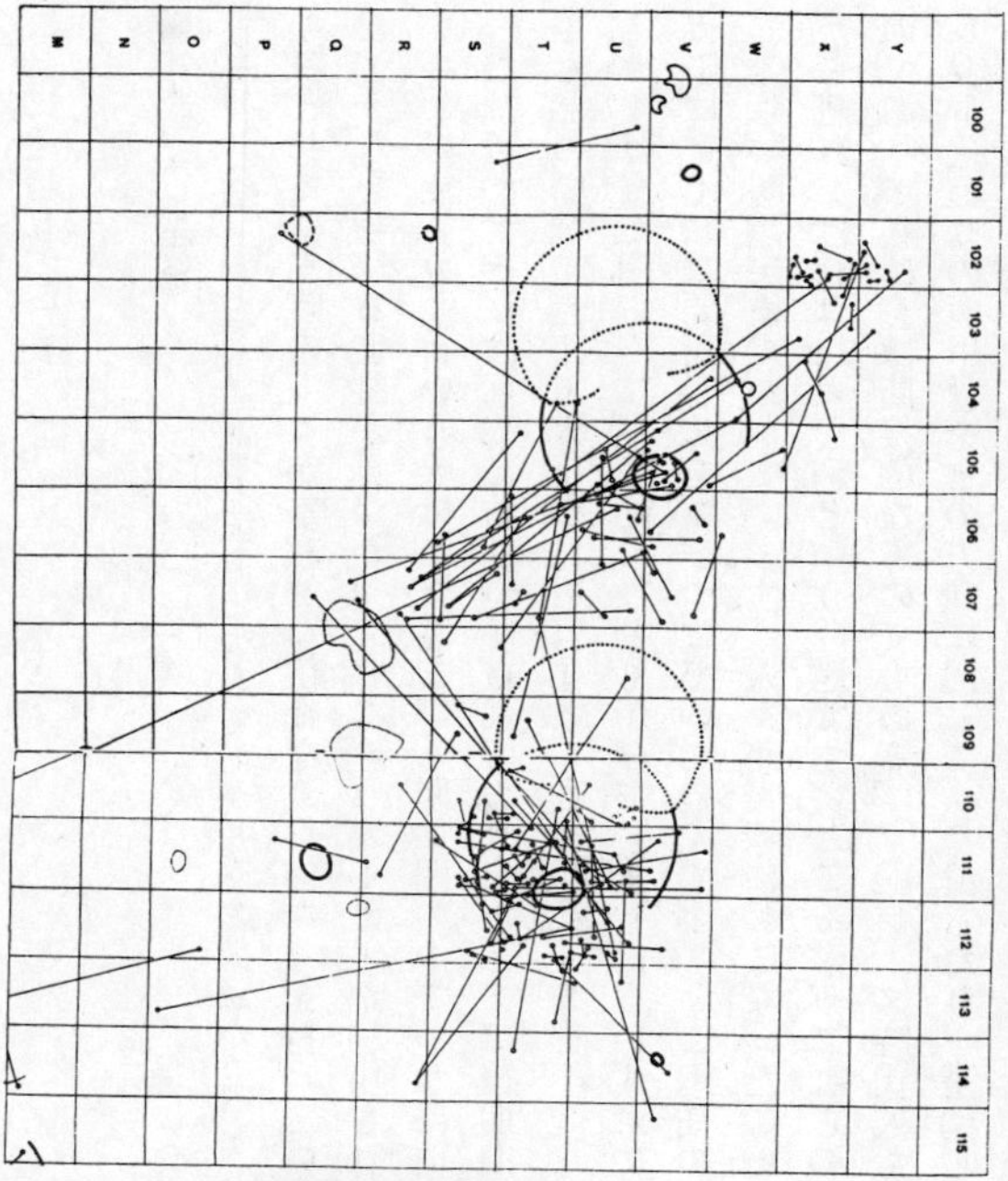

パンスヴァン遺跡出土遺物関連図
図は遺跡内の二つの住居址とその周辺から出土した、同一石器（ビュランや石刃など）の破片の位置関係を直線で示したもので、短い直線の蝟集によって、日常的な活動区域が同定できる（出典：Reconstituer la vie, in *Le fil du temps*, pp. 241–42）

は遺物がそれぞれ男女両性と考えられるテント内部の両側に異なった方法で分布していることに注目しています。

■オーカーの用途

――パンスヴァンでは炉址の配置について何がしかの仮説が立てられませんか？

私としては当時の人々が宗教的な儀礼なり信仰なりを持っていたと確信しています。ただ、それを物語る痕跡が見つかっていない。オーカーが利用されていたことを除けば、です。このオーカーという土はさまざまな人間集団の中でつねに何らかの意味をもっていました。通常、それは墓壙と結びつけられており、たとえば後期旧石器時代の埋葬では、ほとんどの場合赤色オーカーが見られます。血や生命を象徴していたのかも知れません。オーカーはまた明らかに技術的な役割も帯びていました。いずれにせよ、人々はそんなオーカーにとくに重要な意味を結びつけていたのです……。ご承知の通り、先史学にはきわめて難しい問題が横たわっています。人々が実際におこなったことを然るべき証拠を示しながら語らなければならないという問題です。ところが、これらの証拠はいつも部分的なものであり、しばしば間接的なものでもある。マドレーヌ時代人たちがオーカー塊の上でパレット代わりの肩甲骨をどの方向に回してすり潰したり、選別したりしたかという点については、はっきり分かっています。顔料の粉砕作業のために、下にオーカーの筋が何本も残っているからです。

ここで言えるのは、彼らがそのパレットを時計の針と同じように右から左へと、もしくはそれと逆方向に回していた、ということです。しかし、いったいそれが何のためであったかについては皆目見当がつきません。先史時代の資料はこんな具合にかなり不揃いでして、そこから絶対的に確実なことを抽き出すことは不可能です。間接的な証拠でしたら抽出できます。ここの第三六セクションでは、化石を含んだ石灰塊の破片のおかげで、何とか隣接する二つの住居の居住区を設定できました。これらの石灰塊はマドレーヌ時代人によって砕かれたもので、子供たちはその破片をいたるところに抛り投げて遊んでいたようです。

■トナカイの骨片から

――芸術的と呼びうるようなオブジェは発見されましたか?

フリント剝片の上に精巧に彫られた小さな馬の頭部が一つ見つかっています。ビュラン代わりに用いられたものですが、パンスヴァンの狩猟者たちは芸術、少なくとも堅固な物質に対する芸術表現には、さほど関心を示さなかったようです。

ここに我々がいろいろな分析、たとえば人々がパンスヴァンに滞在したのはどの季節か、といった分析をおこなう際に用いたトナカイの骨片がたくさんあります。我々はまた生まれて三ヶ月にも満たないトナカイから一〇年以上も長生きしたトナカイまでの一連の歯ももっています。全ての住居址から、三ヶ月ないしもっと幼いトナカイの遺骨が出土しており、季節の判定に実に貴重な手掛りを提供してくれています。というのも、世界のいたるところで、トナカイは五月から六月にかけて生まれるものだからです。分かっている限りで言えば、トナカイの頭数全体は気候条件、とくに日照条件によって規制されており、牝が乳を出すには、草が最大量となって牝に滋養を提供しなければならない。とすれば、マドレーヌ時代人たちはおそらく七月末か八月初旬にやってきて、トナカイの牝が角を落とすまで、そう、一二月中旬頃までとどまっていたと考えられます。

こうした歯は間接証拠品に属します。資料の中にはたしかにこちらの期待に対し、科学的には何ほどの役にも立たないものもありますが、それで諦めてしまってはいけない。むしろ、交叉する領域の中でどのように役立てられるかを考えるべきなのです。たとえばこの一連の歯から——本当ならこの遺跡からだけでも八〇ないし一〇〇本程度欲しいところですが——、獣群の全体的な死亡曲線を作成することができるのです。十歳のトナカイが何頭、八歳のそれが何頭……といった具合にです。ただ、曲線自体は多少ガウス的な傾向をもっており、行きあたりばったりに動物を屠ったことを示しています。あえて言いますと、そうした獲物や家畜の死亡曲線は各々の動物の顎骨に刻印されており、これをもとにいささか驚くべき正確さで死亡年齢が割り出せるのです。

■馬のミステリー

——そこまでいけば、先史学者の仕事はシャーロック・ホームズばりとなりますね……。

確かにそうかも知れません……。しかし、ここにはミステリーがひとつあります。馬の問題です。パンスヴァンでは、なぜか馬の遺物が出土していない。トナカイなら肩甲骨や骨盤、肋骨、椎骨などが見つかっているのに、馬の場合はそれに相当する骨が出土していないのです。辛うじて一本の歯ないし蹠骨［眼瞼軟骨］とひかがみの一部とが出ているにすぎません。これらは馬の軀の中でもっとも実用性に乏しいもので、きわめて高密度な骨からできていますが、そこから脂肪や髄を摘出するわけにはいきません。興味深いのは、こうした数少ない骨遺物がどうやら人々から忘れ去られていたらしいということです。つまり、馬の遺骸はとても慎重に選り分けられているにもかかわらず、その僅かばかりの破片は草や泥に隠れるようにして残っていたのです。

■パンスヴァンの先史住人たち

——パンスヴァンの住人たちが一年を通してここに住みついていたのでないとしたら、それは毎年襲ってくる洪水のためだったのでしょうか？

そうです。たしかに洪水は毎年のようにこの地を襲い、当時の最上層位を覆う黄土を運んだのです。それを将来の先史学者が年代測定のために用いるようになる。しかし、たとえ住人たちが一年中ここに居残ったとしても、何か大したものが見つかることはないでしょう。洪水による黄土である以上、かなりの量がマドレーヌ期の住居址を覆っているに違いないからです。それでも我々には、いったいどれ位住居址の遺物が黄土に埋まらずに残っていたか、ようやく分かりかけています。消滅したはずの動物の骨が見つかっているためですが、顎骨がすっかり溶けてしまっているのに、歯だけが他の骨の支えなしに地中に並んでいることも、我々の理解の助けとなっています。テントのうちのあるものは黄土に覆われる以前にすでに風化していたのではないか、そう考えられるのです。しばしば何がしかの遺物が欠けているのは、実はここに起因します。

では、パンスヴァンを去った人々はどこへ行ってしまったのか。おそらく原住地に帰ったのでしょう。そして、途中、彼らは大型石刃の素材として利用できる上質なフリントのある土地を通った。そののち、再びパンスヴァンに戻ってきたのでしょう。だからこそ、全ての住居址から品質を異にするフリントで作られた、一次ないし二次加工の施された大型の各種石器が見つかっているのです。地元産出のフリントは石器製作に用いられていません。とすれば、最低限の石器さえあれば、彼らがどこからこの地にやってきたか、その来歴が分かります。それはまた、彼らが一般的な意味での周期的な放浪生活を送っていたことを如実に物語るものと言えるでしょう。何世代にもわたって、デポや炉址から各地のフリントを用いた石器が必ず見つかっているからです。おそらく彼らはパンスヴァンに最長で四〜五ヶ月はとどまっており、それから鮭の漁《と》れる土地や馬なりビゾンなりが通過する地へ移っていったと思われます。そんな彼らはいったいどの位動き廻ることができたのか？ これはもうひとつの研究課題です。彼らが使っていた孔あき貝殻を調べれば、最大距離で二〇〇キロメートルという妥当な線に落ち着くはずです。たとえばピレネー地方のレスピューグ洞窟★8は、大西洋と地中海からほぼ等距離★9にありますが、ここから舌平目をかたどった骨製の小さな垂飾品が一つ出土しています。同じ地域にあるマス＝ダジル洞窟★10からも二尾の魚が彫られた石が見つかっており、そのうちの一尾はやはり舌平目です。ここに表わされたのが舌平目であることは、海の魚で両目が同じ側についている点からして、疑う余地はありません。そしてこの二つの遺物は、明らかに人々が海水魚に慣れ親しんでいた土地、すなわち、太西洋岸か地中海岸のいずれかからやってきたに違いありません。

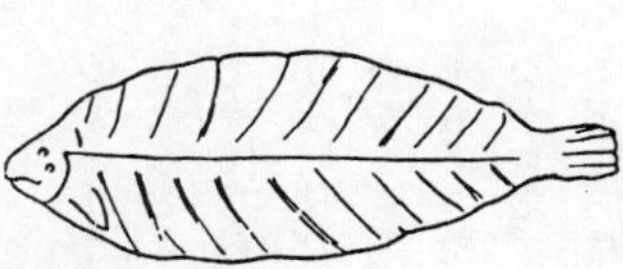
舌平目の垂飾品

■サーリンズに触れて

——マーシャル・サーリンズ★11は先史期が豊かな時代だったと述べていますね。あなたのお考えではいかがでしょう？ パンスヴァン人たちははたして安穏な生活を送っていたのですか？

サーリンズの見解には妥当と思える点もあるにはあります。私としては旧石器時代人を多少なりともイヌイットたちと比較してみようとするのですが、後者の場合、鮭やあざらしや鯨やカリブーといった食糧源の大量殺戮がまだおこなわれておらず、その数も多かった時代であれば、たしかに豊かに暮らしていたと言えるでしょう。しかし、一年のうち豊かな時期がいくつかあったとしても、つねにそれらの間が近かったわけではありません。豊かな時期の間には厳しい時期もしばしば訪れたはずなのです。たくさんの人々が死んだ年もあったでしょう。にもかかわらず、それは苛酷な社会的コンテクストを形作ることはなかった。何世紀もかけて世界でもっとも厳しい環境がもつ多くの障害を克服したイヌイットたちは、自ら楽天的で快活な性格を作り上げています。彼らに較べ、より豊かで安穏な環境にあったマドレーヌ時代人たちもまた、潤沢さと食糧不足との繰り返しのうちに生きていました。私が第三六セクションで生活していたと思われる住人一五人についておこなった、トナカイの肉の平均摂取量の計算によりますと、彼らは三ヶ月間に少なくとも四〇〇頭のトナカイを屠り、一人当たり一日平均で八〇〇グラムの肉を消費していた勘定になります。これには鳥や魚の肉は入っていません。このほかに、彼らは葉や幹、果実、樹皮などの植物性栄養を摂っていました。これだけでも、生きていくには十分だったはずです。

――暇な時には何を？

暇をもて余すより、むしろ遊びに打ち興じていたのでしょう。たしかに彼らは興味のあることをおこなっていたと思われます。私がここで遊ぶと言うのは、必ずしもゲームを意味するものではありません。それはたとえば投槍や美しいフリント製のオブジェを作ったり、あるいは小さく砕かれ、住居の周囲にばら撒かれた化石石灰岩のように、何かしら我々には理解不可能なことを意味します。彼らがそうした遊びに興じたのは、審美的、儀礼的いずれのためなのか、それとも単なる遊戯的行為なのか？　まあ……。

——要するに、あなたとしてはサーリンズの考えにかなり賛同なさっているのですね。

食料が比較的豊富にあったという点についてはウィです。狩猟がきわめて好調であった地域と時期に限って、との条件つきで。狩猟がまったくもってうまくいかないような年もあったからです。もっともこれは人生の偶然のなせる業と言えるでしょうが。いずれにせよ、動物肉の摂取はかなり多岐にわたっており、小鳥からマンモスまで、当時の人々の食料源はきわめて広汎な可能性をもっていたのです。

——そうして徐々に、発掘作業は当時の日常生活の内容を想像させてくれる……。

ええ……。たしかに発掘作業というのは地層をそのようなものとして見る限り、魅力的で実にたやすいことのように思えます。でも、視界を妨げているものを全て取り除くためには、小さなヘラでこつこつ作業しなければなりませんでした。二メートルの分厚い粘土層を相手にです。そして現場を整備したり、なおも解読可能であったものを解読するため、作業自体は三万時間（延べ）もかけています。

■先史学は何に役立つか

——かなり素朴な質問ですが、そこまでして、先史学はいったい何の役に立つのでしょうか？　フランスはそんな先史学者たちを必要としているのでしょうか？

私の考えでは、これもウィです。言うまでもありません。過去の人間のことが分からなければ、未来の人間のことも理解できないからです。人類のうちに可能性や潜在的な力としてあるもの全てをその根底から把握すれば、最終的な発達段階まで安んじて辿れるのでは、と考えています。いろいろなことが問題となるかならないかは、長期的な回顧要素があるかどうかにかかっているわけでして、実はこの要素こそが長期的な展望要素ともなるのです。

——たとえばどんな問題ですか？

人間がもつ攻撃的な情動をどう理解するか、といったようなことです。人間がマンモスを屠殺していたと思われる時代にあっては、こうした情動は大きな長所としてありました。ところが現代社会では、それはむしろ望ましくないものとされている。未来と現在との暴力は、こうして過去の人間が身につけていた暴力に対する認識と分かち難く結びついているのです。このような角度からとらえてみて、初めていくつかの問題点が明らかとなります。ところが、心理学者たちはまださほど先史学に関心を抱いてはおりません。資料が数少ないという、ごく単純な理由からです。

話をもとに戻しますと、パンスヴァンのようにさまざまな型の住居址が見られる場合は、ふつう比較分析がおこなえるに違いないと考えられているようです。でも、いったい何を何と比較するのか？　そうした追求はいまだかつてなされた試しがありません。いくら比較可能な遺跡ではあっても、十分なまでに正確に記述されていない限り、少なくとも比較云々といった期待はもてません。ただここ二年間は、いろいろなことが急速に進歩し、いくつかの野外遺跡が体系的に発掘されるようになっています。

■『知られざるラスコー』

――一九七九年に、あなたは夫人のアルレット・ルロワ＝グーランとジャック・アラン〔一九一四―九七。先史学者〕の責任編集になる、『知られざるラスコー』という本の刊行に協力されていますね。その一方で、同年に出たコレット・ペトンネ〔一九二九―二〇一二。民族学者〕の『霧の中の人々―パリ郊外民族学―』にも序文を寄せられています。

ラスコーは不明な点が多すぎる洞窟です。それは発見された時期がドイツ軍の占領下であり、また、考古学的地層の発掘や遺物収集……といった必要欠くべからざる作業がなされていないためでもあります。これまでなされてきたのは、その壁画を通してのみラスコーを知ろうとしたことだけです。言ってしまえば、ラスコーはそこに描かれている数十点の動物壁画によって、世界的な名声をかちえたわけです。しかし、これも壁画全体の一部にしかすぎません。実際は一五〇〇を越える動物像や記号が描かれているのです。線刻の見られないような壁画は一平方センチメートルもないほどです。『知られざるラスコー』はきわめて新しい方法が採り入れられており、まず歴史的な諸問題を考えるところから始まっています。ラスコーを初めとする、フランスの先史遺跡研究に大きな足跡を残したグローリィ神父に捧げられた第一章では、洞窟の閉鎖を余儀なくさせた有名な緑黴現象にかんする説明がなされています。また、最初期の一〇年間に先史学者たちがどのような役割を演じたか、それを取り上げた一章もあります。ただし、その役割は必ずしも望ましいものではなかった。口にするのは多少なりと心苦しいのですが、たとえばラスコーの資料紛失について、ブルイユ神父の責任はかなり明白ですよ。

■ブルイユ神父の責任

――四〇個あまりのランプを棄ててしまったというようなことですか?

ええ。それから『牛の部屋』にあったいくつもの洞内小丘を穿ってしまうといった初期の行為もです。ご存知の通り、これらの小丘は方解石でできた一種の堰のようなものでして、非常にゆっくりと形作られ、傾斜面上に波形の隔壁となって現われています。そして一般には、水の中の方解石分が凝縮した形で補給されているのです。かつては長さ約三〇メートル、幅一〇ないし一五メートルのこの小丘の上に一種の水溜まりがあり、これが洞内の温度調節にきわめて重要な役目を果たしていました。ところが、ブルイユ神父はより楽に動き回れるようにと、そんな隔壁を穿ち、ついにすっかり除去してしまった。何の悪意もなかったのでしょうが、結果的には二〇年後に、これが、何と言ったらいいのか……、そう、もろもろのカタストロフィーの原因を作ることになってしまうのです。それまで壁画は小丘によってしっかりと保護されていたのですから。その限りにおいて、ラスコーは、当時たいした保存策も打てぬまま、消失の一途を辿っていたニオー洞窟の場合とは異なっています。

先史学の歴史を扱ったその章は、グローリィ神父の収集した資料から構成されているだけに大変興味深いものがあります。びっくりするような写真も何葉か入っていますよ。中には、見学者用の小径をつくるため、発掘チームがハンマーや鶴嘴で考古学層を台無しにしてしまった写真もあります。そして哀れなグローリィ神父は茫然自失の態でその場に立ち尽くしているのです。

■ラスコー保存策

——そうした誤ちをどのように説明なさいますか?

ラスコーの災難まで、洞窟の保存をどうするかということはほとんど問題とはなりませんでした。二〇年ほど前、ラスコーに見学者たちを迎え入れるにはさまざまな困難があると分かった時、我々はフランス文化財保存委員会に対し、ラスコーを完全に空調を効かせた潜水艦のようにするというアイデアを提案しました。それはアイデアとしては見事なものでした。ただ、事態は最悪で、すでに一〇層あまりの考古学層を台無しにして見学者用の通路がつくられていたのです。また、実作業の面でもいろいろ誤りがありました。ラスコーの保全のために設けられた委員会は、一〇年間数多くの問題に直面してきましたが、その作業にあたっては、それまでおこなわれてきたようなことはせず、ラスコーの神話にも手をつけまいとしたのです。そしてその結果、洞窟は閉鎖したままにしておかざるをえないということになった。というのも、教会にせよ洞窟にせよ、歴史的建造物なるものが一般人の好奇心にあっては一たまりもなくなってしまうからです。たとえばラスコーで見つかったフリント製石器のうち、四〇〇〇個以上が個人の私蔵となっています。洞窟が公開されていた頃、ここを訪れた人たちが自分で見つけて持ち去ってしまった……。でも、誰もそれを非難することはできないでしょう。彼らアマチュアたちが自らの手でラスコーの床土や除土から見つけ出した石器を保存していてくれたおかげで、今日それらが洞内にあったことが分かるからです。

■固定柄石器

——そうした石器群からどんな点が分かるのですか？

たとえばその中に含まれる小石刃は、フリント製で二次加工［刃出し］が施されていますが、そこにはそれを柄に取りつけるために用いられたセメント分がついており、この種のものとしては最初に発見された石器となっています。

——セメントの成分は？

まだ分析がなされていませんので、今のところは不明です。ただし、もっとも可能性の高い仮説として言えるのは、樹脂と蜜蠟との混合物に砂のようなものを加えたのではないか、ということです。

——固定柄石器の初まりですか？

いや、それはもっと古い時代にまで遡ります。ムスティエ期、つまり、前六万年頃にはすでにありましたよ。

ラスコーの事例で奇妙なのは、それがなお残っていた事実です。二次加工の施された石刃はこれまで何千例も知られておりますが、以前はその機能がよく分からなかった。今ではかなりはっきりしています。ここに一つもってきました。断面部に柄のあとが残っているでしょう。

——これが接着技法の初めですか？

いや、そうじゃありません。当時としてはごくありふれたものでした。でも、ラスコーの場合、保存状態は例外的によかったようで、当時の紐の切れ端まで見つかっています。そんな洞窟は他にありません。

ブルイユ神父が犯した誤りの一つは、ビゾンによって倒された人物の表現が、不幸にして狩りで命を落とした狩猟者の墓を飾る葬送図と考えたところにあります。そして彼は、残念なことに、やはり今では鬼籍に入っているもう一人の先史学者と共に、『井』の底のビゾン像の足元にある洞床全体を毀損してしまった。彼らはさながら猪が地面を荒らすように発掘したのです。その結果、まさに彼らが除いた土の中から装飾された長い投槍などの遺物が見つかる、といったことになるのです。これらは全て底の右側の両隅に一かたまりになっていました。

■ラスコーのランプ

――ラスコーのランプはどうでしたか？

友人のデリク夫妻〔ジル（一九三四生）、ブリジット（一九三六生）・デリュク。先史学者〕が何ヶ月もかけて、グローリィ神父が『井』の底で収集し、ランプと命名した扁平ないしやや凹みのあるいくつもの小石の利用法を追求し、ついにそれが実質上きわめて実用的なランプであるとの結論を得ています。

――それがあったということは何を物語るのでしょうか？

明らかにこれはラスコーの画家たちの照明具として用いられたもので、『井』の底から大量に出土しています。ただ、ランプとは異なる用いられ方をした可能性もないとは言えません。我々が教会で使う大蠟燭のように用いられたとも思えますし、あるいは何か宗教的なことに用いられたあとで『井』の底に棄てられたとも思えるからです。

――ランプの煙は洞壁に何の痕跡も残していないのですか？

ええ。空気にさらされた炭素というのは酸化して速やかに消失してしまうものです。数世紀のうちにはあとかたもなくなってしまいますよ。たとえばマルヌ県にある最大限前二～三〇〇〇年の人工洞窟には、煤や松明の痕跡が残っていて、その天井には下に置いた照明具によってつけられた円形のあとが今でも見られます。ラスコーの場合、こうして煙の痕跡が残るにはあまりにも古すぎるのです。

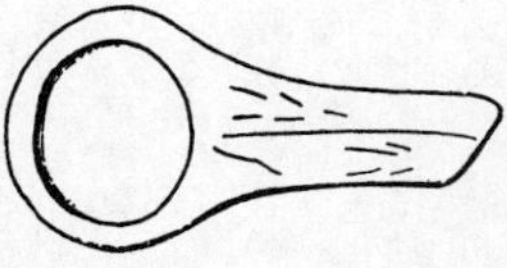
ラスコー出土の「ランプ」

■聖所

――先ほどあなたはラスコーに聖所があった可能性や、ランプの宗教的用途のことを示唆されましたね。

はい。壁画洞窟は全て聖所です。もっとも、それは《聖所》なる語を広義に解釈した場合ですが。洞窟の装飾は教会堂のそれと同様無償なものとは言えません。あらゆる文明の中では、古い巨大建造物は宮殿か神殿のいずれかです。ラスコーはおそらく宮殿ではなかったでしょうが、たしかに神殿ではありました。

■描かれぬ動物トナカイ

——そうした聖所とか宗教とかいった想像をもっと先に進めることはできませんか?

解釈というのは難しいものでして……。かつて私は壁画のビゾンと馬を、いわば陰陽の対立関係で考えていました。いまでもなおこの二種類の動物像の間には互換性なり補完性なりがあると思っています。ただそれは話しとして言えるだけで、決して立証しているわけではありません。いろいろな先史学者に採り入れられ出した考えではありますが、壁画に描かれている動物は必ずしも当時の動物相を代表するものではないのです。たとえばラスコーが好例です。そこでは狩猟動物（鹿、のろじか、猪、馬）の骨片が一〇個ほど見つかっただけなのに、トナカイの骨片は全体の九〇%にあたる一一八個も出土している。おそらくこれらの骨は、画家たちの食事のありようを示してくれるものでしょうが、一方で、贖罪の犠牲の名残りとも考えられます。では、なぜ『内陣』東壁の重ね描きされた動物群像の中に、トナカイらしき動物が一頭しか描かれていないのでしょうか? この図像は、もし本当に動物像だとすれば、トナカイとはっきり特定できないまでも、鹿科動物には違いありません。同様に、トロワ＝フレールやエル・カスティーヨ[★12]、エル・ピンダル[★13]の三洞窟にはマンモスが一体しか表現されていない。そして、いずれの場合もそれは奥洞にあり、スペインの後二者では、一連の壁画群の末端に隔離されたように描かれています。『井』のいわゆる《呪術師》を考えてみましょう。これはビゾンに斃された人物像ですが、類例は四つほどあります。しかし、劇的情景をもつのは、旧石器時代の壁画の中でこの一例しか知られておりません。それは逸話などではなく、神話学的なテーマにほかなりません。

——人物像とビゾン像とが同じ時期に描かれていることは確かなのですか？

そう、絶対に確実です！　黒色顔料は双方とも同じものが使われていますし、もしビゾンと人物が連動しておらず、場面の展開に結びつけられていないとしたら、ビゾンの頭部が元の位置に描かれることはなかったでしょう。そこでは一種の誇張表現さえ見られます。

■人物像表現

——でも、人物像とビゾンの輪郭線は様式的に異なっているのでしょう？

旧石器時代の人物像の輪郭線はなお問題でして、動物像に較べるとつねにおざなりな描き方となっています。

——その理由は何だとお考えですか？

この問題については、これまで誰も深く考えようとしませんでした。私としては、人物像が正面観で描かれているのに、動物像が側面観となっているということに起因するものかどうか、考えているところです。人物像の数は動物像に較べてはるかに少なく、後者の場合、画家が輪郭のごく細部に至るまで丹念に描き込んでいるような印象すら受けます。ただし、危険な動物や数の少ない動物は、通常どちらかと言えば簡略に表現されている。たとえばライオンですが、これは人物表現とまったく同様、拙ないものとなっています。それに対し、馬にはより説得的な表現法がとられています。でも、何にもまして驚くべきことは、『内陣』の線刻画の多さでしょう。その洞室にある約三〇平方メートルの壁面が、数百もの線刻画で埋まっていて……。

■重ね描きについて

——さまざまな図像の重ね描きはどう説明するのですか？

それは過去一世紀の間、先史学者たちの頭を悩まし続けてきた問題の一つです。マドレーヌ期に属する各地の遺跡（リムーイユ[★14]、ラ・ムート[★15]、ゲンナースドルフ[★16]）から出土した、動物の線刻小石板上には、しばしば四本の前脚と三本の後脚ないし二つの頭をもったトナカイが一体見られます。そこで問題となるのは、画家たちが幾度となく同じ図像を復元するために何か特殊な道具を用いて小石板や洞壁を彩色したのか、それとも、記憶に頼って図像を重ね描きしたのかどうかということです。

私は何回か次のような試みをしました。すなわち片岩板に〇・数ミリメートルの厚さできちんとオーカーを塗り、その上から動物像を一体線刻したあと、再度顔料を塗ってその図像を消す。それからもう一度記憶を呼び醒まして同じ図像を線刻したのです。こうしたことを三、四度繰り返すと、三ないし四個の頭部、三ないし四本の前脚か後脚……といった図像が得られました。私としては、これによって重ね描きの図像表現が一部解明できるのではないかと思うのですが、この仮説を擁護するのは容易でありません。それが経験的に立証できないからではなく、ごく単純に言って、今日まで考古学層や洞窟から彩色小石板がまったく見つかっていないからです。たしかに雨や時代の人間の手によって顔料分が全て洗われてしまったと考えられるかもしれません。でも、ことはそう簡単ではなさそうです。

——図像を描いた人々はきわめて熟練した芸術家なのでしょうか?

ええ、間違いありません。図像が存在するには消滅しない材質が選ばれなければならず、そのため、彼らは木を彫刻したり、皮にスケッチしたり、あるいは小石板に線刻せざるをえなかった。もっとも、岩石に彩色や線刻を個人もしくは集団で施した者たちが全て才能に恵まれていたわけではありません。ただ、ラスコーやアルタミラの天井、あるいはニオーの主洞室『黒のサロン』——この壁画は現在消滅しつつあります——などを例にとれば、どうしても専業者がいたとする考えに向かわざるをえません。

――この『知られざるラスコー』には他にどんなことが書かれているのですか？

大量の顔料を分析したのはこれが最初です。興味深いのは、ほとんどの顔料が壁画の真下で見つかっていることです。つまり、画家たちはそうしたオーカーを用いてしかじかの動物像を描いたわけでして、量と種類がとくに多いのは黄・赤・黒色のオーカーとなっています。

――この本は記号群についても触れているのでしょう……。

触れています。何しろラスコーは、抽象的な幾何学記号がとりわけ豊富に見られる洞窟ですからね。もう大分昔の話になりますが、私はしばしば対となって描かれているこれらの記号[★17]が、実は性的なシンボリズムに符合していることを指摘しています［巻頭参考図5参照］。最古の芸術形態に対する我々の知識はなお十分なものとは言えません。しかし、細部において無限の変化を示している壁画記号は、三種類に大別されます。その中でもっとも古いのは[★18]、すでに幾何学化が進んでいる女性性器などの線刻図形です。次に古いのは[★19]、完全に幾何学化した記号群です。これはラスコーやカスティーヨ洞窟に見られますが、それが何を象徴しているのかは分かりません。ただ、シンボリズムが隠されているのは確かです。はたして意味に進展がなく、ラスコー人たちがなおもこの四角い図形のもともとの意味を理解していたのかどうか定かではありません。ただ、洞窟壁画のもつ図像学的な神秘性が、さまざまな超自然的存在と対応していると想像することは可能です。確実なのは、たとえそうした壁画の性格が際限なく変化したとしても、マドレーヌ後期［前一万年］までに、幾何学シンボルに混じって、非幾何学的な女性性器が再び出現しているということです。これは、シンボルの秘教的な意味が後期旧石器時代［二万年間］を通じて息づいていたことを想定させます。

男性記号もまた極端なまでに幾何学化されており、底部に二本の短い線をもった、あるいは分枝状をした単純な線からできています。一方、線状記号は図状記号と較べて数が少なく、より目立たないものとなっています。こうした対合記号が動物図像中に見られる事実をもって、あるいは東洋の神話の大地母神のようなものを想定してよいかもしれません。また、人物の秘教的な対合像が、人間や動物の繁殖シンボリズムを明らかに意味しているとする説も唱えられてきました。でも、SFの世界に入り込まずにそれ以上何かを言おうとするのは容易でありません。ちなみに、繁殖のシンボリズムというのは多種多様な個体表現の中で、性的所作を挿話的におこなう何体かの雄の図像を通して見られます。ラスコーのビゾン像の場合、この主題はヒエラルキーの表現である二頭の牡の交叉という形をとって現われています。これは『内陣』や『身廊』、『猫科動物の洞廊』に四度ほど繰り返し出てきます。

性的シンボリズム、というよりむしろ生殖表現は、今日でもなお旧石器時代のものとかなり近い形態をとっています。たとえば例の矢に貫かれたハート型は、生物学者たちが

《男＝雄》や《女＝雌》を示す際に用いる、火星と金星の幾何学記号［♂と♀］を引き合いに出すまでもなく、図状記号と線状記号との結びつきを示しています〔巻頭参考図6参照〕。

それから、先ほど点列について話しておきましたけど……、実はラスコー奥洞の、通廊部が尽きる辺りのもっとも奥まった場所に、六個の点が二列に印されています。ここはもはや立ち入ることができず、マドレーヌ時代人たちも我々同様なかなか入り込めなかったところですが、『井』の奥壁に描かれた犀の尻尾の下にも、三つの点が二列あるいは二つの点が三組連なって印されています。これも奥洞のもの同様、一つの図像の末端に位置しています。

――それが何を意味しているかを言うのは難しい……。

そうですね。これが頻繁に繰り返されている理由を語るのと同じです。『身廊』に描かれた鹿の群の中には、七本の点列をもっているものもあります。

こうした点列は、旧石器時代人たちが動物の性を示す一次的属性を滅多に描こうとしなかったということを示すものでもあります。二つほど例をとりましょう。地面に寝転んでいる牡牛と馬の像です。いずれも後脚が大きく宙に投げ出されているにもかかわらず、性器や乳房などの性的特徴は見られません。

この『知られざるラスコー』には、ラスコーの記号群が全て収められているような印象を受けますが、面白いことに、それら記号群の中に、やはり投槍の上に描かれた星形の記号が一つあります。まるで最後にはいつも意味不明のこの図形に戻ってくるような、ひどく奇妙なゲームでもあったかのようです〔巻頭参考図14参照〕。そこでは旧石器時代人たちがこれらの記号を読解し始めたとの印象さえ覚えます。つまり、何かを言うためにある特定の線をもってしなければならない、といった具合にです。では、その何かとは何なのか。それについては何一つ分かっていません。神話文字からなお一歩も出ていないのです。ただ、ここには統辞法があるとされています。

■『知られざるラスコー』の重要性

――もし『知られざるラスコー』がなぜ重要かを数語で説明せよと求められたら、どのように答えられますか?

寄稿者一七人のうちの一人ではありますが、私としては自分が思った通り、この本がいくつかの点で実に優れたものであると断言することができます。まず、洞窟の学際的研究のために可能な限りの方法を、研究者と資料について残らず集めようとした妻の意図です。従って、ここには地質学や地形学、層位学、花粉学、年代測定といった観点からばかりでなく、歴史的観点――《洞窟発見後の一〇年》、《緑黴現象》の章――からのアプローチも見られます。民族誌学的観点はフリント製石器や骨遺物の研究に現われていますが、さらに照明具や壁画制作用足場、顔料、動物相、木などにも及んでいます。また、この本の最終章〔第十二章〕は、これまで部分的にしか採り上げられなかった壁画に捧げられています。

■郊外民族学

こうした内容の本であってみれば、『知られざるラスコー』とはまさに言いえて妙のタイトルでしょう。そこには私が唱えてきた《郊外民族学》や都市の新プロレタリアートの主張なり命題なりに関する、一般的な説明も見られます。かつてリヨン大学に講座をもっていた頃、私は先史学と民族学と形質人類学を教えていました。パリに戻ると、ソルボンヌで今度は宗教史や先史学、人類学、民族学……などを教えることになりました。当時、私は次々とやってくる博士課程の学生たちを都合一〇〇人ほど受け入れましたが、中にはグリオールの学統を直接継承した学生も何人かおりました。そこで私は、彼が以前講義で主張していたさまざまなことを再び考え直さざるをえなくなり、民族学者としての活動を再開したのです。それはいまも続いています。コレット・ペトンネ〔一九二九―二〇〇二〕とは十年前からのつき合いです。彼女は私が受け持った学生の一人で、その博士論文の準備に私の助力を求めてきました。論文はとうに出来上がっていますよ。私のお気に入りの女性で、大変な勇気と聡明さの持主です。彼女の一連の著作に書かれていることは、結構手強い内容です。最初の本は『この人々』〔一九六八年〕という題名で、パリ周辺の衛星都市を扱っています。かなり大胆なものですが、彼女自身は何かしら意義のあることをやろうとする欲求にかられているようです。

私がコレット・ペトンネの博士論文を見守ってやったのは、その主題が自分にとって大いに関心があったためであり、数多くの点で彼女の考えに同意したためでもあります。ふつう調査なり研究なりからこぼれ落ちてしまったり、改めて取り組む勇気の出ない問題ではあっても、それを打ち棄てておいてよいとは思いません。たとえばアマゾンのインディオたちは、残念ながらパリの郊外に住んでいるポルトガル人やアラブ人、マリ人たちとまったく同様に辛い運命を背負っています。そんな彼らのことを研究することは有益でしょう。でも、我々の研究分野に属す物事に没頭するのも、研究自体を過不足なく人間理解の方へ導こうとする限りにおいては、やはり有益だと思えます。

私としては時々マンモスのおかげで自分を解毒しているのですよ……。

——はあ……。しかし、あなたはラスコー人をただ単に科学者とは決して見ていない。そのお気持は変わっていませんね。

ええ、もちろんです。

■三通りの技術論

――対談もようやく最終コーナーにさしかかりました。今まで我々は技術《テクニーク》についてしばしば話し合ってきましたが、技術論《テクノロジー》についてはどうだったでしょうか？ そこで改めて、人間のあらゆる科学の中で技術の科学が占める位置とその役割についてお訊きしたいと思います。いったいそれはどんな固有の性格をもち、土台と方法とはどこにあるのか……。この点に関してあなたは『人間と物質』の最後で触れられていますが、現時点でのあなたのお考えを伺いたいのです。

実のところ、技術論には三通りの種類があります。まず工業で言うところの技術論です。これはよく我々の技術論と混同されますが、本来は物質文明《シビリザシオン・アンデュストリエル》の科学にほかなりません。民族学者の基盤として役立つ技術論もあります。こちらの方はむしろ社会学的な配慮に基づくもので、しばしばかなり簡略化されています。もう一つは比較技術論とでも呼ぶべきもので、あなたが仰言ったのはおそらくこれでしょう。言うまでもなく、人間の技術的営為の研究なるものは、いわゆる民族学的主題をどこに置こうと、予備的な研究の基礎とならなければなりません。技術的人間や経済的人間、社会的人間に対する理解がなされない限り、人間に関する完全なイメージを得ることは不可能だからです。技術論と経済学とは想像以上に深く関連し合っているはずです。ここ数年の間にフランスや外国において、たとえばモーリス・ゴドリエ〔一九三四生。人類学者〕のように、ある人々の技術的認識と経済的熟練について、非常に興味深い研究をする研究者が何人か出ています。ゴドリエの場合はとくにメラネシア人たちの研究がすぐれている。ジョゼフ・ニーダム〔一九〇〇―一九九五〕の古代中国に関する実に見事な研究もあります。ただ、正直なところ、技術論は曖昧さを払拭しきれないでいる。侮蔑的態度とまではいかないにせよ、少なくとも技術と比較した場合、人間科学から隔たった態度といった受け止め方がなされているのです。

我々は多様な技術とそれを用いる技術者たちの作品であるしかじかの社会に生きています。しかし、この技術者たちは社会的尺度と人間活動のヒエラルキーの中で慎ましやかな生活を送っている。言わば《ホモ・ファベール》〔道具を作るヒト〕は、幾分なりと《ホモ・サピエンス》〔現生人＝知のある人〕の犠牲となっているのです。まさにここにこそ、もはや技術論が発達をみない原因が潜んでいるのではないでしょうか。おそらく私は、自らが仕込んだ研究者たちにあまりこの点を強調してはこなかった。彼らをいわゆる技術論へと導いてくれたはずのものへ、体系的に目を向けさせることを十分にしませんでした。そのせいかどうか、弟子たちの中には技術論に敬意を払わない、つまり、不可欠の諸要素をしかるべき場所において見ようとしない者がごく少数おりました。たとえば、周知のように、これまで人々は籠あるいはそれに類するものを作ってきました。いまもそうです。そうした籠に対する芸術的・経済的影響に関しては多くのことが言えたはずなのですが、実際はそうでなかった。作業の核心が少なからず興味をひかれる領域、いろいろな技術や社会現象についての二重の訓練を必要としない領域に捧げられてきたからです。初めに、人間の姿をした怪物の歩行を支える四本の足があったのです……。

私は埒もない言葉を産み出すことになるある表現といままで取り組んできました。でも、そうした類の考えを少しなりと揺さぶるのはなお容易ではありません。陶器作りの村の結婚式を記述したり解説したりする方が、その村の陶器に関して真に技術＝経済的分析をおこなうよりおそらく易しいでしょう。科学的作業として言えば、我々の学問の伝統は哲学者にその指で物事を考えさせようとするものではありません。もちろん、哲学が技術と無縁だとは思いません。考えられうる人間観の中で私が危険だとするのは、《ホモ・テクニクス》〔技術人間〕を文明をむしばんだ張本人であるとし、また、その役割が文化の発展や社会的ないし審美的秩序に対して何よりも後方業務的なものであるとして、これを決定的に厄払いしてしまうということです。

——あなたが長年技術に向けてきた目はどんな哲学によるのですか？

難しい質問ですね……。自分が何であるかを知ることは、生活の場で絶えず課せられている問いではないのですから。もし自分が哲学に触発されてきたとすれば、それは私がこれまで書いてきたものの中に感じ取れるはずであり、おそらく自分自身でするよりも遥かに上手に私のことを明らかにしてくれると思っています。

■マルクス主義との関係

——先日仰言いましたね。《自分を唯物論者だとは思わない》と……。

それはひどく曖昧な表現でして……。

——あなたはある人々が《下部構造》と名付けたものを大変重要視しておられます。にもかかわらず、あなたの知的な振舞いから判断する限り、決して《唯物論者》などではない。

別段そこに矛盾があるとは思いません。ことを政治の次元に移して言えば、矛盾を産み出すのはまさに視点そのものなのですから。私としては何の矛盾も感じません。『人間と物質』を出して以来、私はマルクス主義者たちと数多く接触してきました。その都度彼らは、私が自分たちを理解していないと見抜いたのです……。でも私は、ムッシュー・ジュールダン[★20]のように、はっきりこうと理解せぬまま、マルクス主義を学んできました。いまもそうです。

——マルクスはあなたの知の形成において何らの役目も果たさなかったのでは？

さほど大きな役目をになっていたわけではありません。彼の著書は断片的にしか読んでおらず、一度もまとまったかたちで著書を手にしたことがありませんので。一般的に言って、私には彼の考え方を注釈する資格がないのです。私自身マルクス主義によって新大陸を再認識したわけではありませんが、自分の行動の中にはそれが僅かながら入っています。遅ればせながら。そして、読ませられたマルクスの本の中に、私は自分が考えていたようなことが述べられているのを知りました。

――技術についてのもう一人の思想家ハイデッガーはどうですか？

ほとんど勉強しておりません。その限りにおいて言えば、私が読んだことと自ら考えていることとはまったく一致していないわけではありません。そこには厄介な問題がいくつもありますが、ふつう私はそうしたことのために立止まったりはしませんでした。私がより興味を抱いているのは人間自体であり、その行為をこきおろすことではありません。たとえそれがどんな角度からなされるとしてもです。

■現代の危機

――《技術者の危機》とでも呼びうる現象が次第次第に顕著なものとなってきています。それについてはこの一連の対談で何度か触れましたが、あなたご自身、『身ぶりと言葉』の最後でも述べておられますね。

当時私は著作のために人からペシミストと扱われていました。そしていまはその頃よりも、、、、オプチミストではなくなっています。誰もが袋小路に入り込んでいる、そんな感じがするのです。ひとつ確かなのは、さまざまな動・植物種がカタストロフィックなまでに亢進したリズムで消滅している、ということです。自然界を犠牲にしたところで何ほどのこともないと、なお言えるかも知れませんが、私としてはやはり少し気がかりです。おそらく私はかなりのエコロジストなのでしょう。

今日、物事が往ったり来たりする様を考えられるでしょうか？　私にはさほど確信がもてません。人口統計学的な帰還不能点に関する限り、我々はすでにそれを越えており、大陸は最大積載量以上の人間を抱え込んでいるからです。ここ数千年間に生じた数多くの出来事が、ごく一般的な意味での生物学的現象であったかどうか、疑わしいものがあります。人口密度が上限に達する、もしくはそれを突き破ってしまうと、人々は大挙してさらに数年間均衡を保証してくれる小ぜり合いの中へと身を投げ出していく。さらにまた、生活を営む上での偉業や外科学での大きな進歩……も次々となされています。にもかかわらず、私は事態をさほど楽観視していません。だから、出来ることなら『身ぶりと言葉』を壁よりはむしろ窓の方に向けて終わらせたかった。そこには一抹の悔いが残ります。

■地球全体のコントロール

――あなたは我々の未来がもはや二〇〇万年などではなく、たかだか四ないし五〇〇〇年足らずと仰言ったことがありますが……。

数年前ですね。我々は五年とか一〇年単位の計画ではなく、一万年単位の計画をもたざるをえなくなるだろう……こんな内容だったと思います。これから一万年もの間、地球の資源が何になるか想像できないなら、数世紀、いや最高数十世紀を越える種の生存を希っても無駄でしょう。自然に対する完全な勝利へと導いてくれそうな経済を、人間がコントロールする術を心得ているようには思えません。

――《最後に一匹残ったネズミと一緒に食べる最後の草を煮る（焼く）ために、空にされた最後の石油罐！》。以前あなたはこう書かれたことがありますね……。産業的・政治的秩序の論理はカタストロフィーを間近なものとするのでしょうか？

その問いに答えるには、現在ヨーロッパにおける種々の構造なり組織なりが何を意味しているかを見ておく必要があります。それは幻想的なものとなっておりまして……。たしかに科学が発達すれば、海藻[★21]や再生加工された排泄物を人間の食料とすることも不可能ではなくなります。こうした逃げ道を探すのもよいでしょう。でも、私としてはそんな条件下での生が生きるに値するとは思いません。人間がやがて他の天体に住みつくと考えることもできます。いわゆる地球脱出なるもので、幻想にすぎませんが、それによれば数百人の子孫たちがノアの箱舟に乗り、凍りついた地球から銀河系を越えて行くというのです。そして、宇宙船に乗れなかった数十億の人々は《大飢饉》に直面する。現在起きている飢饉はその最初の兆候かもしれません。我々が技術の発達を享受している現代にあって、低開発が、たとえば世界中のほぼいたるところで大地を損ねている牧畜民たちのように、実《あまりにも多すぎる者》、《分け前の少なすぎる者》に固有の特性であるというのは、実に由々しきことです。私はいかなる政党にも属していませんが、世界のあらゆる場所、あらゆる党派における浪費が倒産を余儀なくするのだと言わざるをえません。すでに往時のような餓死が再発しています。つまり、人は地球全体の経済を簡略的なかたちであれ、まだとてもコントロールするところまでいっていないのですよ。

■超＝燃料の開発促進

――原子力発電所の是非についてはいかがでしょうか？

米ソ二大強国の核保有量は人類を絶滅させるだけのものではありますが、私にとって核の冒険の中でもっとも危険だと思われるのは、全面的な核戦争ではありません。事態があまりにも重大なため、現実性がなくなっているからです。《自殺した地球》を案ずる者はもはや誰一人としておりません。一方、飼い慣らされた原子ということについて言えば、それは同日の談ではなく、そこではエネルギーを多様化し、消費を高揚させうる超＝燃料の開発促進が問題となっているのです。ことはうまく運んでいるものの、苦しいジレンマに陥っています。

私はいままでに人類の運命について自分の考えをかなり積極的に主張してきました。それは今日生じていることがたとえ進歩のつまずきではないにせよ、明らかにそれに近い何かであり、核エネルギーの利用もその何かにかかわる多様な要素の一つであると考えているからです。

――あなたとしては戦争がもはや起こりえないと考えられているのですね。

過激な戦争はおそらくより難しくなるでしょう。でも、今のところ、戦争は絶えずあちこちでおこなわれています。フランスを初めとするいくつかの国を除いては、世界大戦という形での戦争は起こらないでしょうが、恐怖なり、無理解ないし錯乱なりによって戦争が惹き起こされる可能性は否定できません。それはさながら唐突に幕の上がった芝居のようなものでして、そこでは放っておいてもいずれ姿を消してしまうと思われるものも直ちに失われてしまう。たとえば原子花火です。誰もそれを見た者はおらず、将来においても見る機会はないでしょう。

――それはどう仕様もないことなのでしょうか?

人はいつも物事がどう仕様もあって欲しいと望んでいます。人々が同じ意見をもつようなことが生じてくれればと願っているのです。しかし……。

■自然・神との接触喪失――あるエピソードから

――間近なカタストロフィーに由来する意識と宗教的意識のさまざまな再生との間には、何がしかのつながりがあると思っていられるのですか?

残念ながら、人間はその初源の世界を去ってしまっています。自然との接触の喪失、神的存在との接触の喪失です。クロ゠マニョン人の存在を必要とする所以がここにあります。

いかなる形であれ、人間に生存への方法を与えてくれる力の一つを放棄したり、混乱させたりするわけにはいきません。たとえばそれは人間が地球を離れる際、よりよい将来を透視させてくれる力です。言わばこれは照準力ないし洞察力の一つにほかならない。あるいは……服従の道具とでも言いましょうか？ いずれにせよ、それは人間の風景の一部となっていて、一般に危機の時には前面に出てくる。その傾向は精神的な要素を現在どれほど維持しているかどうかで異なります。

もう三〇年ほど前になりますが、モスクワからほど近いピアティゴルスクの修道院で、そこにいた若い女性と話をしたことがあります。修道院にはまだ修道士がおりましたので、話題はいきおい宗教論となりました。彼女は私に宗教的感情について尋ねました。宗教にはほとんど理解を示していないようでしたが、知ろうとする意志はあった——それはすでにしてまさしく宗教への一ステップではないか。私は大変なショックを受けたものでした。どう見積っても二十五歳を越えていないに違いない女性が、そんな質問をぶつけてくる。これは一種の逃げではないか？……。このようなことを語るのはかなりの困難が伴います。

通常、人は問題の一面しか見ようとしません。たしかに我々が想像しているようなクロ＝マニョン人は、俗信や誤解などに満ちていて……。いったいなぜそう悪くとってしまうのでしょうか。どの程度クロ＝マニョン人の実態を調べてのことなのでしょうか？

■装飾は住処である

明らかに音楽、とくに宗教的音楽は時折りその中に入り込むと心地よさを与えてくれる装飾《デコール》を創り出します。そうは思いませんか？

――思います……でも、《デコール》という言葉はどうも……。先史時代の聖域のことを想い浮かべての言葉なのですが……。

――あなたとしてははっきりとした意味をもたさなければならないのでしょうけれど……。かもしれませんね……。

もちろんです！　これは決して卑語的な意味で言っているわけではありません。むしろ《骨組み》とした方がよいかもしれません。でも、フレスコは壁の上にあるのですから、《骨組み》というのも正しくはない。そう、《装飾》は《骨組み》ではありませんね。

――つまり、住処《すみか》ということでしょうか？

そうですね、多分。

先史学でもっともよく分かっているのはマドレーヌ時代人についてです。彼らもやはり狩猟民であり、漁撈・採集民でした。いわば、すでにして我々と同じ生業を営んでいたのです。そして、当時のラスコー人たちの感情は、ピアティゴルスクの人々のそれとどこかでつながっていたに違いありません。

附：講演および論文

アンドレ・ルロワ＝グーラン教授就任記念講演

民族学と美学

無用の学問＝人間科学擁護のために

アンドレ・ルロワ＝グーラン教授就任記念講演

一九六九年一二月五日金曜日

コレージュ・ド・フランス学院長
同僚の諸先生方
そして、ここにお集まりの皆様方

このたび私は光栄にも偉大な当学院の一員に加えていただくことになりました。一世紀を経てブルイユ神父の講義を当学院で再開するにあたりまして、私の携わっている学問が再登場するにふさわしいとお考えいただきました方々に対し、とり急ぎ感謝の意を表明する次第です。ジョルジュ・デュメジル氏が一九四八年にブルイユ神父の後任となられたことによって、たとえ両先生の学問上の目的と手段とが明らかに異なるにせよ、文字で書かれた最初の資料が出現する以前の人類や諸文明の知られざる過去を対象とする研究活動に、本当の意味で継承性が生まれたわけです。同様に、私が今回ジョルジュ・デュメジル氏の後任として就任するということは、こうした伝統を打ち砕くものではないと自負しております。私としては、ある種の研究態度、つまり、研究目的とは一見無縁に思えるかもしれないようないくつかの科学的方法を採用して、文字のない時代に生きた人間たちの如実な実像に辿りつきたいという欲求を、自分自身この二人の卓越した前任者と共有していると思っています。ブルイユ神父が先史学の全部門を結合することによってなし遂げられたことを、デュメジル氏は寡黙な過去にまで文献学の流動的な岸辺を延長しつつ、いまも追求しておられます。いくつもの学問の接点に位置づけられるような講義を開講するにあたって私がどうしても喚起しておきたいのは、こうした二重の魅力を備えた学問的背景にほかなりません。

私の脳裏に刻まれている当学院でのもっとも古い思い出は、一先史学者の人生では滅多に出会えないような、ポール・ペリヨ、アンドレ・マゾン両先生の講義を受講していた頃のものです。私は自分の先史学に対する認識や北ユーラシア民族学に対する認識を深めてくれた方法の一部を、実はこの両先生から学びとっています。ポール・ペリオ先生から受けた学恩は二つあります。今でもうろ覚えに覚えております中国語の手ほどきをしていただいたばかりか、先生のおかげで、一九四一年にルーバ財団の講師となる名誉にあずかっているのです。アンドレ・マゾン先生からは、のちに非常に貴重な道具となったロシア語に対する私の理解の深化に加えて、ロシアの叙事詩《ブィリーナ》への変わることのない愛着の念をも授けられました。こうした二つの文献学上の逸脱は、後年自分が言語の古生物学的研究においておこなった専門外の研究に少なからぬ影響を及ぼすようになります。

最後に、私の協力者諸氏にも感謝の意を表明したいと思います。先史学は何よりもまず土の科学です。壁画洞窟においても発掘現場においても、これはチームで取組む学問となり、二〇年以上も前から、私は優秀なメンバーの方々と共同で作業する特権を享受してまいりました。彼ら全員、ことにジャン・ヴェルテュ、フランシス・ウール、およびミッシェル・ブレジヨンの三氏に対し、この厳粛な場をお借りして感謝の念を捧げたいと存じます。

‡

さて、先史学のもつ科学的な利点は三つあります。まず、ヒトがそこにいたという証明が得られるような埋没土の年代を確定し、そこから人類の進化が刻まれた時間的枠組みを確立しようとしていることです。次に、ヒトの身体的進化を、幾つもの時代にわたって連続的に積み重ねられた地層にひんぱんに現われた哺乳類の進化同様、明確にしようとしています。最後に、この学問はさまざまな物質的変遷の段階や、なおも追求しうる知的活動の発達度を通して、人類の文化的変遷をも明らかにしようとしています。最初の二つの側面には何らあいまいさの介在する余地はありません。これら二側面の一方は堆積学に、他方は古生人類学に対応しております。第三の側面、つまり文化的な証拠を研究すると同時に、当面われわれがつとめて取組むことになる唯一の側面は、先史学の成立以来、土の科学と人間の科学という二つの方向に分かれています。

たしかに、資料を特定の時代を特徴づける化石とみるか、それともある生活様式の証拠とみるかによって、文化的変遷は二つのきわめて異なる視点から考察できます。たとえば類型論的な先史学と民族学的な先史学は、文化分析の両極に位置づけられるでしょう。類型学は石器や骨器の形状の研究を通して年代学的階梯を構築しようとするものです。もっとも発達した段階にあっては、この学問は共時的に相互に結びつけられた典型的な遺物群を構成する傾向にあります。これらの遺物群には、その年代学上の価値とは関係なく、多少とも広大な地域を特徴づけるような実体的価値が与えられるでしょう。だからこそ、こうした段階では、類型学がいくつかの巨大な文化の流れを明らかにすることができるのです。一方、先史民族学は遺物のもう一つの側面、すなわち、単に形状だけでなく、その機能まで含めた側面を研究し、さらに文化の実体を特徴づけている共時的な遺物群を構成することをも目的としています。もとより、言うところの文化の実体とは、発掘された遺物に直接有形化されているのではなく、これらの遺物が相互に保持し合っている連関性のうちに有形化されているものを加えた過去の人類のさまざまな活動分野を、できる限り完全な形で覆うものではあります。

堆積学と古生人類・動物学、それに類型学的先史学の三学問は、層位学という方法論の強い絆で互いに結ばれています。沈澱物やそこに含まれる証拠遺物の漸進的な堆積を通して具現されていく、いわば垂直的な時間観を共有するこれらの学問は、一八世紀後半に生まれた層位地質学をバネにして、ともどもに一世紀半ほど前から第四紀に取組んでいます。むろんそれぞれに専門家はおりますが、三つの学問の一方から他方への移行によって何ら物質的な障害が生じることはなく、数多くの研究者たちは沈澱物や動物学上の証拠、生活遺物などを結びつけながら、自分の個性に応じて、多少の差こそあれ、ともかく先史学の幅を拡げてきました。そもそも先史学の研究は次のような経過をとって出現しています。まず、一九世紀中葉にブーシェ・ド・ペルトが沈澱作用や絶滅した大型の動物、人間が打ち欠いた石器に基づいてその論証を基礎づけました。続いて、ブルイユ神父は二〇世紀前半を通じて先史学者のもつ多価性を見事に示してくれました。彼はヨーロッパからアフリカ南部にいたる地域を調査し、堆積学と類型学を積極的に補強しながら、ある永続的な統合をなし遂げたのです。後世の研究によってたしかに多くの点に改良が施されたものの、その力線は今もってはっきりと感知できます。一九二九年の、おそらくはこの教室における就任講演の際に、彼は次のように述べていますが、その言葉以上に的確に層位先史学の統一性を言い当てることはできないでしょう。《層位地質学は他のどの学問にもまして、先史学的研究の基礎となっています。といいますのも、ただ層位地質学だけが、地層の研究を通して、そこに見出される骨片や加工物を堆積順に配分することを可能にしてくれるからです》。

それから一世代を経て、層位先史学の比重は今日著しく増大しました。それはもはやひとりの人間の手には負えないでしょう。道具をつくる直立した最初のヒトの出現から冶金術の出現にいたるまで、先史学の分野は、世界中のプロ・アマを問わず、何百人もの信頼のおける研究者たちや、無数の、だが、しばしば恐るべき遺跡破壊者に早変わりする非公式の人たちによって切り拓かれてきました。旧石器時代研究におけるさまざまな発見のおかげで、初期人類の過去を区切る境界線はみるみるうちに下げられ、半世紀ほど前にはおずおずと囁かれていたにすぎない五〇万年前という数字が、今ではゆうにその四倍にもなりました。放射性炭素年代測定法のような新しい技術や、それを応用面で拡大・強化した花粉分析を初めとする技術が、絶対年代学や各時代の植物相を決定する上で、ますます厳密化しつつある気候学の支柱となっている堆積学の進歩にプラスされるようになったのです。第四紀の沈澱物に対してつのる一方の地質学者の関心は、先史学研究の可能性をさらに全面的にふくらませるものと言えるでしょう。先史学者が類型的な遺物群を錦織にできるような気候・動物相・植物相からなる緯糸は、まだどこでも同程度にぴんと張られているわけではありませんが、この調子でいけば、層位先史学は早晩成熟期に突入するようになると考えられます。

では、先史民族学に対しても同じような気持ちを述べたり、あるいは、層位学が頭蓋骨の形状や類型学の対象となる珪土質の出土品を通して出合う人類の実生活について、我々がいったい何をはっきり知っているかと自問したりすることは可能でしょうか。人間が何たるかを知りたいという欲求は、古生物学者や層位先史学者にも等しく宿っています。そもそも研究の初めから、先史時代の人類の生活風景を描き出したいという欲求は、彼らのありようを時間の中に位置づけるために費された努力と緊密に結びついていました。しかしながら、層位学的な資料がまったく疑問の余地のない年代証拠であるとしても、我々の祖先の生活様式に関する限り、それらはかなり漠然とした一般論しか語ってくれません。十九世紀の中葉に提出された概念のうち、事実によって裏づけられるものは次のように要約されます。大洪水以前の人類は石の武器を製作し、それを用いて、今日では絶滅している動物種を含む大きな獲物を仕止めていた、と。そしてすぐさま、こうした重要かつ明白な概念に、気候変動や火の所有という要因、ついで現代人よりも身体的にはもっとアルカイックな人間に関する認識が付け加えられました。文化的変遷という概念もまたかなり早い時期に認知されています。それは、ブーシェ・ド・ペルトが一八四七年にすでに〈ケルト的古代遺跡〉と〈大洪水以前の古代遺跡〉を区別していたからです。基本的には層位学的な探求から抽き出されたこれら多様な概念は、ものを考えたり、作ったりする人類の存在を立証するのには充分でした。しかし、一九六〇年代から七〇年代にはかなりの拡大解釈がおこなわれています。当時、後期旧石器時代の人類が死者を埋葬し、加工品に装飾を施していたことは論証されていましたが……。

ところで、このような非常に一般的な資料では、人々の好奇心を部分的にしか満たすことができず、当初はある一つの機能が、きわめて明確に科学的財産を形作っていた無数の石器に与えられました。やがて、現代のいわゆる未開人が用いている石器なり、我々の金製品なりとの間での多少とも密接な類推がなされ、それに基づいて、石器にある特定の用途が付与されるようになると、類型学上の専門用語をつくり出すという要求が充たされ、ある程度知識欲も鎮静化しました。こうして類型学者たちは、あらゆるものを寄せ集めてつくった不揃いな兵器等から次第に解放されていったのです。削器、掻器、錐器、穿孔器、滑器……。これらはそれ自体の運命に委ねられたり、象徴的なものに還元されたりしました。先史学者たちの専門用語を論じたある最近の著作は、狭い意味で主観的なこうした用語法の総括をおこなっています。しかし、それは前期旧石器時代に特徴的なアーモンド状のフリント石器がたどる意味論的冒険を語り、次いで知識の発達に三つの契機をみる用語命名者《テルミノロジスト》たちの歩みをざっと跡づけているにすぎません。そうしたなかにあって、一八四七年、ブーシェ・ド・ペルトは柄に固定しえる石斧を発見し、その端が鋭利ではなく、丸くなっていることを示しました。ただ、人骨はまだ知られていなかったので、文化水準に関するどのような問題も提起されませんでした。初期人類は身体的にも知的にも我々現代人と似ており、金属器とフリントという材質を別にすれば、ロビンソン・クルーソーと同じ道具を用いていたのです。一八八三年には、人類のアルカイックな形態という概念はすでに確固として根づいており、ガブリエル・ド・モルティエはアントロポピテクス（類人猿）が柄を発明したということを暗に否定して、〈大洪水時代の斧《アッシュ・ディリュヴィエンヌ》〉を単なる〈握斧《クー・ド・ポワン》〉へと格下げしました。この〈握斧〉なる用語は、それ以後長期にわたって両面を打ち欠かれた石器に適用されつづけ、ようやく一九二〇年にいたって、ヴェゾン・ド・プラデンヌがあまりにも感情のかちすぎる動機に基づいてなされる機能的な用語法を断念し、この石器に今日もなお冠されている〈両面加工石器《ビファース》〉という呼称を発案することになります。

機能的に遺物を規定しようとするどのような試みも、主観的な推量に頼らざるをえないのでしょうか。特徴的な証拠を、想定された機能によってではなく、それらの形状によって明示しようとする類型学がたどった歩みと、機能の延長線上に形状をとらえる民族学の歩みとの間には、解剖学と生理学との間に横たわっているのと同様の隔たりが見出せます。これは実に興味深いことと言えるでしょう。たしかに実験は一連の骨・石器の製作法や用途に関する仮説の領域をせばめる上で最高の方法となっています。数ヶ国で、とくにフランスでおこなわれているフリント製の石器製作についての実験的研究や道具に残された使用痕の観察は、実質的な成果をあげるに至りました。骨に残された痕跡の研究は、間接的にではありますが、それらの痕跡をもたらした刃の機能と形状を特定できるまでになっております。研究をこうした方向に最初に導いた研究者は、アンリ・マルタン博士でした。一九〇九年、博士はフリント製の石刃の刃で骨に刻まれた痕跡から、ムスティエ期における動物の皮を剝ぎとる技術や、屠殺する際に肉を切りさばく技術について、いまもって範例的な論文をものしました。冶金術や製陶術と並んで、石器製作にかかわる技術論《テクノロジー》の領域でも、展望の効いた論文が数多くあり、そこには類型学の発達のみならず、発掘され、収蔵庫や博物館にごまんと集められた遺物の技術論的分析も大いに発達する余地がみられます。自らに課せられた層位学への役目を果たしたあとで、これら証拠は実験で検証され、ふたたびきわめて有益なる研究の対象となります。

これまで研究者たちは、主として層位学的関心から、ひとつひとつ集められた遺物しか論じてきませんでした。発掘が最高の条件下でおこなわれ、年代学的研究の要求に完全に適応するように思われる遺物であっても、それらが表現しえるであろう事柄の本質的な部分、つまり、人間がしばしば訪れた場所での遺物間の相互関係までは決して語ってくれません。遺物の空間的な位置取りが偶然の所産とは考えられません。というのも、使用済みの石器などを遠くに棄てるという行為自体、すでに意義をもつことだからです。どうにもちぐはぐと思える遺物群さえ、分析次第では、なお完全に理解できるようなある種の住居構造を示してくれます。しかし、層位学というソリッドな装置はこうした点を明らかにするのに相応しいとは申せません。層位学が編年に対して果たす役割は、民族学的研究への入口でとどまっています。先程も指摘しましたように、層位学的に発掘された遺物を有効に利用しようと思えばできます。ただ、そうした遺物から比較的特殊な相互の関連をとらえたいとする期待は、本質的に垂直な装置に基づく方法そのものによってはねつけられてしまうのです。もとより、ここ数年の間に、発掘から得られる科学的な利を増やす上で、より適当な調査方法を採る先史学者の数が増したという事実は、喜ぶべきことと言えるでしょう。しかしながら、民族先史学的な観察は、土が人間の移動といった動きを包みこむ広大な地域を相手にしなければなりません。このようにみてくれば、《垂直的先史学》を特徴づけるものと《水平的先史学》のそれとの間には、明らかに方法論上の不一致が認められるでしょう。ただ、両者とも互いに全面的に無視し合うことは不可能であり、偶然地層の断面で墓壙に出会ったような場合、層位学者はそれを発掘するにあたってふつうは水平的方法を採るものです。

最近まで、水平的発掘（埋没土の層位や勾配のあらゆる変化に応じた発掘という意味ですが）は、とりわけ旧石器時代の研究者たちにとって、なぜか層位学的発掘と較べて非常に影の薄いものでした。その理由としては、あるいは時間の節約が挙げられるかもしれません。つまり、広大な遺跡の地面を相手に大変長い時間をかけて無味乾燥な分析をおこなうより、むしろ地面を垂直的に発掘すれば、素早く確実な年代が得られる。こうして時間が節約されるなら、遥かに大量の沈澱物が吟味でき、もっと重要な遺物をもっと数多く見つける機会も増すだろう。そう考えられるのです。今までこうした議論は優位を占めてきており、なおもある場合には優越しています。ただし、その背後には何よりも歴史的な理由が控えているのです。連続する地層の層位学的発掘と平面的発掘のどちらを選択するかは、墓壙やきわめて顕著な構造物を初めとする特殊なケースを除いて、真に深く検討されているわけではありません。なるほど先史学は、その基本資料が層位学的発掘にあるような、地質学や古生物学といった地球科学と直接的な関連をもちつつ発達を遂げてきました。地層の断面を探査することによって、二世紀足らずの期間に、強固な基盤上に立つ地球の全体史が打ちたてられるようになったのです。当然のことながら、こうした作業はヒトの進化を具体化する沈澱物の薄い膜の歴史をトレースする上で不可欠でした。ただ、先史学の《自然科学》面は、人類の冒険史から汲みとれる情報の総体を通して、もうひとつの面、そう、《人間科学》という面が、人類の発達の全体図に実に豊かに貢献しえるということを多少なりと忘れさせてしまったのです。

先史学とは無縁な考古学者の方では、どの調査技法を用いるかという選択がついに問題視されぬまま、逆の現象がみられました。何よりもまず過去の偉大な証人を蘇らせるのに余念がない古典的考古学は、文字で書かれた証言からその年代を抽出し、必然的に巨大な遺跡の発掘へと向かっていきました。こうして先史学と考古学とは、その成立と研究対象の性質とにおいて方法論を異にしてきたのです。両者の研究対象の違いは、たとえば巨石記念物の場合のように、対象自体がいわばそれを取扱う方法を規定する際には、一層顕著なものとなっています。もっとも、先史学者は時に考古学者としても振舞い、層位学から《X線断層写真学《プラニグラフィ》》と名付けられるようなものへと自らの方法論を移してきています。しかしながら、それでもなおここ二〇年間、ごく稀な事例を除いて、旧石器時代の研究者が西ヨーロッパでとくに垂直的な発掘をおこない、無数の遺跡が、そこに住みついていた人々の生活を物語る組織立った証拠資料について、ごく一般的な情報しか抽き出されぬまま台無しにされてきたという事情に、何ら変わりはありません。こうした資料はいったいにさほど派手なものではありません。それに対して、古典考古学の場合は、先程申し上げました通り、いかなる先史学者でも必ず注意を向けるであろうような宮殿や円形闘技場といった、壮大な遺構を発掘するのです。先史時代人が枝をふいた小屋を設営した際には、きわめてささやかな痕跡が、つまり、歴史時代の発掘ならおそらく二次的な重要性しかもたないと考えられる痕跡が残るにすぎません。しかし、現生人のはるかな祖先を問題とする限り、どんなささやかなメッセージでも貴重であり、それが遠く遡れば遡るほどますます貴重なものとなるでしょう。

一方、先史時代の住居形態に関する発見が数を増した結果、先史学の発展にどのような外的要因が働いたかが明らかになっています。西欧、とくに後期旧石器時代に属する壁画洞窟の大半が発見されたフランス南西部やスペインでは、洞窟は数多く、その多くが重なり合った地層ごとに人間の生活遺物を埋納しています。このことから、洞窟が何千年もの間、代々住居としての役割を果たしてきた事実が立証されました。しかし、こうした一次的情報を越えて住居址研究を発展させたいという欲求や、人類がどのようにしてドメスティックな小宇宙の中で形成されたかを研究しようとする欲求は、研究者たちの心をとらえていた編年の豊かな乱立のために抑制されたままになっておりました。

これに対し、東欧では西欧とはきわめて異なった様相を呈し、稀にではありますが、継続する生活層が同一の垂直面を占めている黄土《レス》地帯から、いくつもの住居址が出土しています。これらの遺跡では住居址が互いに複合していないこと、数百頭ものマンモスの遺骸からなるデポがはっきりしていること、そして、住居址を包合する黄土が遺物自体を分離しえることなどが幸いして、いわゆるX線断層写真を駆使した発掘が促がされました。

一八九三年には、フヴィコがウクライナのキエフ市内キリーロフスキー街でマンモスのデポを発掘しています。一九一四年にはやはりウクライナのゴンツィで、シチェルバキフスキーとゴーラツォフがマンモスの骨を用いてつくった住居址群を発掘してもいます。その際、彼らはともに発掘団を結成しましたが、興味深いことに、彼らの理解は、現状に配列されたマンモスの頭骨や牙、平らな巨骨などが実は組織的な集合体をなしていることにまで及んでいませんでした。つまり、彼らはそこに残飯の堆積しかみようとはしなかった。しかし、残してくれた詳細な発掘図のおかげで、今ではご存知のように、文字通りマンモスの骨を骨格とした環状住居址の一つが復元されるまでになっています。一九二四年には、チェコスロヴァキアのドルニ・ヴェストニッチェでアブソロンが発掘をおこない、これによって旧石器時代の野外住居址が西進するようになります。しかし、先行者たちと同様に、アブソロンもまたこうした巨大塚のもつ建築的な性格についに気づかずじまいでした。そして、一九五二年、ザミアーチンがドン川河谷のガガーリーで発掘し、最初期の住居址が確認されるようになったのです。北ドイツのマイエンドルフでは、一九三三年にルストがトナカイ狩猟者たちの露営址を発見しています。

以上述べましたように、野外住居址の発見は西へ向けて非常に遅々たる歩みをみせていきましたが、ここではそんな歩みの経過を詳細に紹介する必要はないでしょう。我々フランスの研究者たちは、数年ほど前に、ようやく我が国にも旧石器時代の野外住居址があったという考えをはっきりともち始めて具体的な観察をおこなうようになり、各地での発掘の機会をとらえては、何とかそれを探求しようとするまでになりました。ただし、地質学的な性格からして、人目につきやすく、それだけ調査の対象となることの多い洞窟や岩陰遺跡とは逆に、野外遺跡《オープンサイト》は一般に分厚い堆積物に覆われており、その発見はほとんどの場合偶然によっています。たとえば建設工事や採鉱中に唐突に見つかるわけですが、そうした遺跡も重要性を認識する先史学者がいない限り、何の保存策も打たれないまま消滅してしまうのです。ともあれ、ゴーサン博士がドルドーニュ県のソルヴューでマドレーヌ期の住居址を発見した一九五七年以降、たとえばパ＝ド＝カレ県のアリーヌやセーヌ＝エ＝マルヌ県のパンスヴァン、ドルドーニュ県のラビエとコルビアック、アルプス＝マリティーム県のテーラ・アマータ〔ニース郊外〕といった遺跡で、住居址の存在が確認されるようになりました。こうした遺跡がフランスの北から南にかけて分布しており、年代的にも旧石器時代の全期にまたがるという多様性がみられるところからして、新たな調査領域が開拓され、ごく近い将来に、構造がなおも原型をとどめている野外遺跡も数多く発掘されるのでは、と期待されます。

巡り巡って、洞窟先史学の方でも同じ方向での展開が叫ばれるようになっています。ずっと以前から、先史学者は著作の中で炉址の配置や洞口ないし岩陰のデポに含まれる敷石片について触れてきていますが、遺跡の詳細な記述はもとより、写真もしくは発掘図もほとんど今日まで残されておりません。当時は、洞窟や岩庇が入念な整備の対象になりえるとする考えや、それらが野外に建てられたものと構造の似通った住居に対し、いわば二重屋根の働きをしていたかもしれないとする考えは、ごく稀にしか念頭に浮かびませんでした。こうした中にあって、ドゥニ・ペロニィが早くも一九二四年に、レ・ゼジー近郊のフールノー・デュ・ディアブル遺跡で、岩陰の壁面に沿って建てられた小屋の礎石と柱穴という下部構造を、見取図上に記載していたことは指摘しておいた方がよいでしょう。X線による断層写真観察法は依然としてきわめて未熟な段階にありましたが、彼の資料は我が国における先史学史上、画期的な意味をもっています。

我々もまた一九五七年に、アラン博士と共に、スペイン北西部のアストゥリアス地方にあるエル・ペンド洞窟のマドレーヌ終期層で、柱穴の配置線からはっきりそうと分かる半円状の住居址の一部——残念ながら規模はさほどではありませんでしたが——を発見しています。この発見には実は予備的段階がありまして、すでにその数年前から、私はフランシス・ウールを初めとする協力者たちとアルシー＝シュール＝キュール遺跡のレンヌ洞窟で、当時、洞窟の岩庇の下に継続的に設営された住居址としか説明しえないような構築物を記録していたのです。しかし、こうした考えが真に確認されるのは、我々が後期旧石器時代の初頭に属するデポの底に、二基の環状住居址を発見するまでまたなければなりませんでした。これらの住居址の床はいずれも石板や礫が敷かれており、骨組に用いられたマンモスの大きな牙——まだそこに横たわっていました——の柱穴によって囲まれていたのです。同じ年には、ガール県のラ・サルペトリエール洞窟を発掘したエスカロン・ド・フォントが我々と同様の確認をしています。そして今では、数多くの事柄から、後期石器時代人たちがふつう野外に設営したテントなり小屋なりを、洞窟が提供してくれる庇護の下に移して住居としたことが明らかとなっています。

住居の問題は先史学者に向けられたもっとも重要な問いとも言えるでしょう。他の大部分の遺構をどう解釈するかが、ひとえにその解釈いかんにかかっているからです。いったん家の形態や性格が決定されると、炉やちょっとしたオブジェの位置が意味を帯びてきます。それは人類のほとんど全ての活動が、まさに家という小宇宙に伴って表わされるからにほかなりません。また、もうひとつ別の面、つまり社会組織というよりはむしろ空間の人間化というレベルでは、最古の住居構造を明らかにすることが本質的な問題となっています。周知のように、肉体的にも知的にも我々にきわめて近い人々〔クロ＝マニョン人〕の手になる後期旧石器時代の遺構が発見されたところで、それ自体決して驚くことではありません。しかし、一〇年ほど前にウクライナのモルドヴァでなされた住居址の発見は、文字通り我々の度胆を抜いたものでした。というのも、この発見によって、伴出した夥しいフリント石器から、後期旧石器時代ではなく、何と中期旧石器時代に属する、マンモスの牙や大骨を用いて構築された直径一〇メートルほどの居住空間が明らかにされたからです。さらに、ここ数年の間に、H・ド・リュムレがフランス南東部のさまざまな遺跡で発見した前期旧石器時代のものと思われる遺構群は、解釈に多々難点があるとはいえ、建造物がはるか昔の第四紀にまで遡って見つかるかもしれないとの可能性を示しています。これは一方で、遺構のX線断層写真法による厳密な観察が不可欠にして急務であることをも訴えております。

ところで、住居構造の解釈とそこから導き出される結論とは、どのような発掘・記録法を用いるかに深くかかわっています。人間がある場所を頻繁に訪れ、炉址ばかりでなく、狩猟者や道具の製作者としての活動の痕跡を残すほど、そこに長期にわたって滞在していたという事実をおぼろげながら確認することと、仮説を育み検証する実験的基礎を裏づけるために観察記録を作成することの間には、なるほど程度の差こそみられますが、実はこの差が全てにかかわってくるのです。往々にして、発掘現場で遺構についての大雑把な見解を打ち出せれば能事足れりとしたり、いずれ博物館や収蔵庫の層位ごとに分類された抽き出しの中で、最終的に出土品と向かい合えばよいとして、数多くの遺跡の発掘がおこなわれてきた状況は、おそらく層位学上の固定観念に本来責任があるでしょう。しかし、私としては何よりもまずそれが科学的環境に、つまり研究者たちの意識とは無関係に、ひとしなみその関心を断層写真法による観察へと具体化させようとしなかった環境に起因するように思えます。

先史学は今日かなりの発展を遂げており、それについてのアウトラインを描くことも不可能ではありません。これまで繰り返し言われてきたことですが、地球は一冊の書物のようなもので、その重なり合った頁にはこうした断言を文字通りとらえ、地層をテクストになぞらえようとした歴史、すなわち、テクストを判読できるように復元する解析作業が語られています。たとえどれほど常軌を逸しているようにみえるにせよ、先史学者が後世の全ての調査研究を条件づけるテクストの作成に第一義的な重要性を見出すまでに、実は非常に長い年月がかかっています。発掘には証拠資料をただ単に地中から取り出すためのものと、往々にして遺物自体の証言より重要性を帯びた証言をなす情況そのものの中で、資料を考えるためのものとがありますが、これらの発掘は本質的に異なった作業と言えます。後者の発掘では、それが何がしかの意義を得るために、遺物の性質の如何を問わず、その本来の状態を細部にわたるまで遵守した地層の真の解析が求められます。いわば解読です。ところが、のちのちまで存続する文献資料とは異なり、先史学で言うところの資料とは本来的に消滅しやすいものでして、どうしても転写が必要となります。こうすれば、後世の世代に唯一のイメージを与えることができるでしょう。

研究者はそこでは遺跡の全体的なイメージを、つまり、将来個々の遺物なり遺構なりが、明確に最初のコンテクストから蘇るようになる精度にまで高められたイメージを記録するために、大いに努力しなければなりません。作業が着手されると同時に鎌首をもたげてくる解釈は、つねに記録に従属して、細部の解明に協力すべきものであり、発掘がそれによって真の経験となりうるような立証意欲を促すものでなければなりません。しかし、あくまでも事実のゆるぎない立証には一歩譲る必要があります。事実の立証をその解釈からははっきり分離しようとする先史学に特有なこうした姿勢には、自己満足に陥っていた過去の伝統的な研究にはほとんどみられなかった写真撮影などの発掘技術ばかりでなく、研究者から研究者へと解釈のもつさまざまな可能性を際限なく延長してくれる意味論の構築も不可欠です。

発掘者の個人的影響から最大限保護された資料を相手にする時に限り、解釈はしかじかの実験的な価値を帯びるものです。それはまた研究者自身と研究テーマとの対話を保証します。事実の領域が仮説の領域から切り離されれば、資料が消滅したために検証しえなくなった資料の曖昧さは吹きとんでしまうでしょう。たとえば獣骨の詰まったピット（貯蔵穴）があるとします。ある者はこれを儀礼的なデポと見、ある者は原材料ないし燃料の貯蔵庫と見ます。単なる塵芥場とするかもしれません。いずれにせよ、そこでは将来の立論に使えるような資料そのものの性質を変えてはいけません。つい先ほど述べましたように、遺物の位置が将来は遺物自体と同等の重要性を帯びるようになり、たとえ一括して発表されるのは無理だとしても、何百枚もの写真や図面による遺跡ごとの本格的な記録が、博物館の出土品コレクションに添えられることになるでしょう。実際、どれほど周到に準備されてはいても、ただ一つの遺跡を取り上げるだけで、そこに含まれるもの全体を明示するのは不可能なのです。たとえば炉の配置といった文化的特徴は、数少ない事例の比較対照によって、すっかり理解されないまでも、少なくともその特殊性が浮かび上がってくるまぎれもない構造となっています。

ところが、皮や樹皮、木などの今日まで残らない材料でつくられた什器や、食生活のように直接的に物質化されることのない文化的特徴のみならず、ごく僅かな例ですが、遊牧や定住生活、社会集団の等差比例といった経済的な特徴までも明らかにしようとする場合、事情はまったく異なってきます。そのありようが遺物・遺構相互間の連関性に潜在していると思われるこうした特徴をとらえるには、むしろ数多くの照合をおこない、さまざまな証拠資料を範疇ごとに空間的に位置づけ、できる限り多くの事例について、提出された仮説をいろいろ検討しなければならないからです。従って、そこでは数多くの遺跡に関する完璧な文献化をおこなわなければならない。ひとことで言えば、先史学者をして、同じ事実に対してなされた異なった解釈を比較する歴史学者の立場や、同様の個体間の変異を測定する生物学者の立場に置く必要があるのです。旧石器時代を取り上げるにしろ、後＝氷河期以後の時代を取り上げるにしろ、今日的な研究が向かいつつある志向性から判断すれば、民族学的先史学の要請に応じられる資料が不足しているというこのような状況は、可及的速やかに改善されなければなりません。

‡

これまでの話の中でまだ触れていなかった分野がひとつあります。審美的・宗教的分野です。物質文化の研究は最初期のヒトから冶金術の始まりにいたる先史時代の深層全体にかかわっていますが、それに対して、宗教的かつ芸術的問題は人類の進化の晩期、つまり中期旧石器時代末期以降、とくに後期旧石器時代以降にかかわっているにすぎません。今日まで物質面での充足を直接的な目的としない活動が確認されているのは、このたかだか五万年ほどの短い期間に限られています。こうした事実は旧人が呪術的ないし審美的表現を知らなかったということを意味するものではありません。ただ単に、それがまだ確認されていないこと、あるいはX線断層写真による資料が極端に不足しているため、今まであらゆる解釈が偶然性の強いものになっていることを意味しているにすぎないのです。それに反して、中期および後期旧石器時代の場合は、比較的数多くの、しかしその性質上かなり限定されている資料が使われています。これらの資料の中には、ネアンデルタール人や初期の〈ホモ・サピエンス〉による埋葬に関するものも含まれています。わけても特権的な対象として、しばしば他の遺構以上に詳しい報告がなされている墓壙がありますが、我々がもっとも数多くの情報を得ているのは、こうした宗教的とみなされる事例の領域にほかなりません。

一方、遺骨のデポや一定の居住地域における芸術的遺物群、傑作の隠し場所といった構造化された証拠資料については、ばらばらな情報があるにすぎず、そのため、非常に残念なことに、全体像をとらえるという研究がかなり遅れてしまっています。装飾品や線刻・彩色板、小像については、このような空白がとりわけ顕著なものとなっています。西欧にかかわる情報によれば、これらの作品が頻出する空間的状況に何らかの意味があったことは疑いえませんが、確固とした資料と出会うためには、中欧ないし東欧の先史学者の仕事を参照する必要があります。また、純然たる非物質的な欲求によって説明しうる事柄をあれこれ研究しようとするなら、ごく一般的な技術・経済・社会生活上の事例を断層写真的に分析しなければなりません。全ての活動領域にわたる資料を照合して、初めて多様な仮説の取捨選択が可能になるからです。それは、たとえば後期旧石器時代の夥しい遺跡で、住居址に赤色オーカの層がなぜ見られるかといった説明をする場合についてもあてはまります。こうした研究はようやく緒についたばかりであり、それだけに性急な断定に走ったりしないよう、数多くの観察が求められるのです。作業を展開していく上で立脚すべき軸のひとつと言えるでしょうか。

さて、〔先史時代の〕いわゆる芸術を語るため、ここで再びブルイユ神父の仕事を想起しておく必要があります。半世紀以上もの長きにわたって、彼は文字通り旧石器時代の芸術研究では並ぶ者のない世界的権威であり続けました。いや、先史芸術全般に関する、と言った方がよいかもしれません。フランス国内はもとより、スペインとアフリカ南部における人類の最古の芸術的活動を示す証拠資料から原史時代の初頭のそれにいたるまで、すなわち洞窟壁画や動産芸術について無数の発掘や模写をおこない、我々の現生人に関する知識にさらに始源の芸術という財宝を加えてくれたからです。洞窟芸術研究の先駆者としての彼はまた、ある編年の創設者でもありました。たしかに、これは史料の裏づけをもたぬ全ての編年同様、修正を余儀なくされましたが、当時の方法や考え方を配慮すれば、現在でもなお実り多い議論の土台となっております。彼はさらに芸術の解釈の面で、その起源に先史時代の呪術や宗教をみようとする仮説を、当時の何人かの研究者たちと共に擁護してもいました。この仮説は、アニミズムやトーテミズムが発見されたものの、ブッシュマン〔サン族〕やオーストラリア先住民たちがまだその社会制度の表層と信仰の外面しか見せてくれなかった、二〇世紀初頭の民族学における限界を反映しています。いわば彼は、時代の思想の申し子でもあったのです。それゆえ、あるいはこうも言えるでしょう。数十年経てば、より深化した民族学的展望を体現して、現在云々されているものにより近い仮説に辿りついただろう、と。しかしながら、彼は著作の中に『洞窟芸術の四万年』〔一九五二年〕にみられるような文章を好んで滑り込ませていました。そこのところを抜き出しておきましょう。《……科学なるものは着実に進歩していく。時につまづくようなことがあっても、その歩みは決して止まったりはしない……》。

ここ二〇年来、旧石器時代の芸術に関する資料は、かなりの数にのぼる壁画洞窟のおかげで豊かになってきました。最近発見されたこうした洞窟のうち、たとえばサン＝セバスチャン〔スペイン・バスク地方〕近郊のアルトヘリやアストゥリアス地方リバデセーリャ近郊のエル・ラムを初めとするいくつかの洞窟は、その壁画の質の点で重要であり、フランスではロト県（この数年間にいくつもの発見が相次いでなされている）のペルグーゼやルカドゥール、さらにブルゴス地方（スペイン北部）のオホ・グァレーニャといった洞窟は、図像表現の内容の点で重要性を帯びています。また、芸術的質とは無関係に、立地条件に特徴の認められる洞窟もあります。マイエンヌ県のラ・デルイーヌやセーヌ＝マリティーム県のグーイ洞窟などですが、これらは我が国における壁画洞窟の分布地図を北西部へと拡大するものです。一方、フランス＝スペイン以外の地でのもっとも重大な発見は、ウラル山脈の麓にあるカポーヴァ洞窟のそれでした。この広大な洞窟の内壁に描かれた図像群は、今のところ後期旧石器時代の洞窟壁画における東限となっています。これらの図像群は西欧全体の洞窟壁画と内容や構成の点で同一性を示していますが（マンモスを伴うビゾンと馬の造形表現、梯形記号や小棒図形の存在など）、たとえばドン川河谷のコスティエンキで発見された女性小像と、ウクライナからチェコスロヴァキアやオーストリアを経て、我が国のレスピューグやブラッサンプイへと至る地域で出土した小像群との間に同様の関連性がみられない限り、そうした洞窟壁画の拡がりをたやすく後期旧石器時代の造形伝統に帰するわけにはいかないでしょう。

先史社会、ことにヨーロッパの後期旧石器時代の社会は、たしかに我々が歴史を通して知っている社会ほど多様化しておりません。最近まで一般に考えられていたのは、そんな旧石器時代の社会を生きた人々の群が移動性を帯びていず、むしろ現代の人々のように定住性を有していて、これが彼らに固有の印として地域集団を特徴づけていた、ということでした。先史学者たちはこの種の印を、芸術同様、道具製作のうちにも認め始めていますが、近代の各地の社会とまったく同じように、民族的な多様性は芸術や物質的生活に現われるいくつかの優先的特徴を共有する、大きな文化的単位ないし斉一性に帰着するものです。とすれば、何らかの特権的なテーマが大西洋からヴォルガ河地域にまで拡がっていたとしても、これは多様な様相を帯びた文化的モザイクのイメージを矮小化するものではなく、逆にそれらを繋ぎとめるセメントとなっていたにちがいありません。

‡

芸術研究が、民族的特性のネットワークを貫き、広大な地域に共通してみられるテーマを空間的かつ時間的に輪郭づけるための一つの方法であるということは、前八〇〇〇年からなお同定されていない冶金術の出現期までの期間に集中した、後=氷河期の先史芸術に目を転じた場合、一層歴然とします。この芸術は天然資源の捕食に全面的に依拠する経済の最終的な開花のみならず、農=牧経済の急速な発達にも符合しています。従って、後=氷河期の各種の芸術を研究することは、現代文明の直接的な起源とも呼ぶべき文明の初期形態を理解する上で、きわめて重要なものと言えるでしょう。こうした芸術を研究する者は先史学と古典的な意味での考古学との境界に位置しており、そこでは数多くの作業が資料の提出や理論の総括に向けられています。さらに、彼の研究は今日まで採取経済なり初歩的な生産経済なりを営んできた集団を対象とする民族学とも非常に近い関係にあります。なるほどそれは、洞窟壁画の研究に較べて神秘的な雰囲気に欠けていますが、提起される問題によっては優るとも劣らない魅力をもつのです。

　さて、後＝氷河時代という過渡期の造形表現の中で、岩壁画や岩面画はとくに重要な位置を占めています。ヨーロッパのあらゆる地域においては、他の大陸と同様に、線刻・彫刻・彩色図像が岩陰下や洞窟内壁のみならず、ドルメンの支石ないし天井石、石碑、平板な岩面などの上にもその証言を残しております。これらはいたるところで、たとえばアルプス＝マリティーム県のモン（テ）・ベゴやイタリア・アルプス地方のヴァル・カモニカ周辺（第五章★10参照）、あるいは我々に身近なところではフォンテーヌブロー森のスタンプ階（漸新世）砂岩の洞窟内壁に、時には単独で、時には何千という群をなしてみられます。審美的な価値という点では旧石器時代の作品よりはるかに印象が稀薄ですが、純然たる幾何学様式からかなり躍動的な造形様式（網目状の直線群、円文、車輪文、十字文、謎めいた戦士像、一連の短剣や斧、女性像、鹿や野生山羊の狩猟風景など）へといたる図像は、いずれも一個の活き活きした世界を構成しており、これまで先史学者たちの関心をそそってきました。もっともいつもそうだったというわけではありません。というのも、これらの図像表現がしばしば稚拙で紋切型でもあったからです。そこでは北欧やアルプス地方、スペインのレバント地方の岩壁・岩面画〔線刻・彩色〕のような、大図像群だけが重要な研究対象に選ばれてきました。この数年来、こうした分野に対する関心が再び高まってきましたが、それはヴァル・カモニカに自ら研究所を設立したエマニュエル・アナティ〔彼はまたシナイ半島の岩面画調査もおこなっている〕の影響下で、岩面画にかんする研究や論文の発表がいろいろなされているところからも明らかです。ヨーロッパ以外では、アフリカの岩壁・岩面画〔タッシリ・ナジェールやカラハリ砂漠〕が数多くの研究テーマとなりました。シベリアの芸術についても然りです。ただ、中近東やインド、中央アジア、合衆国西部、南米の場合は、その可能性が示されただけでした。

数千年を経て今日まで残ってきたこれらさまざまな造形資料は、図像群の制作と類型においてある種の特徴を共有しており、それが互いに空間的な隔たりをもつ作品に何がしかの類縁性を与えています。時にマクロ的な視点からの総合的論述に用いられることもあるこうした明澄な共通性は、はたして真の文化的紐帯の存在を物語るものなのでしょうか。それとも、ひたすら外在的な偶然の一致にしかすぎないのでしょうか。図像の表現様式が思考の交流にかかわるもっとも流動的な要素の一つであり、それゆえ、いくつかの表現様式がヨーロッパ大陸はもとより、他の大陸へと伝播したとみるのは至極当然と言えるでしょう。しかしながら、これらの資料を体系的に検討するための基盤は、まだあまりにも脆弱なのです。

洞窟壁画や岩面・岩壁画を時代的にどう位置づければよいかという点も、やはり多くの問題を孕んでいます。たとえばカルテイヤックとブルイユ神父は洞窟壁画に対する認識がようやく固まりつつあった二〇世紀初頭に、壁画の重ね描きを分析することで本格的な層位学が、つまり堆積層位学に由来する年代学から必然的に導き出される相対年代学の基礎が形作られるとしました。その一方で、ラマン＝アンプレール夫人〔第十一章★8参照〕は一九五七年に、事例によっては明らかに有効ではあるものの、なお批判装置を欠いているこの洞窟層位学の限界を指摘しています。

時間的な変遷と空間的な伝播を解明しようとする先史芸術作品の批判的分析は、他の研究テーマ、すなわち、図像の制作方法や様式、内容などといったものの分析と不即不離の関係にあります。実際のところ、層位類型学や発掘民族学とは異なって、制作法や様式表現主題といった要素は、時間と空間によって密接に限定されています。従って、総合化への至近かつ意識的な展望に立たなければ、図像のもつ年代性と地理性とを切り離すことはできないでしょう。分析は全体的な造形資料に基づいて出立しなければなりません。つまり、コンテクストから切り取られた図像に基づくのではなく、全図像や洞窟、懸崖、岩塊などまで含めた一個の不可分の全体とみなされるもの、その継起的な位相が容器と先行する中身との影響を蒙ってきたものにこそ基づく必要があるのです。たしかに壁面全体をパリンプセスッス〔一度書いた文字を消して新たに書き直す羊皮紙〕になぞらえるなら、明らかに重ね描きされた図像群を分離するだけでその制作順が同定できるかもしれません。しかし、数多くの図像が重なり合っているような場合は、ほとんどつねに事情はより複雑であり、同時に新しい展望をも豊かに含んでおります。そこでは、完全なアンサンブルをなして何度となく繰り返される主題の全体像を比較対照することによってのみ、年代決定といった単純な問題ばかりでなく、審美的・イデオロギー的事象までを明らかにしうるのです。

図像の制作技術は年代決定の一助とはなりえます。とはいえ、種々の線刻技法や彩画技法の習得はきわめて早い時期になされており、一方、初歩的な技法への回復があまりにも頻繁にみられるため、技法の変遷は、これまで図像の年代を決定する際に比較的限定されたかたちでしか利用されてきませんでした。むしろ、様式分析の基本的な要素の一つとして用いられてきたのです。数多くの図像制作にみられるこうした技法上の相似性がはっきりと確定できれば、時間的にも空間的にも遠く隔たった図像間の親近度に均衡をもたせることができるようになるでしょう。

もうひとつの方向から言えば、表現主題の分析、すなわち、図像の制作技術や様式に対する批判を通して吟味された分析によって、どんなテーマが図像集合の構成要素として用いられたかが分かるようになるでしょう。今でもまだ旧石器時代の芸術なり後＝氷河期の芸術なりにみられる象徴的な図像配置がいったいどのような意味をもっているのか、なかなか解読するまでには至っておりませんが、それでも図像集合を方法論的に分析するという労多い道を選ぶことで、表現されたテーマの構造が明らかになるはずです。こうした作業は観念論的容器によってはっきりと明示された形態を浮かび上がらせます。ただ、数多くのテーマについて言えば、その正確な内容は相変わらず仮説の域を出ておりません。象徴間の言語的繋がりが決定的に消失してしまっているからであり、とくに同じ象徴的枠組が時代や地域によってさまざまな神話的ないし社会学的内容に適用されてきたからなのです。このようにいろいろ問題点こそ残されてはいますが、無文字時代の人類が住んでいた知の構築物の復元は、人類の生活の場であった実際の構築物の復元同様、大きな意味をもつものと言えましょう。

物質的生活と芸術という二通りの次元において、一見放埒に映りこそすれ、実は表現の可能性を豊かに内包していた人類の現実を探ろうとすることは、学院長、同僚諸氏、そしてここにお集まりの皆様、このたび私に託されました教育のほかならぬ原動力となるに違いありません。

民族学と美学

民族学が誕生したのは三つの潮流の合流点であった。制度の起源に魅せられた社会学者たちの潮流がまず一つ。次に人種の起源に魅せられた医師たちの潮流。もう一つは未知の人間が作り出した事物がもつ突飛で珍しい性格の虜《とりこ》になった好事家たちの潮流である。そこで私は、今回《ル・ディスク・ヴェール》誌への執筆を依頼してきた編集者が、これら三潮流のいずれに身を置いていたのか、自分なりに考えてみた――おそらく彼は第三の潮流の支流に、つまり、五〇年もの長きにわたって、芸術に対し何がプリミティヴ（原始的・未開的）とみなせるかを問い続けてきた者たちの辿った支流を追っていたのではないか。あるいは枠組の限界を突破したいという欲求に素朴に身を委ねていたのかもしれない……。

つい最近、ある女子学生が《プリミティヴ芸術》をどこで学んだらよいか尋ねてきたことがあった。たしかに我々のもとでなら、たとえば婚姻儀式を数式化したり、法的思考の流れを写真に撮ったり、あるメラネシア社会のありようを（数多くの巧妙な方法を駆使して）総括したり、あるいは、任意に選び出した民族の宗教を《手袋のように》くるりと裏返したりする術は学べるだろう。要するに、我々の民族学は方法論的に確実なものへアプローチするという科学の体裁をとってきたのだ。この科学は一種の記述装置を有しているが、必要とあれば数学や精神分析の方法も援用する。こうして応用科学なる品性を得るまでになったのである。しかし、たとえ民族学が社会経済的構造上の錯綜した諸問題を解き明かすとしても、プリミティヴ芸術の何たるかまで教示するものではない。

民族学者である私ごときがさほど口嘴を差し挟む問題ではないと承知しつつ言えば、プリミティヴなるものを研究している人々においては、事物の美しさに対する知覚が磨滅している、などと決めつけてはならない。ただ、そうした知覚にはある種の罪障感が、時には羞恥心すらも含まれているのだ。ともあれ、時代遅れの情熱に屈しないほどの摩訶不思議な美しさをたたえているとして、長年エキゾチックなオブジェが収集されてきたおかげで、そこから技術的な必然性や法的圧力、宗教的な至上命令などのシンボルが抽出できるまでになっている。この場合、感覚が独自のリズムで知らず知らずのうちに知覚しているものは、それがあまりにも瞬間的なため、おそらくついに日の目を見ずに終わってしまうのだ。

人間集団のもつ個性全体は、あらゆる精神的な所産同様、どんなささやかな物質的生産物にも潜んでいる。たとえば東洋学者は（世界中から集められた）無数の釘の山からたった一本の中国製の釘を見つけ出したりするが、これなどはもっともよい例であろう。そして、もしこの釘が中国語で一篇の唐詩のようなものを口ずさむとしたら、当然その歌詞の翻訳が試みられなければならない。問題はここで邪魔物がひとつ顔を出すところにある。つまり、しかじかのオブジェが中国語で何かを語っていると感じることと、語られる内容を反復することのあいだに、紛れもなく民族学が介在しているのだ。それは往時の民族学や現代の民族学のみならず、これからなおかなり長い道程を辿らなければならない民族学でもある。

こうした民族学は次のような素朴な事例に対する理解から出立した――頭蓋は長いか短いか、腰巻の色は黄色か青色か、巡礼の女がまとっているのはサージ風のニット服かそれともマオラン〔ニュージーランド原産のユリ科植物。草の繊維が織物や縄などに用いられる〕の縄目文の入った粗布か、オジたちは互いに同母異父の関係にあり、親族構造は母系制となっているか……。これら単純なデータはやがて錯綜し、それぞれに重なり合うようになるかもしれないが、今のところはなお初歩的な段階にとどまっている。あるいはこうも言うことができるだろう。民族学は月の満ち欠けを通じて、百年の単位から秒単位に至る《全てを刻む》時間のメカニズムを記述しえるものだと。だが、これによって色彩なり形態なりからなるシンフォニーといった、まったく別の現象界に対する理解が得られるわけではない。

民族学者はしばしば美術史家と同じ壁にぶち当たる。たとえばギリシア先史時代の彫像一体から数多くの直径が抽出され、プレ・コロンブス期の一胸像の直径と比較されたりする。しかし、これだけでギリシアなりメキシコなり〔の文化〕を語ることはできない。シンフォニー作曲者の《インスピレーション》を明らかにしようとするには、その全ての音がもつ長さや強度が測定されなければならないのだ。なるほど、民族学は客観的な観察へ、計測・計量可能なものへと次第次第に向かうようになったが、もろもろの作品のうちに人々の個性を読み取る術を学ぶ代わりに、本質的に実用性のある参照システムの中で人々のサイズを比較する術を習得してきた。しかし、これではフランやポンド、ドル、ルピーなどの換算表が各国の通貨制度間の関係を保証するのと何ら選ぶところはない。

民族学という道にひとたび足を踏み入れた以上、私としてはこの学問と一戦交えるつもりはない。アフリカの農耕民に必要なカロリー量や、その親族制度なり宗教的表現〔宗教的思惟とまではいかないにしても〕の構造を知ろうとする場合、民族学は決して不毛な道ではなく、むしろ分析的で実際に有効性を帯びているからである。

しかし、問題はもう一つ残っている——言語が思考を《綜合する》〔分析するのではなく〕ものたりうるなら、それがいったい何なのかすっきり言い表わすことも可能なのだが……。一例を挙げてみよう。〈刀剣の刃〉の反り具合はカビール人〔アルジェリア〕やトルコ人、ペルシア人、日本人、インドネシア人などの剣を特徴づけている。この反りは剣が戦士を飾り立て、同時に敵の首をはねるという二重の可能性を具現するものである以上、技術的な特性よりも多くのことを物語ってくれる。それはまたカビールやトルコ、ペルシア……の陶器や家具調度品の中に見られるさまざまな価値をも明らかにしてくれる。こうした反りの何たるかを《示すこと》は、個々の集団がもつ《個性の何たるかを名状すること》に等しく、困難を伴うが、我々はそうする代わりに三通りの抜け道を用意している。まず、反り具合を描写する――これは無音記号を繰り返すだけのことにすぎない。次に、反り具合を計測する――これは蒼白い痩せこけた人物を踊り子の肖像画と取り違えるようなものだ。最後に、反りがカビールの剣のものだ、トルコの……だと唱える。これでは何も言わないに等しい。

どうやらまたしても悪路に入り込んでしまったようだ。《うっとり見とれるほどであり、きりりと締まって勇ましく、きらびやかと思えばふんぞり返っており、まことに曰く言い難い》。悪路の悪路たる所以であるが、これは悪しきエキゾチズムに属する。情動にかんするきわめて貧弱な語彙をもってしては、所詮形態の文法に取って代えるわけにはいくまい。

色彩についてはどう言えばよいだろうか。たとえば日本人の下駄の鼻緒の色を名づける際、《焼き上がったパン》とか《黒人の頭》のようなものと表現したとする。しかし、これは笑止千万なことであり、嬰ソ音をして《ヘ音とロ音のあいだの音》と説明するに等しい。鼻緒の色をもっと正確に言い表わしたいなら、《色相表》を手に取って、《おおよそ四分の一の色調にある》と当たりをつけるのだ。そうすれば、鼻緒の茶色が《二七四番》だと分かってもらえるだろう。

数年前、私は一五〇色あまりの色見本を作成し、誰彼構わずその中から各自好きな色を選ばせたことがある。アフリカ人にはアフリカ人の、中国人には中国人の好みがあった。金髪の者は褐色系統の色を好まず、一九〇〇年のブルジョワたちは一九五〇年の学生たちとは別の色を選択した。そのつど一見しただけで分かったのは、階級や時代に特有の対応の仕方があるということだった。しかし、いったんやり方を数字化してしまうと、この選択はどうしても科学的雰囲気を帯びざるをえなかった。そして、選択者たちも《スーダン》音楽や《一九〇〇年》当時のことなどを語り出し、なかなか本番に臨もうとはしなかった。

ところで、言語なるものは一つの次元しか規定しない。それ以外の次元はあるいは示唆のうちにあるかもしれないが、少なくとも何一つ表立って表現されることはない。一方、紙には二つの次元がある。ただし、一本の線であることばを表現するには、一つの次元がかかわるにすぎない。メラネシア人の心性を扱った書物を何巻も多色刷で刊行したいと願うのは、メラネシアのさまざまな物産を使用法も分からぬまま売り出すことに等しいだろう。

客観的な分析方法から出発した民族学者は、これまで科学的思考の埒外にあった世界の中にいる。生物体を植物塩基《アルカロイド》のちょっとした痕跡にいたるまで分析しえるのに、それをもって《四つ足で歩き、鳴き声を発するような綜合化》を何ほどもなしえない生物学者と同様に、民族学者もまた無力な状態にいるのだ。

私はこの文章を何らペシミズムを混じえずに書いている。人類のあらゆる所産を通してリズムを知覚することに、私はいままで何ら煩わしさを感じてはおらず、それどころか、過去二〇年間こまごまとした分析作業を自らおこなってきて、そうした知覚に対する感受性をなお瑞々しいまま維持してもいる。そんな私が美術史を見棄てたのは、作品が内包しているもの一切を申し分なく表現する手段をそこに見出せなかったからにほかならない。あるいは、《地質学的に》そこに存在する石を表現する際に、たえず形容詞の題目を唱える以外に方法がなかったため、と言ってもよいだろう。何かを選択する。この行為にはありとあらゆる理由（経済的、技術的、宗教的、政治的）が介在してくる。たとえば石工がいるとする。その額に汗が見える。手の動きがある。だが、そこで彼が石に与えようと考えているフォルムは、決して石自体から出てくるようなものではありえない。やがて出現するフォルムは石工の手による表現であると同時に、時代の絶対的な表現でもあるからだ。つまるところ、表現とは時空のただ一点において、あらゆる作品や思考から透けて見えるもの全てを、作品という形で数語で表わす行為となるだろう。

時間的・空間的に外的な芸術は、一種のエキゾチックな刺激剤として用いられている。

そうした芸術が果たす役割は、少なくともキンキナ〔キナ属の木で皮はマラリア治療用のキニーネに、樹液は食前酒に用いられる〕と同等の有効性を帯びている。しかし、つねに高貴な人間を探求しようとする我々にとっては、多少なりとそれを部分的に綜合化することが必要とされる。このような手段は実際のところあまりにも性急かつ厄介な代物である言語には求められそうにない。かりに人間集団のもつ個性を表わすために何がしかの努力がなされうるとしたら、とりあえずは、対比以外のいかなる注釈も付さぬまま、そんな個性のもつフォルムや階調をいろいろ列挙する努力をしてみればよいだろう。

——《ル・ディスク・ブルー》誌、第一号、一九五三年所収

無用の学問＝人間科学擁護のために

人間を人類の基本的要素としてとらえるようなさまざまな学問領域においては、研究をおこなうことがますます困難になってきている。戦後はそれでも大いに期待を抱かせたものだった。一九四五年から六〇年にかけて、とりわけ国立中央科学研究所で、私は民族学、人類学、先史学の各部門にゆるやかな研究の枠組みが設けられていくのを目のあたりにしてきた。当初のこうした研究上の枠組みによって伝統的世界、すなわち人類が何千年にもわたってその生の大半を営んできた世界、人類的規模の社会がそこで徐々に形成されてきた世界に対する展望が開け、これが必然的に研究者や研究手段の需要増をひき起こすことになった。

だが、現状は人間諸科学に対する関心こそ認められるものの、それらに対する責任はきわめて不完全にしか引受けられていない。近代社会は心理学と社会学を介して、大衆操作の技術として直ちに適用しうると思える方法を探ろうとするあまり、その冒険が三〇〇万年前にはじまり、極圏から赤道直下の密林の奥地にまで及んでいる総体人《オム・トタル》の研究を、基礎的研究というさほど名誉にもならない位置へと追いやってしまった。今日、人間に関する多様な学問が注目をあびる度合は、ほとんど取り上げられそうにはないが、生産と消費に対してそれがどれほど値打ちをもっているかどうかにかかわっている。これらの学問では、人間と言ってもあくまでも西欧人ないし西欧化された人々を指し、さらに、今もって関心の対象となるのはほとんどつねに社会自体であって、人間はできるかぎりその対象から外されている。大衆としての人間がもっぱら社会＝経済的基盤とみなされることはあっても、人間集団が生物＝経済的均衡の定式とみなされることはない。こうした立場は一定の民族的環境を示すものではなく、実にさまざまなレヴェルで、無差別的にあらゆる工業社会に、つまり、肥大化する一方の群衆の欲求に対応するため、たえず増大する富の生産サイクルに組込まれた工業社会に影響を及ぼしているのである。それはまた、進歩を理想の夢として他の社会にも影響を及ぼす。数年前なら工業社会の真の相貌《すがた》を無視しようと思えばまだそうできた。ところが今日では、周知のように先進諸国と発展途上国との隔差が自然に解消されるあてはまったくなく、たとえば石油問題が一度火を噴くだけで、非常に確固たる経済的均衡にひびが入ってしまうまでになっている。

最近になって、我々はようやく生物世界が海底にいたるまで汚染されており、近い将来、指数的な増加を余儀なくされる人類の生存は、自らの支えとして役立つ生物・鉱物世界の存続とは相いれなくなってしまうだろうということが分かってきた。

そこでは技術の進歩を俎上に載せることが問題なのではない。むしろ地球や人類の財産であると同時に自然の財産でもあるものを、合理的にではないまでも、少なくとも納得のいくよう管理していく上でそうした進歩を活用することがきわめて重要なのである。いわゆる文明病のために自然的なものと人間的なものとの関係にずれが生じ、ついに両者が乖離する事態にいたっても、さまざまな人間科学のうちで一見もっとも功利的ではないように思える部分が、われわれを支えるきわめて微細な宇宙塵の首尾一貫した管理プランを実質的につくり上げるかもしれないということに、いち早く注目しておかなければならない。

こうした態度は、取り返しのつかないカタストロフィへと至るひとつの過程に、それが緊急に介入しなければならないとする要請が生まれない限り、おそらく野心的なものと映るだろう。このまま科学が進歩すれば、何世紀たっても、いや、きっと未来永劫に人類が地球の代わりになる天体を見つけ出せないということがはっきりするだろう。いずれにせよ、技術の進歩が明らかにするのは、幾世代を経たのちに初めて重要な問題がいろいろ提起されるという点ではなく、わずか数年後には、全体的な均衡を回復するにはもはや遅すぎる事態となるだろうという点である。

人類がもはや人間の等身大でなくなっていることは改めて断るまでもない。言わずもがなのことではあるが、我々は自分たちの文明が全てにわたって優越していると確信するあまり、これまで侮蔑の対象としてきた均衡をそれなりに保ってきた数多くの文明を、自らの手で崩壊と消滅へ追いやってきた。たしかに一〇〇年前には、精神的あるいは美的価値を技術的手段と切り離したり、我々が自ら教える、というよりむしろ学びとるべきいくつかの領域に巣くう自民族中心主義《エトノサントリスム》を放棄したりするのは困難であった。では、今日同じような立場を堅持してもよいのだろうか。富める国々は人間の背丈に見合う世界を近似的な手段を駆使して何とか取戻そうとしているが、そうした国々での増加の一途をたどる民衆を前にして、機械による隷属化という事態にはまだ陥っていなかった、もろもろの社会における均衡の定式を際立たそうとする学問を、なおマイナー視続けるのは可能なのだろうか。事態が切迫の度を加えている現在、ますます画一化《モノトニー》が勝利をおさめつつある世界文化の中で、そのイメージを守り抜くことが我々にとって少なくとも有益と思われる人間集団の密度を稀薄化させる権利が、いったい我々にあるのだろうか。

オーストラリア先住民が何の役に立ちうるのか、ネアンデルタール人に対する造詣の深さがどんな意義を持ちうるのか、私には分からない。しかし、我々自身の進化がしばしば期待とは裏腹の結果に終わったこと、また、現代文明とその発達が、我々のとは異なっていた無数の人々の文明との出会いに失敗したことなどを前にして、人間の特質を文字通り理解する道具が欠けていないかどうか、自問してみてもよい。どれほど無償性に富んだ人間科学でも、一世代を経れば、人類ないし社会のためにもっとも有効なものとみなされる可能性についても、ここでしっかり考えておいた方がよい。そうすれば、人間が顧客としてではなく、あくまでも一個の人間存在として研究されなければならなかったということに遅まきながら気づくはずだ。だが、それでもなお我々の責任は決して軽くはないだろう。

──《ル・モンド》紙、一九七四年三月二七日、所収

訳注（短い注〔言叢社版の欄外注〕については見出し語を省略してある）

【第一章】

★1　**ブルイユ神父** BREUIL, Abbé Henri……一八七七―一九六一年。フランス先史学の大成者。司祭に叙されて一年後の一九〇一年、ルイ・カピタン（一八五四―一九二九年）やE・ピエット（一八二七―一九〇六年）と共に発見されたばかりのレ・コンバレル洞窟の線刻壁画調査に赴く。さらに彼は近接するフォン＝ド＝ゴーム洞窟を初めとするフランス内外の先史洞窟を調査し、持ち前の画才を如何なく発揮して貴重な模写を数多く手がけた。

一九〇五年、フリプール大学（スイス）の無給講師となった彼は、後期旧石器時代の編年作成に着手し、翌年オーリニャック期を所定の場所に置いた編年を発表する。そして第一次世界大戦が終わると、前期旧石器時代にまで学問の垂鉛を下ろし、アブヴィルやルヴァアロワ、クラクトン、タヤクなどの時代画定をおこなって自らの編年を修正する。いわゆる《ブルイユ編年》がこれである。

一九二九年、彼はルロワ＝グーランが担当することになる先史学講座をコレージュ・ド・フランスに創設し、九年後にはフランス学士院会員に選ばれる。一九四〇年代初頭から五〇年代後半にかけて、彼の活動地域はさらに拡がり、ヨーロッパはもとより、テイヤール・ド・シャルダンと共にエチオピアやソマリアに旅したり、南アフリカでの岩面画調査なども実施している。主著には先史芸術研究の聖典とも言うべき『洞窟芸術の四〇〇世紀』（一九五二年）がある。

★2　**様式Ⅲ**……ルロワ＝グーランは後期旧石器時代芸術における表現様式の変遷を次頁の図のように整理

様式 I（オーリニャック期） 1～4：セリエ岩陰 **様式 II（グラヴェット・オーリニャック後期）** 5：ラ・フェラシー 6：カスタネ 7：ラ・フェラシー 8：ガルガス 9：イストゥリッツ 10：コスティエンキ	**様式 III（ソリュートレ・マドレーヌ前期）** 11～13：ラスコー 14～17：ル：ザビュー 18：ペック・メルル 19：ル・ポルテル 20～22：ラス・チメネアス 23～27：エル・カスティーヨ 28：アルタミラ 29：ラ・パシエーガ **様式 III のビゾン** 30：ル・ガビュー 31：ペック・メルル 32：ル・ポルテル 33：ラ・パシエーガ **様式 III（マドレーヌ前期～IV 期）** 34：ヴィラール 35：ラスコー 36～37：ル・ガビュー 38：ペック・メルル 39～41：クーニャック 42：ル・ポルテル 43～48：ラ・パシエーガ	**様式 IV 前期（マドレーヌ III～IV 期）** 49：ラスコー 50：マルスーラ 51：アルタミラ 52：ラ・パシエーガ 56：レ・コンバレル 57：フォン＝ド＝ゴーム 58：ベルニファル 59：ニオー 60：ル・ポルテル 61：ピンダル **様式 IV のビゾン** 53：ラスコー 54：マルスーラ 55：アルタミラ 62：フォン＝ド＝ゴーム 63：ニオー 64：ピンダル 78：ベルニファル 79：モンテスパン 80：ラス・モネダス **様式 IV 前期** 65～69：レ・コンバレル 70：ベデイヤック 71：ユサ 72～74：トロワ＝フレール 75～76：ピンダル 77：ラス・モネダス

記号の年代的・地理的分布

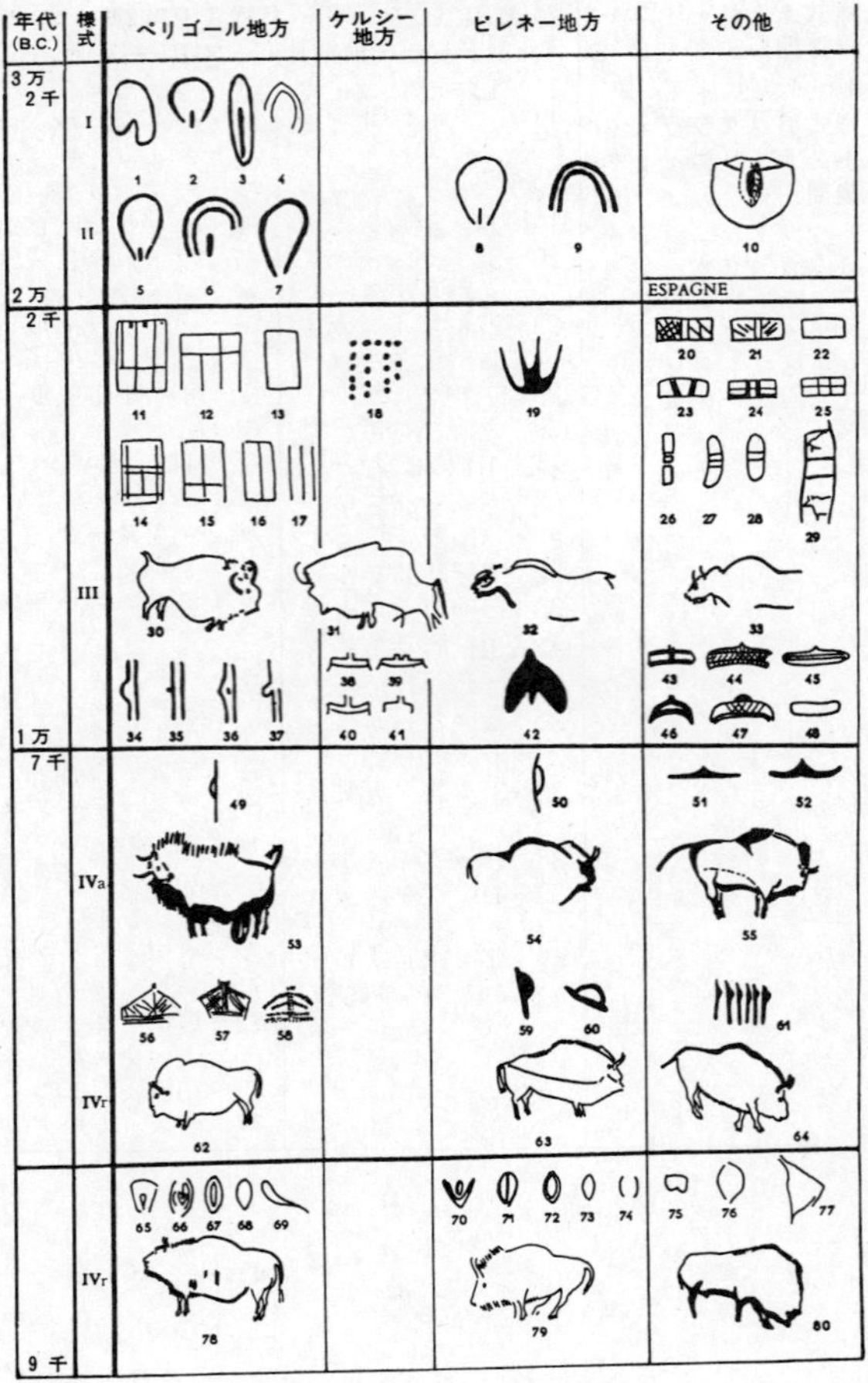

男性・女性のシンボル

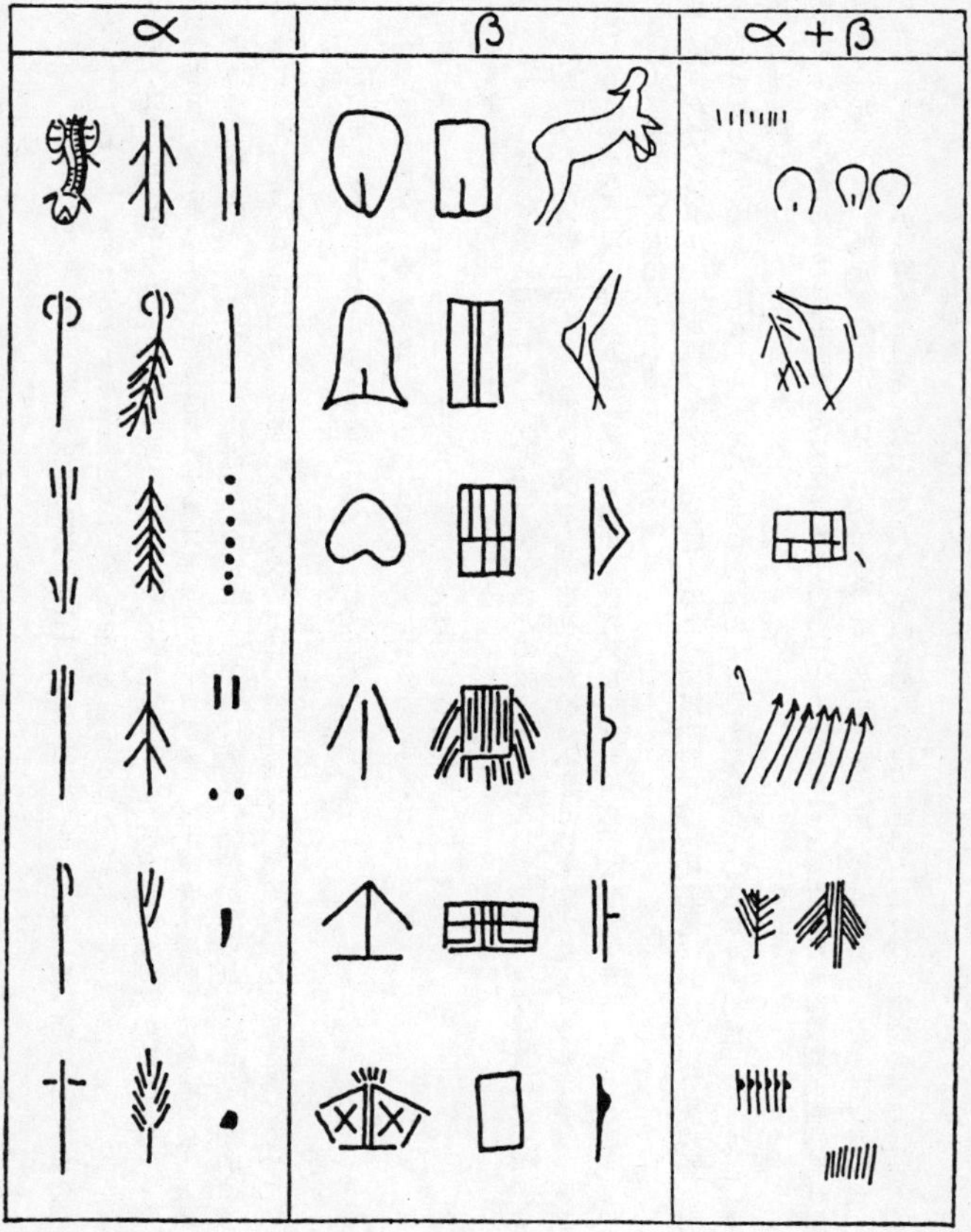

している。詳細は *Les religions de la préhistoire*, P.U.F., 1976, Paris, pp. 87-90（蔵持訳『先史時代の宗教と芸術』、日本エディタースクール出版局、一九八五年）を参照されたい。

★3　**アウストラロピテクス**……南アフリカのタウングス近郊で一九二四年、イギリスの古生物学者・形質人類学者R・ダートによって発見されたアウストララントロプス（第十章★4参照）に属する最古人類。歯の構造は明らかにサルよりもヒトに近く、前頭葉や頭頂骨に著しい発達がみられる。また、知的にもかなりのレベルにまで達しており、自然石を打ち欠いて作った礫器によって原初的な狩猟をおこなっていたとされる。

★4　しばしば棍棒代わりに用いられた。

★5　『身ぶりと言葉』（巻末著作リスト136―137）。

★6　荒木亨訳　新潮社　一九七三年／ちくま学芸文庫、二〇一二年。

★7　巻末著作リスト14。

★8　一五三〇年、ギリシア語やヘブライ語、数学などの教育を目的としてフランソワ一世によって設立された機関。ソルボンヌに近接して建っているが、当初の意図はあまりにも強大化したソルボンヌを牽制するところにあった。現在は約五〇の講座を擁す。教授陣はいずれも大家で、アカデミー・フランセーズの会員は大半がここを経由している。

★9　**男・女性シンボル**……ルロワ＝グーランはこのように後期旧石器時代芸術における記号表現を、男・女シンボルの二元論としてとらえ、それを前頁の図のように類型化している（α＝男性、β＝女性、α＋β＝両性表現）。

★10　**ペック＝メルル** Pech-Merle……フランス中南部ロート県のカブルレ近くにある後期旧石器時代壁画洞窟。一九二〇年、地元の少年が発見したのを受けて、先史学者で洞穴学者でもあったルモジ神父（一八八二―一九七〇）が予備的な調査をおこなった。壁画廊の長さは二km以上に及び、両側の壁面にマドレーヌ各期の図像が描かれている。その中でもっとも見事なのは孕んだ（?）馬群の壁画と、主室壁面の半分を占めるビゾン＝オーロックス＝マンモスの黒色フレスコである。

【第二章】

★1　縁が高く頂が平らのひさし付き帽子で、主に下士官たちがかぶる。

★2　パリのセーヌ河岸にあるアンリ・ルソーや博物学者ビュフォンゆかりの植物園。自然史博物館の一部で、中には動物園や動物学関係の陳列館もある。

★3　**シャペル＝オー＝サン** Chapelle-aux-Saints (la)……フランス中部コレーズ県のブリヴ＝ラ＝ゲイヤルド近郊にある中期旧石器時代洞窟遺跡。一九〇八年、ブルイユ神父のパートナーの一人であるJ・ブーイソニィ（一八七七―一九六五年）がL・バルドン神父と弟の三人で発掘し、洞内の一・四五×一mのピット内に屈葬されている典型的なネアンデルタール人（五十歳代男性）の遺骸を見つけた。この遺骸は頭を西、足を東に向けて埋葬され、頭部は動物の骨で囲まれていた。

★4　**マントン人** Menton (Homme de)……地中海を望むフランス・イタリア国境のバルツィ＝ロッシ（《赤い器》の意）海蝕洞窟（一二ヶ所）の中・上層から出土した、約一〇体のクロ＝マニヨン人の遺骸。マントン村（フランス側）に属するところから、しばしばこう呼ばれる。発掘調査は一八五〇年代から一九七〇年代まで数度おこなわれているが、一八七二―七五年、洞窟懸崖を貫くニース＝ヴェンティミリア間の鉄道トンネル工事に先立って、医師で先史学者のE・リヴィエール（一八三五―一九二二）らによる発掘がなされ、カヴィヨン洞窟やアンファン洞窟で最初の遺骸が見つかっている――このうち、とくに後者をグリマルディ人（骨）と呼ぶ。なお、一九七一年にはカヴィヨン洞窟などの壁面で動物線刻画も発見されている。

★5　あざらしの皮で作った小舟。

★6　**ラスコー** Lascaux ……フランス中部ドルドーニュ地方のモンティニャック村近郊にある代表的な先史壁画洞窟。一九四〇年、飼犬を追ってきた土地の四人の少年たちによって偶然発見された。洞窟の構造は大別して主洞、奥洞、支洞（後陣、身廊、《井》）の三部からなり、とくに主洞は「牛の部屋」と別称されている通り、壁面を見事な牛群のフリーズが覆っている。

ブルイユ神父は最初主な壁画の制作時期をグラヴェット期としたが、最近ではソリュートレ末期～マドレーヌ初期とする説が受け入れられている。一九六三年より図像保全のため一般人の洞内見学は認められていない。しかし、一九八三年七月に主洞を原型通りに再現した「ラスコーⅡ」が近くに作られ、多くの観光客を呼んでいる。

★7　蔵持訳『先史時代の宗教と芸術』日本エディタースクール出版部　一九八五年。

★8　**マルセラン・ブール** Marcellin Boule……一八六一―一九四二年。フランスの地質・古生物学者。最初はL・ラルテ（一八〇一―七一年）の、次にE・カルタイヤック（一八四五―一九二一年）の薫陶を得た彼は、一八八八年に『人類の層位学的古生物学研究』*Essai de paléonthologie stratigraphique de l'homme* を発表し、先史学者G・ド・モルティエ（一八二一―九八年）の単一氷河期説を否定して、三氷河期説を唱えた。しかし、彼はその最終氷河期のみを第四紀においただけにとどまり、大部分の先史学者たちが第四紀に四氷河期を想定するようになったのちも、なお自説を曲げようとはしなかった。一八九三―一九四〇年までの約半世紀にわたって《アントロポロジー》誌の主幹の座にあり、学界を指導した彼は一九〇二年に本文にある自然史博物館の教授に就任し、一三年にはシャペル＝オー＝サン人骨を調査している。また、二〇年にはモナコ公のアルベール一世の意を受けて、パリに人類古生物学研究所（ブルイユ神父やルロワ＝グーランもここで教鞭をとった）を創設している。ルロワ＝グーランが読んだ『化石人類』*Les hommes fossiles* はその翌年に刊行されたもので、彼の学問的地位を決定的にした名著とされている。

★9　**マルセル・グラネ** Marcel GRANET　一八八四―一九四一年。フランスを代表する東洋学者・中国学者。さまざまな制度と技術・経済的枠組みとの間に存在する関係に注目しながら、『中国人たちの宗教』（一九二二年。栗本一男訳、平凡社東洋文庫、一九九九年）などを著す。なお第二章にある『古代中国の舞踏と伝説』（二巻、一九五九年。明神洋訳、せりか書房、一九九七年）は、マルセル・モースに捧げられている。

★10　一八六八年、エコール・プラティック・デ・オート・ゼチュードとして設立された研究者養成機関。六つのセクション（数学、物理・化学、自然史・生理学、歴史学・文献学・宗教学、経済・行政学、経済社会学）からなり、一九七五年、その中の第六セクションが社会科学高等研究院として独立した（リュシアン・フェーヴルやフェルナン・ブローデル、ジャック・ル・ゴフなどが学長をつとめている）。

★11　**モースの講義云々**……V・カラディの編集になる『著作集』*Oeuvres*, 3 vols. Eds. de Minuit, Paris, 1968 (I), 1969 (II・III) のこと。なお、モース（一八七二―一九五〇）は民族学者・社会学者で、E・デュルケームの甥。高等研究実習院で宗教史を修め、コレージュ・ド・フランスで社会学を講じた。一方、自らが編集した《社会学年報》に数多くの論文を発表し、その一部は邦訳されている。レヴィ＝ストロースらの師。

★12　有地亨他訳『社会学と人類学』第二巻　弘文堂　一九七四年所収。

★13　〝呆気にとられる〟の意。

★14　**ピエール・フランカステル** Pierre FRANCASTEL　一九〇〇―七〇年。ストラスブール大学教授を経て一九四八年よりエコール・プラティック・デ・オート・ゼチュードの第四セクション主任教授（芸術社会学担当）。芸術作品を単なるシンボルとしてではなく、それを通して現在および過去の精神構造や思想が探り出せる社会的表象と考える。邦訳には『近代芸術と技術』（近藤昭訳、平凡社、一九七一年）、『絵画と社会』（大島清次、岩崎美術社　一九八〇年）、『形象の解読』（西野嘉章訳、新泉社、一九八三年）がある。

★15　**ポール・リヴェ** Paul Rɪᴠᴇᴛ……一八七六—一九五八年。医師・人類（民族）学者。モースやレヴィ＝ブリュルなどと共に、フランス人類（民族）学の基礎を築いた。一九二八年、民族誌博物館の館長となり、三七年にはこれを発展的に改組して、人類博物館を創設した。一九四六年から五一年にかけては社会党の上院議員も務めた。主著には『人類学資料集』*Les données de l'anthropologie*（一九三〇年）などがある。

★16　**ジョルジュ＝アンリ・リヴィエール** George-Henri Rɪᴠɪᴇ̀ʀᴇ……一八九七—一九八五年。画家アンリ・リヴィエールの甥。彼の人類博物館副館長就任は一九三七年（一五九年）。ただし、当時彼はオルガン奏者を本職としていたわけではなく（ルロワ＝グーランの記憶違いか）、二八年からこの年まで、民族誌博物館の副館長を勤めていた。五九年から六八年まで人類博物館の館長。一方、四八年から六六年までは、彼がA・ヴァラニャック（一八九四—一九八三）などと共に創設した国立民衆芸術伝統博物館の館長を勤めた。また、ルーヴル美術学院も創設している。

★17　**《クロワジエール・ジョーヌ》および《クロワジエーヌ・ノワール》博物館**……シトロエンがスポンサーとなり、G＝M・アールとL＝A・デュルブルイユとが組織したキャタピラ自動車によるアジア・アフリカ大陸横・縦断記念博物館。一九三一年四月にベイルートを出発したクロワジエール・ジョーヌ（「黄色い旅」の意）は、シリアからイラン、イラク、アフガニスタン、カシミールを抜けて中国へ入る《パミール隊》と、ゴビ砂漠を横断して中国入りする《中国隊》とからなる。両隊は半年後に合流し、黄河沿いに進路をとって、翌年二月に北京到着を果たした。

一方、クロワジエール・ノワール（「黒い旅」の意）もやはりアールとデュブルイユによって組織されたものであるが、出発は一〇年ほど早く、一九二二年十二月にアルジェリアのトゥーグールを出てからサハラ砂漠を南下し、ニジェールやチャド湖付近を経て二五年四月にケープタウンに着いている。

★18　現在、人類博物館が入っている。
★19　**ミシェル・レリス** Michel LEIRIS　一九〇一―九〇年――。作家・詩人・エッセイスト・民族学者。グリオールらと共に、ダカール＝ジブチ民族調査をおこなった。元国立中央科学研究所所長。主著『オーロラ』『幻想のアフリカ』『ゲームの規則』『ゴンダン地方のエチオピア人たちにおける憑依とその演劇的側面』ほか。
★20　ちなみに、人類博物館のカタログ、一九六五年刊には、レリスによるリヴィエールのインタビュー記事が併載されている。
★21　**オゴテムメーリ** Ogotemmêli……ドゴン族の狩猟者。グリオールによれば、彼は事故で視力を失ったのちも驚くべき知力・予知力・身のこなしなどを発揮し、グリオール・チームの民族学的調査を理解していたという。ちなみに、グリオールの『水の神』（坂井信三・竹沢尚一郎訳、せりか書房、一九八一年）の記述第一日目には、このオゴテムメーリとの出会いが描かれている。マルセル・グリオール（一八九八―一九五六）は民族学者で、一九三〇年代からアフリカ各地で本格的な現地調査をおこなった。一九四三年から没年までソルボンヌの民族学教授。教え子に映像作家のジャン・ルーシュ（一九一七―二〇〇四）がいる。
★22　**マリ・ボナパルト** Marie BONAPARTE　一八八二―一九六二年　フランスの精神分析学者・作家でナポレオン一世の大姪。神経症における社会的・文化的要素に注目した。邦訳に『女性と性』（佐々木孝次訳、弘文堂、一九七〇年）、『精神分析と文化論』（林峻一郎訳、弘文堂、一九七〇年）がある。

【第三章】

★1　十六世紀のリヨンに興ったモーリス・セーヴ（一五〇〇頃―六四頃）を中心とする詩の流派。新プラトン主義の神秘性やペトラルキズムの技工的で優雅な恋愛詩風を好み、ラテン的な詩調を大事にした。セーヴのほかに、ルイーズ・ラペ（一五二五―六六）などがいた。
★2　『葉隠』のこと。
★3　一九三六年にベルリン独日協会でおこなわれた講演をまとめたもので、原題は『騎士的な弓術』の義、邦訳は、『日本の弓術』（柴田治三郎訳）として岩波文庫に入っている。オイゲン・ヘリゲル（一八八四―一九五五）は、一九二四年に東北帝国大学講師として来日したのち、仙台で阿波研造範士に就き、弓道を修行した。帰国後、エルランゲン大学教授として日本思想を講じ、弓道の修練、禅の研究に没頭した。
★4　このあたり、ルロワ＝グーランに誤認がある。まず、大仏開眼供養は七五二年で、時の天皇は孝謙。また、東大寺に寄贈したのは、七五六年に崩御した聖武上皇の遺品である。
★5　北欧・ロシアなどの寒冷地にみられる丸太小屋。
★6　原文は九世紀。
★7　原文は八万年。
★8　干支に因んだ動物の縁起物のこと（伏見人形）。
★9　洛北は誤りで洛東の吉田神社の節分会の歩射と思われる。四つ眼の面をかぶった方相氏が鬼を払うが、この吉田神社の行事は近代以後の成立らしい。
★10　ヴィオルの前身。一端に柄を取り付け、これを回して演奏した。中世に用いられたが、今もブルターニュ地方にみられる。
★11　北アフリカ産の小型ロバ。

【第四章】

★1　原子破壊に用いる高周波電磁加速器。

【第五章】

★1　パリの人類博物館近くにある東洋美術関係博物館。工場資本家エミール・ギメ（一八三六―一九一八年）が東アジアを訪問した際に集めたコレクションを中心とする。最初、ギメは故郷のリヨンにこれを建てたが（一八七九年）、のちに国に遺贈し（一八八八年）、一九四五年、パリに移され、国立博物館として現在に至る。

★2　前頁挿画参照

★3　**トロワ＝フレール** Trois-Frères ……フランス南西部のアリエージュ県モンテスキュー＝アヴァンテにある後期旧石器時代の壁画洞窟。最初ここで見つかったのは粘土製の二体のビゾン像（一方が他方にのしかかるような恰好をしているところから、交尾直前のシーンとする説もある）で、発見者は領地内にある洞窟の水流で筏遊びをしていたM・ベグエン伯爵の三人の息子たち――トロワ＝フレール（三人の兄弟）の呼称は彼らを記念して。

そして二ないし四年後、伯爵と三人の息子たちは再びこの洞窟を踏査し、ついに無数の壁画を見つける。これらの壁画のうち、とくに有名なのが本文にある《呪術師》で、鹿科動物枝状角を頭につけ、尻には馬の尻尾をつけている。一九三〇年から四〇年にかけて毎年洞窟を調査したブルイユ神父は、この一連の壁画群の制作時期をマドレーヌ中・後期においている。

★4　**フォン＝ド＝ゴーム** Font-de-Gaume ……フランスのドルドーニュ県レ・ゼジーから東に約四km、ブーヌ川を望む西向きの傾斜地にある長さ一二四mの後期旧石器時代線刻・彩色壁画洞窟。一九〇一年、当時地元の小学校教諭であったD・ペロニィ（一八六九―一九五四年）が、ブルイユ神父やL・カピタンと共にレ・コンバレル洞窟（第十一章★4参照）を発見した数日後、単独でこの洞窟を踏査し、洞口から六五mほど入った壁面から始まる大壁画を発見した。調査はブルイユ神父と協力でなされたが、一九六八年に洞内の総合的探査が実施され、八〇頭あまりのビゾン、四〇頭の馬、一三頭のマンモス、一九点の《屋舎型図形》（巻頭参考図5参照）、鹿、牛、トナカイ、手型などの図像が確認されている。これらの図像はソリュートレ末期からマドレーヌ後期にかけてのものと考えられている。

★5 字義は「礫＝張」。

★6 当時ブルトンとライバル関係にあったジョルジュ・バタイユは、この事件を著書『ラスコーの壁画』（一九五五年。出口裕弘訳、二見書房、一九七五年）の補遺の中で取り上げ、次のように記している。「最近、カブルレのペック＝メルル洞窟で起きた事件をきっかけとして、先史時代の洞窟絵画の真贋が問題にされた。一九五二年に、フランスの大作家アンドレ・ブルトンは、壁画の絵具の状態をたしかめるために指で触ってみた。争論のすえ、アンドレ・ブルトンは容疑を受け、罰金刑に処せられた……文芸家協会が問題を取りあげ、洞窟絵画一般の信憑性に関する調査を要求した。ブルイユ神父は、この要求をめぐる歴史記念物保護委員会あての報告書のなかに、文芸家協会のやりかたを『承認しがたいもの』と形容している」（邦訳二〇一―二頁）。バタイユは続く文章でブルトンに対して何の先入観もなく、「その誠実さに一点の疑いもない」と断っているが、ここには明らかにブルトンに対する当て擦りが認められる。

★7 **ニオー** Niaux……古城で有名なフォワ近郊にある後期旧石器時代壁画洞窟。二―三mの動物図像が長さ八〇〇mほどの通廊に分布しているが、とくに見事な展観は《黒いサロン》と呼ばれている広大な洞室の図像群で、七ヶ所の壁面にビゾンや馬、オーロックス、野生山羊、牛科・猫科動物などが二酸化マンガンの黒色顔料を用いて重厚に描かれている。そのうち、数体のビゾンは軀に槍らしきものを負っている。制作年代はマドレーヌ中期。

★8 **カレル・クプカ** Karel KUPKA 一九一八―九三年。一九五〇年代にオーストリア北部の先住民芸術調査をおこなった。

★9 フランソワ・ラブレー『第四の書』（一五五二年）所収。

★10 **ヴァル・カモニカ** Val Camonica……ブレシア北方にある、アルプスの氷河が南下してつくった峡谷《ヴァル》。峡谷各地に新石器時代からローマ時代にかけての人物（闘争）図像、円文、車輪文、動物図像、抽象図形などといった岩面線刻画が見られるが、中でも見事な図像はボアリオやカポ・ディ・ポンティに集中している。イタリアを代表する先史学者の一人E・アナティ（カポ・ディ・ポンティの先史学博物館館長）によれば、これらの線刻画は峡谷全体で七八ヶ所に分布しており、図像合計は八八六図に及ぶという（E. Anati: *Val-Camonica-10.000 anni di storia*, Edizioni del Centro, Capo di Ponti, 1980, pp. 78-79）。一九三〇年代、画家ポール・クレーがこの地を訪れ、以後、彼の画の中にここに見られる抽象図形がしばしば登場するようになる。なお、西接するヴァル・テッリナや本文にあるヴァレ・デ・メルヴェイユーの岩面線刻画とヴァル・カモニカとのそれは、様式的かつ年代的にかなり共通する部分をもつ。

★11 パリ東郊の森林公園。

★12 タッシリ＝ナジェールやホガールなどが有名。

★13 サハラ岩面画の時代区分で前四〜三千年紀

★14 アルレット・ルロワ＝グーラン（一九一三—二〇〇五）。古花粉学者。

★15 ヴィーレンドルフ。

★16 ブラッサムプイ。

★17 **アルシー＝シュール＝キュール** Arcy-sur-Cure ……フランス中部ヨンヌ県のオーセール近郊、キュール峡谷にある旧石器時代遺跡で、フェ（「妖精」の意）、ウルス（熊の意）など数ヶ所の洞窟からなる。そのうち、シュヴァル（「馬」の意）洞窟奥隅にはマドレーヌ期の線刻壁画が見られる。ルロワ＝グーランは一九四五年から六三年にかけてここを発掘調査し、イエーヌ（「ハイエナ」の意）洞窟の最下層からクラクトン期（前三五〜二五万年頃）の石器と河馬やビーバーなどの遺骨を見つけている。また、上層からはウルム氷河期初期（前六万年頃）のものと思われるムスティエ期の住居址も出土している。一九四七年にやはりルロワ＝グーランが発見したレンヌ（「トナカイ」の意）洞窟には、トナカイを初めとする動物の遺骨やムスティエ時代人の放棄した石器が散乱したままの層位が何層か見られたが、これらは中・後期旧石器時代に属し、その第10—8層は今日知られている限りでもっとも重要なシャテルペロン期の生活遺物を包含していた。

★18 セム人の月の豊饒の女神。旧約聖書のアシュトレト、フェニキア人のアスタルテと同格。のちにアフロディーテと同一視される。

★19 ローマ神話で冥界の女王。ギリシア神話のペルセフォネに当たる。

★20 『先史時代の宗教と芸術』、前掲書。

【第六章】

★1 **ビュフォン伯ジョルジュ＝ルイ・ルクレール・ビュフォン** Georges-Louis Leclerc de BUFFON 一七〇七—八八年。フランスの作家・博物学者。王立庭園（のちのジャルダン・デ・プラント）の園長を勤める。大著『一般と個別の博物誌』（一七四九—七八年）や『自然の諸時代』（一七八八年）などで、進化論的考えを提出する。

★2 **ジャン＝バティスト・ラマルク** Jean-Baptiste LAMARCK 一七四四—一八二九年。フランスの生物学者。用不用説による進化論の提唱。

★3 **ジョルジュ・カンギレム** Geoges CANGUILHEM 一九〇四—九五。フランス認識論の大成者の一人で、国立中央科学研究所所長を勤めた。

★4 **マルスーラ** Marsoulas……フランス南部オート＝ガロンヌ県のサリー＝デュ＝サラ東郊にある後期旧石器時代壁画洞窟。一八八三年、まずコー＝デュルバン神父（一八四四—一九〇八）によって発掘がおこなわれ、マドレーヌ期全期にわたる層位が確認された。さらに一八九七年、F・レニォー（一八四七—一九〇八）が洞内を踏査し、洞口から約六〇m入った壁面にマドレーヌ期の壁画（人物線刻画ほか）を発見した。一九〇二年、それまでアルタミラ洞窟の壁画を後世の手になるものとしていたE・カルタイヤックは、自らこの地に足を運んで壁画の真正さを認め、ついに自説を退けるようになる（第十一章★3参照）。それはフランス先史学にとって、まさに大きな転回点であった。

★5　**ジョルジュ・デュメジル** Georges DUMÉZIL……一八九八―一九八六年。高等研究実習院の第五セクション（宗教史部門、一九三五―六八年）やコレージュ・ド・フランス（一九四九―六八年）の教授をつとめたあと、一九七八年、アカデミー・フランセーズの会員に選出される。二〇数ヶ国の言語に精通し、インドやギリシア・ローマなどの宗教や神話研究に新機軸をもち込む。とくに印欧語族のパンテオンが主権（統治・祭祀）、軍事、生産者という三機能体系を基本構造としていること、そしてこの構造が印欧語族の分裂前にもっていた三機能的社会組織を反映したものとする、いわゆる《三機能説》は学会に大きな衝撃を与えた。主著に『古代ローマの宗教――神話と叙事詩』（全三巻、一九七四年）などがある。

★6　現在では六〇〇万年以上。

★7　**モーリス・セーヴ** Maurice SCÈVE 一五〇一―六二年。リヨン生まれの音楽家で詩人。

★8　**ミハイル・ゾシチェンコ** Mikhail ZOSHCHENKO 一八九五―一九五七年。一九二〇年代のいわゆる《ネップ（新経済政策）》期に登場して以来、皮肉や諷刺の利いた作風で人気を博した。一九四六年、一時、作家同盟から追放されたが、その後名誉回復。主な作品に『シネブリューホフ物語』（一九二二年）などがある。

★9　これは一種の英雄叙事詩で、農民出身の勇士たち（ボガトゥイリ）による国土防備を主題とする。

★10　世界の終末とアンチ・キリストの到来を信じた、封建制度に対する民衆の反抗が宗教的表現をとったものとされる。

★11　**アレクサンドル・ニコライェヴイチ・アファナーシエフ** Aleksandr Nikolayevich AFANASIEV 一八二

六—七一年。民俗・民族学者。ロシアの民話を集大成し、さらに十指にのぼる民族の歴史的・神話的・民族誌的資料を駆使して、『スラブ人の詩的自然観』（全三巻。一八六五—六九年）を著した。この大著は今日でもフォークロアや神話などの研究典拠として光彩を放っている。

★12　**アレクセイ・ミハイロヴィッチ・レ（ー）ミゾフ** Aleksei Mikhailovich REMIZOV　一八七七—一九五七年。ゴーゴリやレスコーフの系統に属する幻想的作品で知られる。フォークロアを積極的に取り入れ、多くの実験的表現を試みた。一九二一年に亡命し、パリで没す。作品に『十字架姉妹』（一九一〇年）などがある。

★13　中国の杯とかマレー人の短剣、アフリカの仮面など。

【第七章】

★1　**ポール・ペリオ** Paul PELLIOT　一八七八—一九四五年。中国学者でハノイのフランス極東学院教授。一九〇六年から九年にかけて中央アジアの発掘調査をおこない、六—九世紀の中国・チベットの貴重な写本類を発見した。主著に『中央アジア・ペリオ調査隊』（一九二四年）などがある。

★2　アンドル県とクルーズ県にまたがる。

★3　レヴィッキーとヴィルデはロシア出身の民族学者で、レジスタンスの「人類博物館グループ」のメンバー。非合法の雑誌《レジスタンス》を創刊・出版していたが、一九四一年、ゲシュタポに逮捕され、共に処刑された。

★4　この論文の結論部分は、一九八三年に刊行された論文集 *Le fil du Temps*, Fayard, Paris に再録されている。

★5　鷲＝ヨハネ、ライオン＝マルコ、牛＝ルカ。キリスト教図像学では、これに天使＝マタイを加えた表象がテトラモルフ（四形象）と呼ばれる。

★6　**ラ・フェラシー** La Ferrassie……フランス中南部ドルドーニュ県のビューグ近郊にある、ヴェゼール川沿岸の旧石器時代遺跡群で、ムスティエ文化の生活遺物を出土する小岩陰と後期旧石器時代の洞窟、それにムスティエーグラヴェット文化に属する大岩陰とから成る。発掘は一八九六年よりなされ、D・ペロニィは一九三〇年代にこの大岩陰の層位（A～L層）に基づいてフランスの中・後期旧石器時代の編年を作成した。彼の編年はのちにF・ボルド（一九一九―八一）によって一部修正されているが、ここでは本文にあるような動物線刻図像塊や小児遺骸（第三層＝C層）が見つかっている。

★7　**セリエ** Cellier……ドルドーニュ県テュルサック地方のリュト村近くにある後期旧石器時代遺跡。最初の発掘は一九二七年におこなわれ、四層の堆積層のうち、オーリニャックⅠ期に相当する最下層から、女性性器や動物像の線刻石灰岩塊が出土している。また、上層からはグラヴェット期の尖頭器など、各種の石器も見つかっている。

★8　**ジョルジュ・キュヴィエ** Georges Cuvier　一七六九―一八三三年。フランスの生物学者で古生物学の創始者。比較解剖学の体系化や動物種の合理的な分類などに貢献した。

★9　**マテイラ・ギーカ** Matila Ghyka　一八八一―一九六五年。モルザビア出身の詩人・作家・数学者・歴史学者・軍人・外交官。

★10　門がヒト的特徴、とくに足の特徴を発達させ、競合種を排除してしまったとする仮説。

★11　ヒト的特徴がいくつもの地域で互いに平行しながら、同時もしくは継起的に現われたとする仮説。

【第八章】

★1　人類博物館の前身。

★2　**ルネ・ヴェルノー** René Verneau……一八五二―一九三八年。若くして博物学に関心を抱いていた彼は、一八七六年からカナリヤ諸島で人類学的調査をおこなう。一八七九年に自然史博物館教授となり、一九〇八年から民族誌学博物館の館長を勤めた。主著に『人類の起源』（一九二六年）がある。
★3 現在、人類博物館の玄関口にある。
★4 サハラ砂漠の遊牧民で、勇猛さと青い目で知られる。
★5 パリ最高級ホテルの一つ。
★6 小鏡を回転させてひばりなどを引き寄せる罠。
★7 エジプトやエチオピアに住む初期キリスト教徒の子孫たちを指す。独特のキリスト教文化を維持している。
★8 パリ郊外のブーローニュの森にあったが、二〇〇五年閉館。そのコレクションは、マルセイユのヨーロッパ・地中海文明博物館（二〇一三年開館）に移管されている。
★9 パリ南西約七〇キロメートル。

【第九章】

★1 ブルターニュ風風笛。
★2 ブルターニュ地方の小風笛で、オーボエの一種。
★3 原書刊行時の数千フラン。
★4 ピアノの前身（小型のチェンバロ）。
★5 三絃ないし六弦の中世弦楽器。ヴィオラ・ダ・ガンバとも呼ばれる。
★6 山田九朗訳『レオナルド・ダヴィンチの方法』、岩波文庫、一九七七年／塚本昌則編訳『レオナルド・ダ・ヴィンチ論』、ちくま学芸文庫、二〇一三年。

【第十章】

★1　ネオ＝ダーウィニズム。
★2　渡辺格・村上仁訳　みすず書房　一九七二年。
★3　生物進化の定向性を内的要因に求める説。
★4　**アウストララントロプス** Australanthropus……アフリカ南部タンガニーカで発見された最古の人類。二足歩行のための骨盤と大腿骨、それに形態的に我々に近い腕とをもち、後頭孔は頭蓋の前方ないし真下にある。完璧な形での遺骸はまだ一体も見つかっていないが、全体的に言って単軀（一・五〇m前後）・長顔で、ほとんど前頭部が見られない。また、脳容積は六〇〇〜八〇〇㎥足らずあり、人間よりむしろ猿のそれに近い。一九六七年には、エチオピア南部のオモ峡谷でも遺骨が見つかっており、C14によれば約三三〇万年頃のものだという。アウストラロピテクスはこの一種。
★5　前田耕作訳　せりか書房　一九六九年／一九九九年（改訳）。
★6　及川馥・小井戸光彦訳、国文社、一九七五年

【第十一章】

★1　ズールー族に属している部族。
★2　福井芳男・伊藤晃・丸山圭三郎訳　大修館書店　一九七三年
★3　**アルタミラ** Altamira……スペイン北部サンタンデール地方のサンティリャーナ・デル・マール近郊にある、代表的な後期旧石器時代壁画洞窟。自領内にあるこの洞窟で発掘をおこなっていた、父親のM・デ・サウトゥオラ男爵に連れられて中に入った五歳の娘マリアが、天井一面に描かれていた壁画を見つける。一八七九年のことであった。これは旧石器時代の壁画としては最初の発見であったが、エミール・カルタイヤック（一八四五―一九二一）に導かれていた当時の学界は後世の手になるものとして、二〇年近くの間その真正さを認めようとはしなかった（一九〇二年、彼は自分の誤りを『スペイン、アルタミラ洞

窟——ある懐疑論者の告白』で認めた)。

一連の壁画のうちもっとも見事なのはマリアが発見した天井の多彩色のビゾン群像。洞内最奥部の通廊壁画にも黒色輪郭線による数多くの動物図像が見られる。これらの制作年代はマドレーヌ中・後期とされており、その中で最古と思われるものは前一万三五〇〇年頃まで遡る。なお、この洞窟もラスコー同様、現在一般の洞内立入りは認められていないが、現地とマドリッドの国立考古学博物館の敷地内に洞窟のレプリカが置かれている。

★4 **レ・コンバレル** Les Combarelles……フォン＝ド＝ゴーム洞窟(第五章★4参照)の西二kmにある線刻壁画洞窟。一九〇一年、ブルイユ神父はカピタンやペロニィと共にここを調査し、二〇〇m以上にわたる通廊両壁に線刻された数多くの動物図像や抽象図形の模写をおこなっている。動物図像には馬やビゾン、マンモス、トナカイ、熊、猫科動物などがあるが、人物像も見られる。推定制作時期はマドレーヌ中・後期(前一万二〇〇〇—一万年頃)。

★5 **アンドレ・グローリィ** André GLORY……一九〇六—六六年。聖職者で先史・考古・洞穴学者。一九三三年、ストラスブールで叙階されたのち、しばしばブルイユ神父とともにペック・メルルやガルガスなどフランス各地の壁画洞窟を踏査し、ラスコーでは一四〇〇点あまりの壁画を調査した。一九四二年、トゥールーズ・カトリック大学に提出した『オート＝アルザス地方の新石器時代文化』で博士号を取得。主著に『ラスコー、先史時代のヴェルサイユ』(一九七一年、死後刊行)などがある。

★6 **ルーフィニャック** Rouffignac……レ・ゼジーの北約一五kmのところにある最大級の後期旧石器時代彩色・線刻壁画洞窟で、八kmもの奥行きをもつ。洞窟の存在そのものはかなり以前から知られていたが、壁画が発見されたのは一九五六年。「一〇〇頭のマンモスが描かれた洞窟」とも呼ばれている。L・IR・ヌージェとR・ロベールによれば、ここには一二三頭のマンモス、二三頭のビゾン、一三頭の馬と野生山羊、一一頭の犀、八体の人物像(?)、それに蛇や猫科動物、熊などが描かれているという(L.-R.NOUGIER et R. ROBERT: *Rouffignac*, Sansoni, Florence, 1959)。これら一連の図像は近接するフォン＝ド＝ゴームやレ＝コンバレルのものと様式的に類似しており、制作時期もマドレーヌ中・後期のものとされている。現在、洞内見学は電動トロッコによっておこなわれている。

★7 **ル・ポルテル** Le Portel……フランス南西部アリエージュ県のルーベンにある後期旧石器時代壁画洞窟。奥行きは全長約一五〇mとやや小規模であるが、主廊と並行する三本の支廊とからなっている。一九〇八年、これら各所から壁画が見つかっている。このうちもっとも古いのは左支廊の壁画群で、グラヴェット期からマドレーヌ期にかけて制作されたものと考えられている。主要図像はビゾンや馬の黒色壁画で、マドレーヌⅢ・Ⅳ期に属す。また、炉址や各種石器などの生活遺物や線刻板も出土している。

★8 **公開審査**……A・ラマン＝アンプレールの博士号取得論文の公開口頭審査は、一九五七年六月にソルボンヌでおこなわれている。論文のタイトルは「旧石器時代の洞窟壁画の意味」。この論文（内容についてはP・アッコー、A・ローゼンフェルト『旧石器時代の洞窟美術』岡本重温訳、平凡社、一九七一年、二八九頁以下参照）は、一九六二年に *La signification de l'art rupestre paléolithique* (Eds. Picard, Paris, 424 p.) として出版されている。ラマン＝アンプレールは他に同じ出版社から、*Découverte du passé-Progrès récents et techniques nouvelles en préhistoire et en archéologie*, 1952. や *Origines de l'archéologie préhistorique en France*, 1964. などを発表し、大いに将来が嘱望されたが、一九七八年、ブラジルのミナス＝ジェラエス地方における岩面画調査の終了を待たずに他界（事故死）してしまった。

★9 **エルヴィン・パノフスキー** Erwin PANOFSKY 一八九二―一九六八年。ユダヤ系ドイツ人の美術史家。一九三三年、ナチスを逃れて米国に帰化。図像解釈学の発展に巨歩を印す。主著に、本文にある『イコノロジー研究』（一九三九年／浅野徹他訳、美術出版社、一九七一年）や『視覚芸術の意味』（一九五九年／中森義宗訳、岩崎美術社、一九七一年）などがある。

★10 **ティト・ブスティーヨ** Tito Bustillo……スペイン北部リバデセーリャ近郊にある後期旧石器時代彩

色・線刻壁画。一九六八年にN・ベレシゲルらのアストゥリア地方洞窟探査隊によって発見されたこの洞窟は、五〇〇m以上の奥行きをもち、その図像群の豊富さはスペインの壁画洞窟の中でも屈指とされている。図像の主題は馬やトナカイ、猫科動物、野生山羊などで、制作年代はマドレーヌ中・後期。

★11 **ラ・マドレーヌ** La Madeleine……レ・ゼジーを流れるヴェゼール川右岸にあるマドレーヌ文化の標準遺跡（岩陰）。一八六三年にE・ラルテ（一八〇一―七一年）が発掘調査をして以来、これまで数多くの調査がなされている。このうち特に重要なのは一九一一―一二年におこなわれたペロニィの発掘で、マドレーヌⅣ～Ⅵ期の文化層とアジール期（前八〇〇〇―五〇〇〇年頃）の四文化層が確認された。ブルイユ神父はここから出土した骨製の銛の形態に基づいて、マドレーヌ文化を六期に分割している。

★12 **ベルニファル** Bernifal……レ・ゼジーの東約五kmにある後期旧石器時代壁画洞窟。洞窟の奥行きは約八〇m。一九〇二年、ペロニィは通廊によって結ばれた三つの洞窟壁面にビゾンやマンモス、陰型手型のほか、本文にあるようなテクティフォルムなどを確認し、翌年ブルイユ神父がこれらの模写をおこなっている。三洞室のうち、図像の数がもっとも多く、保存状態もよいのは洞窟中心部に位置する第二洞室で、ここにはいずれも洞奥部の方を振り返った恰好で線刻されている四頭のビゾンを初めとして、一頭の牝トナカイ、五つのテクティフォルムなど、計一五種の図像が見られる。なお、ルロワ＝グーランはこのリストにさらに鹿と馬各一頭、ビゾン数頭を加えている。これら図像群は大部分マドレーヌ中期の制作になる。

★13 **クーニャック** Cougnac……フランス中南部ロート県のペイリニャック村にある後期旧石器時代壁画洞窟。ここには洞窟が二つあり、一九四九年に発見された方からは熊や猫科動物の骨が出土している。小高い丘の上にある壁画洞窟の方は一九五二年に発見されたもので、その主廊や通廊壁面にマドレーヌ初期に制作されたと思われる大角鹿や野生山羊、マンモスなどを主調とする彩色図像群が見られる。投槍（?）を負った人物像の輪郭図やテリティフォルム、クラヴィフォルムの記号群もある。これら一連の図像群はいずれも画一的な表現様式をとっているところから、洞窟が一時期のみ使用されたと考えられている。また、洞床からは壁画制作に用いたと思われるランプや顔料塊も伴出している。

★14 レ・コンバレル、ルーフィニャック、フォン＝ド＝ゴーム、ベルニファル。

【第十二章】

★1 **ミシェル・ブレジヨン** Michel BRÉZILLON 一九二四―九三年。パリ第四大学先史・考古学教授。

★2 中等教育コレージュ。一九七九年廃止。

★3 ゴムの木などに傷をつけて摘出した乳液。

★4 **《セルニィCerny 文化》**……フランスの北半分の各地に点在する新石器時代遺跡を総称する文化で、標準遺跡はパリ南方約六〇kmのセルニィ遺跡（エソンヌ県）。この遺跡からはマドレーヌ時代から青銅器時代にかけての生活遺物が出土しているが、いわゆる《セルニィ・グループ》には北方的要素（鋭利な矢・フリント製ナイフ）のほかに、東方的要素（ドナウ地方のレッセン様式刺突文土器装飾）や南仏的要素（シャセイ様式幾何学文様土器装飾）などが混在している。このうち特に影響が顕著なのは帯状文土器をもつドナウ文化で、これはかつてこの文化圏に属していた住民たちの子孫によって、前三〇〇〇年頃にもたらされたものと考えられている。

★5 石刃をつくるために用いたフリント石塊。

★6 遺物埋納地。

★7 **ミハイル・ミハイロヴィッチ・ゲラシモフ** Mikhail Mikhailovitch GUERASSIMOV 一九〇七―七〇年。オクラドニコフと並ぶロシアの代表的先史・考古・人類学者。

★8 **レスピューグ** Lespugue……オート＝ガロンヌ県サン＝ゴーダン地方のサーヴ河谷にある、後期旧石器時代の洞窟群を総称してこう呼ぶ。一九一二年から二二年にかけて、R・ド・サン＝ペリエ（一八七一―一九五六）――女性小像発見者――が発掘をおこない、アルポン（「銛」の意）洞窟においてソリュートレ期層と本文にあるような骨製品を出土したマドレーヌ期の3層、それにアジール期層（★10参照）との層位学的関係を明らかにした。第五章の《ヴィーナス》像は、ここのリデー洞窟から彼が発見したものである。

★9　約二〇〇キロメートル。

★10　**マス＝ダジル** Mas-d'Azil……アリエージュ県パミエール郡にある後期旧石器時代の巨大な彩色・線刻壁画洞窟で、アジール文化の標準遺跡。アリーズ川がカルスト台地を刳り抜いて作った全長約四〇〇mのトンネル状のこの洞窟は、マドレーヌ期からアジール期にかけての複層文化層を有しており、一八八七年から八九年にかけて、E・ピエット（一八二七—一九〇六年）らによる発掘調査がおこなわれた。その結果、左岸洞室からはアジール文化の生活遺物や、しばしばオーストラリア先住民のものと比較される彩色石が、また右岸洞室からは洞熊骨や人間の（女性？）頭蓋片が出土した。一九〇三年、ブルイユ神父はこの後者の壁面に数体の動物の彩色・線刻図像を確認している。

★11　**マーシャル・デイビッド・サーリンズ** Marshall David SAHLINS 一九三〇年——。現代アメリカの代表的人類学者。主著に『石器時代の経済学』（一九七四年。山内昶訳、法政大学出版局、一九八四年）がある。

★12　**エル・カスティーヨ** El Castillo……スペイン北部サンタンデール地方のプエンタ＝ヴィエスゴ近郊にあるカスティーヨ山腹の後期旧石器時代壁画洞窟群の一つ。隣接するパシェーガ洞窟同様、二〇世紀初頭にH・オーベルメイエ（一八七七—一九四六）らによる調査がなされた。マドレーヌ全期を通して描かれたと思われる馬やビゾンを初めとする動物図像のほか、一二三例の陰型手型押印が見られる。また、洞口付近からはアシュール、ムスティエ、オーリニャック、グラヴェット、ソリュートレ、マドレーヌ、アジール各文化の石器群も多数出土している。

★13　**エル・ピンダル** El Pindal……スペイン北部オヴィエド近郊のピミアンゴにある後期旧石器時代壁画

洞窟。ビスケー湾に面した高さ約一五mの懸崖上に開口している。一九〇八年、H・アルカルデ・デル・リオ（一八六六―一九四七）によって発見された壁画群は大部分マドレーヌ中期に属し、中には線刻の魚一尾や赤く彩色されたマンモス像も一体見られる。ただし、時代がここまでくると、スペインではマンモスの骨は出土していない。

★14 **リムーイユ** Limeuil……ドルドーニュ県ベルジュラック村のヴェゼール川とドルドーニュ川との交流点近くにある後期旧石器時代遺跡。遺跡は二ヶ所ある。一つは野外住居址で、丘の傾斜面に並ぶ村の下方で発見されている。一九〇九年から一三年にかけて、ブルイユ神父のパートナーでもあったJ・ブーイソニィ神父（一八七七―一九六五）がここを発掘し、マドレーヌ末期（Ⅵ期）の石器群と一〇〇個以上のトナカイや馬、牛科動物の線刻板を見つけている。もう一ヶ所の遺跡は村から数百m離れたフォン＝ブリュネル峡谷内にある。こちらの方は不幸にも粗雑な発掘のために文化層が攪拌されてしまい、遺跡全体の体系的な研究を不可能にしている。しかし、有肩尖頭器やトナカイの枝状角製銛などが多数出土している。

★15 **ラ・ムート** La Mouthe……レ・ゼジーから南東に二kmほど小道を登った小村ラ・ムートにある後期旧石器時代壁画洞窟。一八九四年に発見され、翌一八九五年からグリマルディなどの発掘によって名を馳せたE・リヴィエール（一八三五―一九二二）が発掘調査をおこない、ムスティエ期、オーリニャック期、ソリュートレ期、マドレーヌ後期、アジール期の五層から石器を見つけている。しかし、その発掘法は杜撰で、地層をいたずらに搔き乱したとの非難が向けられている（D. de SONNEVILLE-BORDES: Les industries des abris et grottes ornées du Périgord, in«*Centenaire de la préhistoire en Périgord*...», Fanlac, Périgueux, 1965, p. 175）。

一方、ブルイユ神父によって模写された図像群は、二ないし三期にわたって描かれたと考えられている。すなわち、洞口から約一〇〇mほど入ったところにあるもっとも手前の四頭の牛と一頭の大型馬はグラヴェット期、そこから洞室を少し奥に入った壁面に見られる線刻のビゾン像と記号群はソリュートレないしマドレーヌ後期、洞奥部の馬やトナカイ、マンモス、野生山羊などの動物群像はマドレーヌ後期とされている。ここではまた本文にあるような線刻板のほか、《ラ・ムートのランプ》として有名な裏面に野生山羊の線刻のあるランプも一個出土している。

★16 **ゲンナースドルフ** Gönnersdorf……ドイツ中西部、ライン河岸のノイヴィート市近郊の後期旧石器時代壁画洞窟。個人のワイン倉庫を設ける際に発見され、一九六八年から七六年にかけて、ケルン大学の先史学教授ゲアハルト・ボジンスキーらによる発掘調査がなされた。洞窟からはマドレーヌ期のマンモスの骨を加工した女性小像や線刻石が数多く出土したほか、壁面には動物・人物・記号的図形の線刻が見られる。

★17 線状記号・図状記号。

★18 オーリニャック期＝前三万年。

★19 グラヴェット・マドレーヌ期＝前一万五〇〇〇年。

★20 モリエールの戯曲『町人貴族』（一六七〇年）に出てくるキザで軽信の成金。

★21 ほとんどのヨーロッパ人は食べない。アイルランドなどではジャガイモ栽培の肥料として用いられている。

訳者解題●始源の知から

■

偉大な知の背景には時に大きな歴史が控えている。歴史を透視しようとする眼差しが控えている。この眼差しに支えられている限り、知は歴史のうちに育まれ、歴史から放たれ、そして歴史と過不足なく対峙する。つまり、歴史が知を創造し、知が歴史を創造する――アンドレ・ルロワ＝グーランの知はまさにそうした壮大な位相地平に位置している。つねに人類の始源から出立し、現在を経て未来の時代をも穿とうとする彼の知の比類なき営みは、そのまま人類が生きてきた歴史精神の営みでもあるのだ。

とはいえ、彼の知は決して我々の遠くに垂鉛を下ろしているわけではない。むしろそれは、人類とは何か、歴史とは何かというきわめて身近なところにあってしかるべき、単純かつ骨太な問いに執拗なまでに向けられているのである。たとえばクローディーヌ・コーエンはそんなルロワ＝グーランの知的営為を《先史学の狩人》と名付け、その方法論の特徴をさまざまな科学に光を当て、それらを伝統的なパースペクティヴとは異質な角度からとらえ、「隣接と遠隔との如何を問わず、各学問を対峙させてそこから新たな光を放とうとする」ところにあるとしている(Ci. Cohen: André Leroi-Gourhan, Chasseur de préhistoire, in «Critique» No. 444, mai 1984, p. 385)。

我々としてはルロワ＝グーランの知をもっていっそ《歴史の狩人》とまで言いたい気がするが、確かに彼の学的宇宙には、形質人類学や古生物学はもとより、民族学、先史学(パレオ＝エトノロジー)、美学、社会学、技術論などまでを取り込みつつ、自らに課せられた問いに対し、時には巨視的に、時には微視的に向き合おうとする大いなる求道者の姿勢がみて取れる。おそらくこの姿勢こそが彼の《眼差し》の深みであり、精神の重さでもあるのだろう。とすれば、『世界の根源』とは実にルロワ＝グーランにのみ語ることの許されたテーマかもしれない。では、それは実際に本書の中でどのように開示されているのだろうか。

■

本書はブリューゲル研究でつとに名高いフランスの美術史家クロード＝アンリ・ロケを相手におこなわれた、一連の対談をまとめたものである。全体で十二章の構成となっているが、第四章までは主に碩学の半生回顧に当てられ、少・青年時代の日々や師・学友たちとの学問的交流、日本と中国での留学生活、さらにコレージュ・ド・フランスで担当している先史学講座のことなど、自らの知の前景が熱っぽく語られている。その口調には私が留学中しばしば垣間見た一言魔を払うが如きいかめしさはない。古い弦楽器エピネットを作っている息子のことを話す時の彼は、冷静さの装いの下からいかにも好々爺然とした顔さえ覗かせている。

だが、この印象も知の背景を語る第五章以下で一変する。そこでは民族学や人類学、歴史学などの接点とそれぞれの方向性、博物館のありよう、言語・記号論、身体技法といったテーマが縦横無尽に論じられているのだ。わけても興味深いのは、彼の「最大の関心事」であり、同時に、他の追随を許さぬ巨歩を印した先史芸術への切り込みである。もとより対談であってみれば、精緻な——一方で、私が〈飛び石文体〉と名付けているような、しばしば飛躍しすぎる傾向すらある——論文とは趣きを異にする。それでも、たとえば後期旧石器時代の洞窟壁画とくれば直ちに狩猟呪術とみてしまう安直な通説に異を唱え、これを一つの行為の継起的な状態を示すのではなく、無文字社会において極端なまでに深化した思考を覆う神話的世界秩序の中の《神話文字》(ミトグラム)とする、ルロワ゠グーラン独特の始源芸術観を展開している。

そして、自らの立論の根拠となる壁画面のトポグラフィーや図像群の構成と位置関係についての統計的分析、抽象から写実へと向かう図像表現様式の変遷、豊饒多産シンボルとしての女性小立像(ヴィーナス像)、さらに最初の本格的発掘をおこなったパンスヴァン遺跡のことなどにまで話が及ぶにつれて、対談はさながら知と精神とが綾なす万華鏡とでも呼ぶべき様相を帯びてくる。そこで彼は、歴史の野に遊ぶことの意味と重要さとを身をもって説いてもいるのだ。「言葉によって表現された思考の発達度は、手によって表現された思考作品の数々を通して測りえる」（第五章）。熱い確信はそのまま彼の冷徹な哲学でもある。

■本書には実は嬉しいエピソードが一つある。一年半ほど前になるが、ある書評紙に本書の紹介を依頼された機会をとらえて、私は我が国の学問的風土にこれまでルロワ＝グーランの仕事が必ずしも満足のいくかたちで受け容れられてきたとは言い難いと記しておいた（《日本読書新聞》、一九八三年十二月十二日号）。たとえば同じマルセル・モースの学統を継ぐレヴィ＝ストロースの紹介の仕方を考える時、翻訳書が一冊（『身ぶりと言葉』、荒木亨訳、新潮社、原書二冊）しか刊行されておらず、しかも現在絶版のままになっているルロワ＝グーランの場合は、むしろ疎外にも近い扱いを受けてきた、との印象があったからである。ところが、皮肉にも同じ号の第一面に、ルロワ＝グーランを正面に見据えての吉田喜重氏の講演記事が載っている（「隠喩としての現代文化」）。私としてはいきなり足元をすくわれたような恰好となったが、研究者ならいざしらず、こうした一般読者がいるということは何とも心強く、ルロワ＝グーランのために内心快哉を叫んだものであった。ともあれ、氏はその中で人類がピテカントロプス以来、「頭脳的にも人体機能的にもほとんど進歩して」おらず、直立の二足歩行に伴って解放された手が人間の外側に次々と道具を作り出していった歴史を、ルロワ＝グーランに沿って振り返り、これを「人間の外在化」ととらえたあとで、彼の思想が「進歩したのはわれわれ自身ではなく、外に置き換えるシステムだけ」だと警告するものであるとしている。

こうした吉田氏の把握の仕方は、おそらくジャン・ボードリヤールの《シミュレーション＝シミュラークル》図式を念頭に置いてのことと思われるが、氏の炯眼が本書の読者にとってひとつの貴重なアリアドネの糸となることは疑いえない。そして、ひとたびルロワ＝グーランの世界に足を踏み入れれば、始源の知を未生の知につなぎ、人間社会の真にあるべき姿を提示しようとする幻視者の風景が見えてくるはずである。その時、歴史の風景は我々のかけがえのない光景として、鋭く屹立するだろう。

藏持不三也識

一九八五年五月

■追記

恩師アンドレ・ヴァラニャックの学友であり、夫人の博士号取得論文の審査教授でもあったルロワ＝グーランの姿に、初めてフランス先史学会の例会で接してから早くも八年近い歳月が経つ。それから今まで自分の先史学への知見がどれほど深化したか実に心もとない限りであるが、先に訳出した『先史時代の宗教と芸術』（日本エディタースクール出版局）に続いてここに二冊目の書を拙訳にて刊行することで、これまで自分が彼の学問から受けてきたものにともかくも一応の恩返しができたのでは、との思いはある。

ただ、本訳書版元の言叢社に対しては、三ヶ月で訳了との約束を半年以上も引き延ばしてしまったことへの悔いが残る。生来の怠惰さゆえの所業であるが、その間温かく訳者を見守り続けてくれた言叢社の方々の忍耐と熱情には、満腔の意をもって感謝の念を捧げるほかはない。

文庫版訳者あとがき

本書の底本は一九八五年に言叢社から上梓した『世界の根源』である。一九八二年に原書が出てから四十年以上経っている。それゆえ、文庫版では以後のトピックスを含めて訳註を加筆し、あわせて言叢社版の表記を若干手直しした。また、欄外の短い訳註も本書では巻末に配した。一連の厄介な編集作業とテクストのチェックにあたってくれた、筑摩書房編集部の天野裕子氏に感謝したい。さらに、文庫版の刊行を快諾してくれた言叢社にも謝意を表さなければならない。

それにしても、いかなる天の配剤か、ルロワ＝グーラン氏は言叢社版刊行から半年後の一九八六年二月に不帰の客となった。この訳書をパリの氏のもとに届けようとした矢先だった。享年七十四。この二十世紀フランスを代表する偉大な碩学の足跡は、本書で十全に披歴されているが、ここでは遅まきながらの追悼として、訳者の想い出を紹介しておきたい。

一九八〇年頃のことと記憶しているが、当時訳者が所属していたフランス先史学会の大会が、同学会の本部が置かれていたパリ西郊サン＝ジェルマン＝アン＝レの国立古代博物館（ルイ十四世の生誕城）で開かれた時のことである。ルロワ＝グーラン氏の著作を引用して、ある発表者がおこなった洞窟壁画の記号論的分析を巡って、会場内は喧々諤々となっていっかな収拾がつかなかった。すると、訳者の前列に座っていた初老のどちらかといえば小柄な人物が、そっと人差し指をあげた。それにいち早く気づいた議長が指名する。「ムッシュー・ルロワ＝グーラン、どうぞ！」。その声で、会場内に一瞬緊張が走り、たちまち水を打ったように静まり返った。一呼吸おいて力なく立ち上がった碩学は、異様なまでに張りつめた静寂を破るかのようにただ一言、こう言うのだった。「私はそこまで書いてはおりません」。発表者の狼狽ぶりはいささか気の毒なほどだったが、訳者にとってそれはまさに背筋が凍えるような光景であり、この碩学の存在の重さを語ってあまりある体験でもあった。

それからどれほど経った頃か、訳者はコレージュ・ド・フランスでの氏の講筵に幾度か出席した。本書に語られているように、教室の前列は毎回熱心にノートをとる高齢の聴講生で埋まっていた。ある講義の際、氏は宿痾のために一方の手をゆらゆらさせながら、それでも他方の手で色チョークを器用に使い分け、黒板に洞窟壁画の動物像をものの見事に描いてみせた。その出来栄えにどこからともなく感嘆の声があがった——こうした氏のデッサン力は、二〇〇四年の出版になる『日本についての忘れられた頁』（*Pages oubliées sur le Japon*）に収載された、絵馬や人形などの夥しい数のスケッチにも遺憾なく発揮されている。氏が両利きだったことはあとで知ったが、これもまた氏の悠揚迫らぬ語り口や対象の背後までも見据えた比類のない洞察ともども、訳者の鮮烈な想い出として残っている。そこには病魔をものともせずにひたむきに学問と向き合い屹立する、稀有な碩学のまばゆいまでに堂々たる姿があった。

パリ社会科学高等研究院の指導教授だったアンドレ・ヴァラニャックの意向もあって、訳者は残念ながらルロワ゠グーラン氏から個人的な薫陶にあずかることができなかったが、こうして著作の翻訳を通してその謦咳に接することができたのは、訳者にとってまさに僥倖といえる。「解釈ではなく、解読を」。しかじかの文化的・歴史的事象を生態系、つまり諸要素の有機的な連関からアプローチするというこの研究手法は、ほかならぬ氏の洞窟壁画解読法や出土遺物分析法に多くを負っているからである。とはいえ、もとよりそれは氏の広大無辺な学問の一端でしかない。本書刊行を機に、わが国におけるルロワ゠グーラン学がさらなる展開をみるようになれば、訳者としてこれにすぎる喜びはない。

二〇一九年初夏

訳者　識

アンドレ・ルロワ＝グーラン略歴

Leroi-Gourhan, André, Georges, Léandre, Adolphe

1911年8月25日パリ生、1986年2月19日パリ没

研究歴

1931年　国立東洋語学校ロシア語科卒

1933年　同　中国語科卒

1945年　文学博士号取得。博士論文（主）「北太平洋の考古学」、同（副）「北ユーラシアンの比較芸術資料集」

1954年　理学博士号取得。博士論文（主）「陸棲脊椎動物の頭骨にみる力学的均衡粗描」、同（副）「アルシー＝シュル＝キュール洞窟出土の化石人骨研究」

1966年　ジュネーヴ大学より名誉博士号授与

1980年　碑文・文芸アカデミー会員

極東フランス学院、大英先史学会、ドイツ考古学研究所各通信会員

職歴・役職

1940—45年　CNRS上級研究員、のちに主任研究員

1945—50年　人類博物館副館長代理

1945—55年　リヨン大学文学部教授（民族学・先史学担当）
1956—68年　パリ大学文学・人間科学部教授（一般民族学・先史学担当）
1964—68年　先史・原史研究所所長（CNRS研究チーム）
1977年—　CNRS提携実験室n°275「先史民族学」責任者
1968年　コレージュ・ド・フランス教授【没年まで】
パリ大学民族学研究所共同所長、CNRS紀要《ガリア》（先史ガリア）副編集長
考古学研究上級委員会、国立先史学センター科学委員会各委員

受勲

1973年　CNRS（国立中央科学研究所）金賞
1978年　文化・通信省考古学大賞
1979年　建築アカデミー金賞
1980年　フュサン財団国際賞
レジョン・ドヌール3等勲章、第2次世界大戦戦功十字章、芸術・文芸騎士章

主要発掘歴

1945—48年　フュルタン洞窟（ソーヌ＝エ＝ロワール県）
1945—63年　アルシー＝シュル＝キュール洞窟（ヨンヌ県）
1959年　メニル＝シュル＝オジェ地下墓室（マルヌ県）
1964—81年　パンスヴァン遺跡（セーヌ＝エ＝マルヌ県）

国外調査

1937—39年　日本（民族学・考古学ミッション）
1949年　スイス、ヌシャテル州（オーヴェルニュ湖上遺跡）
1957年　スペイン、サンタンデル近郊エル・ペンド洞窟
1961年　ギリシア、エリス地方の先史遺跡群
ほかに、1945年から68年にかけて、フランス・スペイン各地の数多くの後期旧石器時代壁画洞窟調査

聞き手　クロード＝アンリ・ロケ（Claude-Henri Roquet）

一九三三年、ダンケルク生、二〇一六年、パリ没。詩人・劇作家・評論家・俳優・演出家。ボルドー政治学院（政治学専攻）卒業後、ソルボンヌで文学・美術史を修める。パリのサント・バルブ学院や語学学校のアリアンス・フランセーズで教壇に立ったのち、モントリオール大学客員教授、モンペリエ建築学校教授を経て、国立工芸院教授。著作に数多くの詩集や戯曲、文学評論に加えて、『ブリューゲルもしくは夢のアトリエ』（*Bruegel ou l'Atelier des songes*, Denoël, Paris, 1987）、『ヒエロニムス・ボスと東方の三博士の星』（*Jérôme Bosch et l'Étoile des mages*, Mame, Paris, 1995）、『フィンセント・ファン・ゴッホ、最後の太陽まで』（*Vincent Van Gogh jusqu'au dernier soleil*, Mame, Paris, 2000）、さらにM・エリアーデとの対談書『迷宮の試練』（*L'épreuve du labyrinthe. Entretiens avec Mircea Eliade*, Le Rocher, Paris, 2006）や、ランツァ・デル・ヴァストとの対談書『結晶の面』（*Les Facettes du cristal. Entretiens avec Lanza del Vasto*, Le Centurion, Paris, 1981）などがある。

d'une migration polaire. Les Presses de l'Université de Montréal, p. 9–10.

1980. 219 Le patrimoine préhistorique. *Revue de l'Art*, n° 49, p. 42–44, fig.

1981. 220 L'habitat magdalénien de Pincevent. *Histoire et archéologie. Les dossiers*, n° 52, avril, p. 31–34.

1982. 221 *Mécanique vivante*. Fayard, Paris.

1983. 222 *Le fil du temps*. Fayard, Paris.

1983. 223 *Les chasseurs de la préhistoire*. A. M. Métailié, Paris.

1992. 224 *L'Art pariétal: langage de la préhistoire*, Jérôme Millon, Grenoble, coll. «L'Homme des Origines», 1992.

2004. 225 *Pages oubliées sur le Japon*, ibid., 2004.

〈邦訳〉

『身ぶりと言葉』荒木亨訳　新潮社／1973年　ちくま学芸文庫　2012年

『先史時代の宗教と芸術』蔵持不三也訳　エディタースクール出版部　1985年

「旧石器時代の画像及び象徴記号の美学的かつ宗教的解釈」山中一郎訳　『古代文化』第33巻第１号所収　1981年

「加撃」中村友博訳　『神奈川考古』第12号所収　1981年

1978. 207 Introduction. Dans: *Travail et société au Paléolithique, le geste et l'outil*. La Documentation photographique, Paris, n° 6037, p. 3.

1978. 208 Le cheval sur galet de la Galerie Breuil au Mas-d'Azil (Ariège). *Gallia-Préhistoire*, t. 21, fasc. 2, (1979), p. 439–445, fig.

1979. 209 L'archéologie nouvelle gagne du terrain. *La Recherche*, n° 100, mai 1979, p. 539.

1979. 210 Préhistoire. *L'annuaire du Collège de France*. Paris, 79e année (résumé des cours et travaux de 1978–1979), p. 429–451.

1979. 211 Préface. Dans: *La Préhistoire*, par Marthe et Alain Marliac, Paris, Larousse, 1979, p. 3.

1979. 212 La Nef et le Diverticule des Félins. —Les animaux et les signes. Dans: *Lascaux inconnu*, XIIe supplément à *Gallia-Préhistoire*, Paris, CNRS, p. 301–366, fig.

1980. 213 La condition humaine à la lumière des millénaires de la préhistoire. *Compte rendu des séances de l'Académie des Sciences morales et politiques*, p. 305–318.

1980. 214 Préhistoire. *L'Annuaire du Collège de France*, 80e année (résumé des cours et travaux de 1979–1980), p. 513–523.

1980. 215 Préface. *Rétrospective Humblot* (1907–1962). Salle des Fêtes du Théâtre et musée d'art figuratif contemporain, Fontainebleau, septembre 1980, 2 p.

1980. 216 Préface. Dans: J. Gaussen, *Le Paléolithique supérieur de plein-air en Périgord (industries et structures d'habitat). Secteur Mussidan, Saint-Astier, Moyenne vallée de l'Isle*. Paris, CNRS, 1980, 14e supplément à *Gallia-Préhistoire*, p. 7.

1980. 217 Préface. Dans: S. Robin, *L'Eglise devant l'église. Evolution des édifices religieux en France depuis 1955*. Paris, Hermann, 2 p.

1980. 218 Préface. Dans G. Mary-Rousselière, *Qitlarssuaq. L'histoire*

1976. 196 Les structures d'habitat au Paléolithiue supérieur. —L'art paléolithique en France. —Les religions de la Préhistoire. Dans: *La préhistoire française*, t. 1, Les *civilisations paléolithiques et mésolithiques de la France*, sous la direction de H. de Lumley, Paris, CNRS, 1976, p. 656-663; 741-748; 755-759, fig.

1976. 197 Interprétation esthétique et religieuse des figures et symboles dans la préhistoire. *Archives de Sciences sociales des religions*, t. 42, p. 6-15.

1976. 198 La peinture pariétale de Boutigny (Essonne). *Antiquités nationales*, vol. 8, p. 8-10, fig.

1976. 199 Préhistoire. *L'annuaire du Collège de France*, Paris, 76e année (résumé des cours de 1975-1976), p. 421-434.

1977. 200 La main et la pensée. Dans: *Médecine de l'Homme*, *Revue du Centre catholique des Médecins français*, n° 99, p. 6-10.

1977. 201 Introduction. Dans: *Travail et société avant l'histoire. Préhistoire* 2, La Documentation photographique, n° 6032, déc. 1977, p. 1-2.

1977. 202 Le préhistorien et le chamane. Dans: *Voyages chamaniques*, n° spécial de *L'Ethnographie*, revue de la Société d'Ethnographie de Paris, 118e année, n.s., n° 74-75, 1977-2, p. 19-25.

1978. 203 Les signes géométriques dans l'art paléolithique (France-Espagne). *Le courrier du CNRS*, n° 27, janvier, p. 9-14, fig.

1978. 204 L'expression du temps et l'animation des figures au Paléolithique. Dans: *Systèmes de signes. Hommage à Germaine Diéterlen*. Paris, Hermann, p. 359-367, fig.

1978. 205 Annette Laming-Emperaire (1917-1977). Dans: *Coletânea de Estudos en homenagem a Annette Laming-Emperaire*. Sao Paulo, Coleçao Museu Paulista, p. 7-8.

1978. 206 Préhistoire. *L'annuaire du Collège de France*, Paris, 78e année (résumé des cours et travaux de 1977-1978), p. 523-540.

1974. 186 La Préhistoire. *Annuaire du Collège de France*, Paris, 74e année (résumé des cours de 1973–1974), p. 381–393.

1975. 187 Iconographie et interprétation. In *Valcamonica symposium 72. Actes du symposium international sur les religions de la préhistoire*. Capo di Ponte, Ed. del Centro camuno di Studi preistorici, 1975, p. 49–55.

1975. 188 Compte rendu de Jacqueline M. C. Thomas et Lucien Bernot, «Langues et techniques, nature et société. II: Approche ethnologique, approche naturaliste». Paris, Klincksieck, 1972, 416 p., index, schémas, fig., cartes, 16 pl. *L'Homme*, t. XIV, nos 3–4, 1974 (1975), p. 188–190.

1975. 189 Préhistoire. *L'annuaire du Collège de France*, Paris, 75e année (résumé des cours de 1974–1975), p. 387–403.

1975. 190 Ethnologie évolutive ou ethno-histoire? Hommage à Charles Parain.

1976. 191 Les hypothèses de la préhistoire. Dans: *Histoire des religions*, III, Paris, Gallimard, 1976, p. 545–571 («Encyclopédie de La Pléiade»).

1976. 192 Sur les aspects socio-économiques de l'art paléolithique. Dans: *L'autre et l'ailleurs*, hommage à Roger Bastide, présenté par J. Poirier et F. Raveau, Paris, Berger-Levrault, 1976, p. 164–168.

1976. 193 Les habitats magdaléniens de Pincevent. *Livretguide de l'excursion Al*, Nice, IXe Congrès de l'UISPP, 1976, p. 59–71.

1976. 194 L'habitat au Paléolithique supérieur. Dans: *Les structures d'habitat au Paléolithique supérieur*, IXe Congrès international de l'UISPP, 1976, Colloque XIII, prépublication, p. 85–92.

1976. 195 L'art mobilier au Paléolithique supérieur et ses liaisons européennes. Dans: *Les courants stylistitiques dans l'art mobilier au Paléolithique supérieur*. IXe Congrès international de l'UISPP, Nice, 1976, Colloque XIV, prépublication, p. 25–35.

1972. 175 Comment l'art illumina la caverne. *Courrier de i'Unesco*, Paris, août-sept. 1972, Les origines de i'homme, p. 30–39, 11 fig.

1972. 176 *Fouilles de Pincevent. Essai d'analyse ethnographiphique d'un habitat magdalénien (la section 36)*, Paris, CNRS (1973), 2 vol., 331 p., 199 fig. et 10 plans au 1/10e, 7e supplément à *Gallia-Préhistoire* (en collaboration avec M. Brézillon et avec la participation de F. David, M. Julien et C. Karlin).

1973. 177 Préhistoire. *Annuaire du Collège de France*, Paris, 73e année (résumé des cours de 1972–1973), p. 343–357.

1973. 178 Préhistoire, méthodes de recherche en. *Encyclopédie internationale des Sciences et des Techniques*, 9, Paris, p. 126–128.

1973. 179 Considérations sur l'organisation spatiale des figures animales dans l'art pariétal paléolithique. *Actas del Symposium international de Arte prehistorico*, Santander, 1972, p. 281–308, fig.

1973. 180 Paul Wernert (1889–1972). *Gallia-Préhistoire*, t. 16, fasc. 1, p. 1–2.

1974. 181 Les voies de l'histoire avant l'écriture. Dans: *Faire de l'Histoire*, v. 1: *Nouveaux problèmes*, sous la direction de J. Le Goff et P. Nora, Paris, NRF Gallimard, 1974, p. 93–105 (Bibliothèque des Histoires) et *La Nouvelle Revue française*, n° 254, fév. 1974, p. 42–56.

1974. 182 Plaidoyer pour une science inutile: la science de l'homme. *Le Monde*, 27 mars 1974.

1974. 183 Il y a toujours eu des dieux. *Le Point*, n° 80, avril 1974, p. 93–102 (interview par Georges Suffert).

1974. 184 Texte du discours prononcé lors de la remise de la médaille d'or du CNRS. *Archeologia*, n° 69, avril 1974, p. 8–9.

1974. 185 Préhistoire et son avenir. *Sciences et avenir*, n° 326, avril 1974, p. 388–392 (interview par H. de Saint-Blanquat).

Terre des hommes, Les Conférences Noranda, Toronto (Expo. 67), University of Toronto Press, p. 71–80, 1 fig.

1969. 162 Les rêves, dans *La France au temps des mammouths*, Hachette, Paris, p. 187–203, coll. «Ages d'or et réalités».

1969. 163 Notice archéologique sur le site de Pincevent, près Montereau (Seine-et-Marne). *Livret-guide de l'excursion A2 du 8e Congrès de l'INQUA*, Paris, 1969, p. 59–61.

1969. 164 Srodowisko i technica, dans *Ethnologia*, Panstwowe Wydawnictwo Naukowe, Varsovie, p. 39–51.

1970. 165 Observations technologiques sur le rythme statuaire, dans *Echanges et communications* (Mélanges offerts à C. Lévi-Strauss), Mouton, La Haye, p. 658–676, 19 fig.

1970. 166 *Leçon inaugurale de la chaire de Préhistoire au Collège de France*, le 5 décembre 1969. Collège de France, Paris, 32 p.

1971. 167 Préhistoire. *Annuaire du Collège de France*, Paris (résumé des cours de 1969–1970), p. 367–378.

1971. 168 Préhistoire. *Annuaire du Collège de France*, Paris, 71e année (résumé des cours de 1970–1971), p. 343–355.

1971. 169 Louis Méroc (1904–1970) (notice nécrologique), *Gallia-Préhistoire*, Paris, t. 14, fasc. 1, p. 1–2.

1971. 170 La spatule aux poissons de la grotte du Coucoulu à Calviac (Dordogne). *Gallia-Préhistoire*, Paris, t. 14, fasc. 2, p. 253–259, 5 fig.

1972. 171 Les hommes préhistoriques et la religion. *La Recherche*, vol. 3, n° 26, p. 723–732, 10 fig.

1972. 172 Préhistoire. *Annuaire du Collège de France*, Paris, 72e année (résumé des cours de 1971–1972), p. 407–419.

1972. 173 A propos des trente ans de Gallia. *Gallia-Préhistoire*, t. 15, fasc. 1, p. 1–2.

1972. 174 Animals of the Old Stone Age, dans *Animals in Archaeology*, Ed. by H. Brodrick, Londres, Barrie et Jen kins, p. 1–14, fig.

Baudez, M. Brézillon, N. Chavaillon et Arlette Leroi-Gourhan).

1966. 149 La religion des cavernes: magie ou métaphysique? *Sciences et Avenir*, n° 228, p. 106–111 et 140.

1966. 150 L'archéologie n'est pas un jeu. *Les Nouvelles littéraires*, n° 2007, p. 8.

1967. 151 Les signes pariétaux du Paléolithique franco-cantabrique. *Simposio internacional de arte rupestre* (Barcelone, 1966), Instituto de prehistoria y arqueologia, Barcelone, p. 67–77, 100 fig.

1967. 152 Une nouvelle signification de l'art paléolithique (interview par N. Skrotzky). *Cahiers des explorateurs*, Paris, n° 19, p. 3–7, 2 fig.

1967. 153 Les mains de Gargas. Essai pour une étude d'ensemble. *Bull. de la Société préhistorique française*, Paris, t. 64, fasc. 1, p. 107–122, 6 fig.

1968. 154 L'art sans l'écriture. *Institut d'Ethnologie*, Paris (cours polycopié), 26 p., 78 fig.

1968. 155 Le petit racloir chatelperronien, dans *La Préhistoire, problèmes et tendances*, CNRS, Paris, p. 275–282, 3 fig.

1968. 156 L'art paléolithique. *Encyclopédie génerale*, Larousse, Paris, p. 242–245, fig.

1968. 157 The evolution of paleolithic art. *Scientific American*, Chicago, vol. 218, n° 2, p. 58–70, 15 fig.

1968. 158 Anthropologie et Ethnologie. *La Vie de la Recherche scientifique* (*S.N.C.S.*), n° 128, p. 5–6.

1968. 159 Intervention, dans *Definicion del genero humano* (traducion y prologi de Juan Comas), Instit. nacional de Anthropologia y Historia, Mexico, p. 127–129.

1968. 160 L'expérience ethnologique, dans *Ethnologie générale*, Gallimard, Paris, p. 1816–1825, «Encyclopédie de la Pléiade».

1968. 161 Terre des hommes préhistoriques, dans *Man and his World-*

1965. 137 *Préhistoire de l'Art occidental*. Mazenod, Paris, 1 vol., 480 p., 804 fig., collection «L'art et les grandes civilisations» (2e édition revue et complétée, 1971) (trad. anglaise:*Treasures of prehistoric art*, Abrams, New York, 1967—trad. espagnole).

1965. 138 L'Ethnologie. *Revue de l'Enseignement supérieur*, Paris, n° 3, «Les sciences ethnologiques», p. 5–10.

1965. 139 Le Chatelperronien, problème ethnologique, dans *Miscelanea in homenaje al Abate Henri Breuil*, Instituto de prehistoria y arqueologia, Barcelone, t. 2, p. 75–81.

1965. 140 L'exploration en marche (interview par H. Florentin), *Atlas*, Paris, n° 52, p. 99–103.

1965. 141 Sur les formes primaires de l'outil, dans *Festschrift Alfred Bühler*, Bâle, Museum für Volkerkunde, p. 257–262.

1965. 142 *La Préhistoire en France*. La Documentation photographique, n° 5-257, p. 1–8.

1965. 143 Deux gravures énigmatiques de Font-de-Gaume, dans *Centenaire de la Préhistoire en Périgord*, Imp. Fanlac, Périgueux, p. 79–82, 1 fig.

1965. 144 Les fouilles préhistoriques de Pincevent. *Bull. des Amis d'Etampes*, 19e année, n° 12, p. 3–7.

1965. 145 L'habitation magdalénienne n° 1 de Pincevent, près Montereau (Seine-et-Marne). *Gallia-Préhistoire*, Paris, t. 9, fasc. 2, p. 263–385, 92 fig. (en collaboration avec M. Brézillon).

1966. 146 Chronologie de l'art paléolithique. *Atti del 6e Congresso internazionale delle scienze preistoriche e protohistoriche* (Rome, 1962), Ed. De Luca, Rome, p. 341–345.

1966. 147 Réflexions de méthode sur l'art paléolithique. *Bull. de la Société préhistorique française*, Paris, t. 63, fasc. 1, p. 35–49.

1966. 148 *La Préhistoire*. PUF, Paris, 1 vol., 366 p., 54 fig., collection «Nouvelle Clio» (avec la collaboration de G. Bailloud, J. Chavaillon, A. Laming-Emperaire et la participation de H. Balfet, C.

naire récent, II, Industries du Paléolithique supérieur, *Gallia-Préhistoire*, Paris, t. 7, p. 36–64, 28 fig.（en collaboration avec Arlette Leroi-Gourhan）.

1964. 129 *Les religions de la Préhistoire*. PUF, Paris, 1 vol., 155 p., 16 fig., collection «Mythes et religions»（2e édition, revue et corrigée, 1971）（trad. polonaise: *Religie prehistoryczne*, Panstwowe Wydawnictwo Naukowe, Varsovie, 1966. coll. «Omega» —trad. yougoslave: *Religije prethistorije*, Naprijed, Zagreb, 1968—trad. italienne: *La religioni della Preistoria*, Rizzoli, Milan, 1970）. 邦訳『先史時代の宗教と芸術』。

1964. 130 Avant-propos, dans «Haleine, trois aspects d'une commune de l'Orne», par J. Gutwirth, N. Echard et J.-C. Muller, *Etudes rurales*, Paris, n° 11, p. 5–6（1963）.

1964. 131 L'abbé Parat, grand savant. *Bull. de l'Association d'études, de recherches et de protection du Vieux Toucy*, n° 9, p. 33–39.

1964. 132 Notes de morphologie descriptive. *Centre de recherches préhistoriques et protohistoriques*, Paris, 1 fasc. multigraphié, 33 p., 258 fig.

1964. 133 Le site magdalénien de Pincevent（Seine-et-Marne）. *Bull. de l'Association française pour l'étude du Quaternaire*（AFEQ）, Paris, n° 1, p. 59–64（en collaboration avec M. Brézillon）.

1964. 134 Découverte paléolithique en Elide. *Bull. de correspondance hellénique*, Athènes, t. 88, fasc. 1–8, 5 fig.（en collaboration avec J. et N. Chavaillon）.

1964. 135 *Le geste et la parole. I, Technique et langage*, Albin Michel, Paris, 1 vol., 323 p., 105 fig., coll. «Sciences d'aujourd'hui». 邦訳『身ぶりと言葉』。

1965. 136 *Le geste et la parole. II, La mémoire et les rythmes*. Albin Michel, Paris, 1 vol., 285 p., 48 fig., collection «Sciences d'aujourd'hui». 邦訳　前同。

tionnement de la Fédération nationale des syndicats d'ingénieurs et cadres supérieurs, 10e session, cycle III, p. 31–47.

1962. 119 Matérialisme et sciences humaines, dans *Science et Matérialisme*, Recherches et débats, Fayard, Paris, n° 41, p. 135–143.

1963. 120 Constatations sur les pratiques funéraires dans une grotte artificielle du Néolithique Seine-Oise-Marne. *Actes du 6e Congrés international des sciences anthropologiques et ethnologiques* (Paris, 1960), Paris, t. 2, fasc. 1, p. 439–443, 4 fig.

1963. 121 Sur les méthodes de fouilles, dans *Archéologie et civilisation, I, Etudes archéologiques*, Paris, p. 49–57.

1963. 122 (Critique de) «The eternal present»: a contribution on constancy and change, vol. 1, The beginning of art «par S. Giedon» ; *American Anthropologist*, Chicago, t. 65, n° 5, p. 1180–1181.

1963. 123 Sur une réédition intempestive: l'«Essai sur l'inégalité des races humaines» de Gobineau. *Droit et Liberté*, Paris, n° 226, p. 7.

1963. 124 Chatelperronien et Aurignacien dans le nord-est de la France, d'après la stratigraphie d'Arcy-sur-Cure, Yonne, dans «Aurignac et l'Aurignacien, Centenaire des fouilles d'Edouard Lartet». *Bull. de la Société méridionale de Spéléologie et de Préhistoire*, Toulouse, t. 6–9, p. 75–84, 3 fig.

1963. 125 Le Paléolithique du Péloponnèse. *Bull. de la Société préhistorique française*, Paris, t. 60, fasc. 3–4, p. 249–265, 5 fig. (en collaboration avec J. et N. Chavaillon).

1963. 126 Premiers résultats d'une prospection de divers sites préhistoriques en Elide occidentale. *Annales géologiques des pays helléniques*, Athènes, t. 14, p. 324–329 (en collaboration avec J. et N. Chavaillon).

1964. 127 Ici ont campé les chasseurs de rennes. *Sciences et Avenir*, Paris, n° 209, p. 474–477.

1964. 128 Chronologie des grottes d'Arcy-sur-Cure. I, Climats du Quaterfig.

1961. 109 Préhistoire et archéologie soviétique. *Cahiers du monde russe et soviétique*, vol. 2, n° 2, p. 262–272.

1961. 110 *Art et religion au Paléolithique supérieur. I, La chronologie, II La religion* (Cours public de préhistoire). Centre de recherches préhistoriques et protohistoriques, Paris, 1 fasc. multigraphié, 36 p., 26 pl. (réédition en 1963).

1961. 111 Sur une méthode d'étude de l'art pariétal paléolithique. *5e International Kongress für Vor- und Frühgeschichte* (Hambourg, 1958), Berlin, p. 498–501, 2 fig.

1961. 112 Préhistoire, dans *Histoire de l'Art. I, Le monde non chrétien*, Gallimard, Paris, p. 3–92,«Encyclopédie de la Pléiade».

1961. 113 L'evolution générale de l'humanité et les problémes que pose à l'ethnologue le passage aux structures actuelles, dans *Facteurs actuels de l'évolution du service social*, Paris, Congrès de l'Association nationale des assistantes sociales et des assistants sociaux, p. 40–51.

1962. 114 L'hypogée II des Mournouards (Mesnil-sur-Oger, Marne). *Gallia-Préhistoire*, Paris, t. 5, fasc. 1, p. 23–134, 93 fig., 2 dépl. (en collaboration avec G. Bailloud et M. Brézillon).

1962. 115 Apparition et premier développement des techniques, dans *Histoire générale des techniques. I, Les origines de la civilisation technique*, PUF, Paris, p. 1–74, 27 fig.

1962. 116 Avant-propos, dans *Merveilles du Tassili-N-Ajjer*, par J.-D. Lajoux, Ed. du Chêne, Paris, p. 5–7.

1962. 117 L'archéologie d'urgence en France. *Burg Wartenstein symposium n° 22*, Wenner Gren foundation for anthropological research, 4 p.

1962. 118 L'ethnologie et l'élaboration d'un nouvel humanisme, dans *Les Grands Courants de la pensée contemporaine et l'avenir de la liberté*, Cahiers du Centre économique et social de perfeccy-sur-Cure. *Annales de Paléontologie*, Masson, Paris, t. 44, p. 87–148, 31 fig. (thèse complémentaire de doctorat ès sciences, Paris, 1954).

1958. 98 La fonction des signes dans les sanctuaires paléolithiques. *Bull. de la Société préhistorique française*, Paris, t. 55, fasc. 5–6, p. 307–321, 11 fig.

1958. 99 Le symbolisme des grands signes dans l'art pariétal paléolithique. *Bull. de la Société préhistorique française*, Paris, t. 55, fasc. 7–8, p. 384–398, 7 fig.

1958. 100 Répartition et groupement des animaux dans l'art pariétal paléolithique. *Bull. de la Société préhistorique française*, Paris, t. 55, fasc. 9, p. 515–528, 3 fig., 5 pl.

1959. 101 La recherche préhistorique. *Les Lettres françaises*.

1960. 102 (Critique de) «L'homme avant l'écriture», ouvragé dirige par M.-A. Varagnac. *La Gazette des Beaux-Arts*, Paris, p. 364.

1960. 103 Problèmes artistiques de la préhistoire. *L'information d'histoire de l'Art*, Baillière, Paris, 5e année, n° 2, p. 39–45, 3 fig. (réédition et traduction en grec, dans *New forms, a review of fine art*, Athènes, 1962, n° 5).

1960. 104 L'illusion technologique, dans *La Technique et l'Homme*, Recherches et débats, Fayard, Paris, n° 31, p. 65–74.

1961. 105 Les fouilles d'Arcy-sur-Cure. *Gallia-Préhistoire*, Paris, t. 4, p. 3–16, 8 fig.

1961. 106 L'histoire sans texte: ethnologie et préhistoire, dans *L'Histoire et ses méthodes*, Gallimard, Paris, p. 217–249, «Encyclopédie de la Pléiade».

1961. 107 Archéologie préhistorique, critique des témoignages, dans *L'Histoire et ses méthodes*, Gallimard, Paris, p. 1207–1222, «Encyclopédie de la Pléiade».

1961. 108 Le processus d'hominisation ou comment l'homme est devenu homme. *B. P. Review*, Bruxelles, n° 3 (L'homme), p. 13–16, 11

Paris (cours polycopié).

1956. 86 Initiation à la recherche ethnologique. *Institut d'Ethnologie*, Paris (cours polycopié), 1 fasc., 32 p.

1956. 87 L'homme. *Encyclopédie Clartés*, Paris, vol. 4 *bis*.

Préface (fasc. 4505), 6 p.

L'évolution humaine (fasc. 4510), 26 p., 13 fig.

Lavie esthétique (fasc. 4860), 12 p.

Le domaine de l'esthétique (fasc. 4870), 13 p (Nlle édition entièrement revue de «L'évolution humaine» (fasc. 4510), Paris, 1967, 28 p., 28 fig.).

1956. 88 La libération de la main. *Problèmes*, Paris, n° 32, p. 6–9.

1956. 89 La Préhistoire, dans *Histoire universelle*, Gallimard, Paris, p. 1–61, «Encyclopédie de la Pléiade».

1957. 90 L'animal et l'homme, dans *Qu'est-ce que la vie?*, Ed. Pierre Horay, Paris, p. 86–96.

1957. 91 La galerie moustérienne de la grotte du Renne (Arcy-sur-Cure, Yonne). *Congrès préhistorique de France*, 15e session, Poitiers-Angoulême, 1956, p. 676–691, 8 fig.

1957. 92 Le comportement technique chez l'animal et chez l'homme, dans *L'Evolution humaine*, Flammarion, Paris, p. 55–79, collection «Bibliothèque de philosophie scientifique».

1957. 93 Technique et société chez l'animal et chez l'homme, dans *Originalité biologique de l'homme*, Recherches et débats, Fayard, Paris, n° 18, p. 11–27.

1957. 94 Ebauche de l'art, dans *L'Art et l'homme*, t. 1, Larousse, Paris (ouvrage publié sous la direction de René Huyghe), p. 33–37.

1957. 95 L'art des primitifs actuels, dans *L'Art et l'homme*, t. 1, Larousse, Paris, p. 83–87.

1957. 96 Le sanctuaire de la grotte du Cheval à Arcy-sur-Cure (Yonne), dans *Mélanges Pittard*, Brive, p. 207–215, 3 fig.

1958. 97 Etude des restes humains fossiles provenant des grottes d'Ar-

1955. 74 Discours d'ouverture. *Congrès préhistorique de France*, 14e session, Strasbourg-Metz, 1953, p. 51–66.

1955. 75 L'interprétation des vestiges osseux. *Congrès préhistorique de France*, 14e session, Strasbourg-Metz, 1953, p. 377–394, 9 fig.

1955. 76 L'origine des hommes, dans *Qu'est-ce que l'homme?*, Ed. Pierre Horay, Paris, p. 50–60.

1955. 77 Les grottes de l'enceinte de Saint-Romain (Côte-d'Or). Résultats généraux des fouilles de 1949. *Bull. de la Société d'archéologie de Beaune*, fasc. 3, p. 7–8.

1955. 78 Où en est l'ethnologie?, dans *La Science peut-elle former l'homme?* Recherches et débats, Fayard, Paris, n° 12, p. 141–146.

1955. 79 *Hommes de la préhistoire. Les chasseurs*, Ed. Bourrelier, Paris, 1 vol., 128 p., 64 fig., collection «Lajoie de connaître» (trad. anglaise: *Prehistoric Man*, New York Philosophical Library, New York, 1 vol., 119 p., 65 fig., trad. italienne: *Gli uomini della preistoria*, Ed. Fetrinelli, Milan, 1961, 1 vol., 151 p., 53 fig.).

1955. 80 Equilibre mécanique de la face normale et anormale. *Annales Odonto-stomatologiques*, Paris, n° 1, p. 3–26, 12 fig.

1955. 81 Du quadrupède à l'homme. Station, face, denture. *Revue française d'Odonto-stomatologie*, t. 2, n° 8, p. 1021–1033, 16 fig.

1955. 82 *La Préhistoire*. La Documentation photographique, Paris, série 146, 4 p., 13 pl.

1955. 83 *Les Celtes*. La Documentation photographique, Paris, série 147, 4 p., 13 pl. (en collaboration avec J.-J. Hatt et P.-M. Duval).

1955. 84 La médecine et la pathologie aux temps mérovingiens (en collaboration avec P. Morel).

1956. 85 Cours d'ethno-géographie. *Institut géographique national*,

Société préhistorique française, Paris, t. 49, fasc. 5–6, p. 235–255, 2 fig.

1952. 62 Moyens d'expression graphique. *Bull. du Centre de formation aux recherches ethnologiques*, Paris, n° 4, p. 1–3.

1952. 63 Sur la position scientifique de l'ethnologie. *Revue philosophique*, Paris, octobre-décembre, p. 506–518.

1952. 64 Les rapports de la dent et du maxillaire chez les primates et chez les hommes actuels et fossiles. *Bull. de l'Association des chirurgiens-dentistes indépendants*, Paris, 34e année, n° 10, p. 3–15, 6 fig.

1953. 65 Origine et diffusion de la connaissance scientifique. *Structure et évolution des techniques*, Paris, Publication documentaire n° 1 (Revue S.E.T., nos 33–34), p. 1–16.

1953. 66 Ethnologie et esthétique. *Le Disque vert*, Bruxelles, n° 1.

1953. 67 *Ethnologie de l'Union française*. PUF, Paris, 2 vol., 1083 p. (en collaboration avec J. Poirier).

1953. 68 Les découvertes préhistoriques d'Arcy-sur-Cure. *Revue archéologique de l'Est de la France*, t. 4, fasc. 2, p. 143–149, 2 fig.

1953. 69 L'homo faber: la main, dans *A la recherche de la mentalité préhistorique*, Albin Michel, Paris, 16e semaine de Synthèse du Centre international de Synthèse, p. 75–98.

1954. 70 *Les tracés d'équilibre mécanique du crâne des vertébrés terrestres* (thèse principale de doctorat ès sciences), Paris, ex. dactylographiés, 177 p., 91 fig.

1954. 71 Influence de la denture sur la face osseuse et la base du crâne. *Revue française d'Odonto-Stomatologie*, t. I, n° 1, p. 47–61, 11 fig.

1954. 72 Christianisme, sociologie et social. *Rythmes du Monde*, Bruges, Nlle série, t. 2, nos 3–4, p. 201–209.

1954. 73 La Préhistoire, dans *Histoire de France*, Ed. Larousse, Paris (ouvrage dirigé par Marcel Reinhard), p. 51–65, 26 fig.

1951. 49 Enquêtes de février. *Bull. du Centre de formation aux recherches ethnologiques*, n° 2, p. 1–3.

1951. 50 Notes pour une histoire des aciers. *Technique et civilisation*, Paris, vol. 2, fasc. 7, p. 4–11, 15 fig.

1951. 51 Fouilles préhistoriques d'Arcy-sur-Cure. *Gallia*, Paris, t. 7, p. 241–247, 7 fig.

1951. 52 La technique et le progrès humain. *Les Nouvelles littéraires*, Paris, 7 mai 1951, p. 5.

1951. 53 De l'habitat traditionnel aux «bidonvilles», dans *L'Habitat autochtone dans les villes de l'Afrique intertropicale*, Secrétariat social d'Outre-Mer, Paris, n° 7, p. 1–22.

1952. 54 Cours de géographie humaine. *Institut d'Ethnologie*, Paris, 43 p., 9 cartes (cours polycopié).

1952. 54 A propos de l'enquête sur la batellerie. *Bull. du Centre de formation aux recherches ethnologiques*, Paris, n° 3, p. 1–4.

1952. 55 Early mousterian jaw-bones found at Arcy-sur-Cure. *Illustrated London News*, Londres, vol. 221, n° 5928, p. 902–905, 14 fig.

1952. 56 Stratigraphie et découvertes récentes dans les grottes d'Arcy-sur-Cure (Yonne). *Revue de Géographie de Lyon*, t. 27, n° 4, p. 425–433, 2 fig.

1952. 57 Etude des vestiges zoologiques, dans *La Découverte du Passé* (ouvrage dirigé par A. Laming-Emperaire), Ed. Picard, Paris, p. 123–150, 7 fig.

1952. 58 Les découvertes préhistoriques d'Arcy-sur-Cure. *Cahiers français d'information*, Paris, n° 204, p. 10–12.

1952. 59 Discours du président entrant. *Bull. de la Société préhistorique française*, t. 49, fasc. 1–2, p. 5–8.

1952. 60 Homo faber... homo sapiens. *Revue de Synthèse*, Paris, Nlle série, t. 30, p. 79–102.

1952. 61 Note sur un racloir tchouktchi à lame d'obsidienne. *Bull. de la le quartier lyonnais de Choulans* (par P. Wuilleumier, A. Audin et A. Leroi-Gourhan), Institut des Etudes rhodaniennes de l'université de Lyon, Mémoires et documents, n° 4, p. 51–113, 23 fig., 9 tabl.

1949. 37 Note sur l'étude historique des animaux domestiques dans *Livre jubilaire offert à Maurice Zimmermann*, Imp. Audin, Lyon, p. 379–388.

1950. 38 La caverne des Furtins. *Préhistoire*, PUF, Paris, t. II, p. 17–143, 45 fig. (avec la collaboration de J. Baudet, S. Bozzone et N. Dutrievoz).

1950. 39 La datation des œuvres d'art préhistoriques. *Les Etudes rhodaniennes*, Lyon, n° 13, p. 325–330, 1 fig.

1950. 40 *Les races. I, Europe et Asie. II, Afrique, Océanie, Amérique*. La Documentation photographique, Paris, 2 fasc., 24 pl., 4 cartes.

1950. 41 *Les fouilles préhistoriques, technique et méthodes*. Ed A. et J. Picard, Paris, 1 vol., 92 p., 10 pl. (avec un appendice par A. Laming).

1950. 42 Civilisation matérielle et vie humaine. *Rythmes du Monde*, Bruges, n° 3, p. 38–45.

1950. 43 La grotte du Loup, Arcy-sur-Cure. *Bull. de la Société préhistorique française*, Paris, t. 47, fasc. 5, p. 268–280, 6 fig.

1951. 44 Les premiers hommes et les premiers outils. *La vie enseignante*, Paris, n°s 66–67, 3 p.

1951. 45 Caractères ethniques. *Information universitaire*, Paris.

1951. 46 Les arts du feu. Métallurgie, céramique. *Institut d'Ethnologie*, Paris, 16 p., 1 fig. (Cours polycopié).

1951. 47 Formation et recherche. *Bull. du Centre de formation aux recherches ethnologiques*, Paris, n° 1, p.1–4.

1951. 48 Etudes ethnologiques. *Bull. de la Société des études indochinoises,* Saigon, t. 26, n° 4, p. 549–560.

1947. 23 Initiation aux recherches sur la sociologie des techniques. *Centre d'études sociologiques*, Paris (cours polycopié).

1948. 24 Arcy-sur-Cure (Yonne). Compte rendu des fouilles. *Gallia*, Paris, t. 6, fasc. 1, p. 189–192.

1948. 25 *Lascaux*. (Introduction à l'ouvrage de F. Windels. Ed. Windels, Montignac et Paris, p. 7–13.

1948. 26 Le problème des rapports anciens entre l'Asie et l'Amérique. *Revue de Géographie humaine et d'Ethnologie*, Paris, n° 2, p. 79–83.

1948. 27 Esquisse d'une classification craniologique des Esquimaux. *Actes du 28e Congrès international des Américanistes*, Paris, 1947, p. 19–42, 17 fig.

1948. 28 Les étapes de la colonisation sibérienne. *Chemins du Monde*, Paris, n° 5, p. 105–111.

1948. 29 Cinéma et sciences humaines. Le film *ethnologique* existe-t-il? *Revue de Géographie humaine et d'Ethnologie*, Paris, n° 3, p. 42–50, 8 fig.

1948. 30 Ethnologie et géographie. *Revue de Géographie humaine et d'Ethnologie*, Paris, n° 1, p. 14–19.

1948. 31 Le musée de l'Homme est un monde à découvrir. *La Voix des Parents*, Paris, n° 18, p. 5.

1949. 32 Fouilles d'Auvernier. *Ur-Schweiz* (La Suisse primitive), 13e année, n° 1, p. 2–6, 5 fig.

1949. 33 Les paysans de l'Union française, dans *L'Habitat rural et l'équipement agricole*, Ed. P. Bissuel, Lyon, p. 34–39, 6 fig.

1949. 34 Le rôle de l'ethnologie dans l'Union française. *Cahiers français d'information*, Paris, n° 130, p. 18–20.

1949. 35 *La Préhistoire*. La Documentation photographique, Paris, série 10, 1 fasc., 2 p., 12 pl.

1949. 36 Etude des squelettes recueillis dans la nécropole Saint-Laurent à Lyon dans *L'Eglise et la nécropole de Saint-Laurent dans*

1941. 12 Les derniers Aïnous. Une race qui disparaît. *Sciences et voyages*, Paris, 23e année, n° 69, p. 105–108, 7 fig.

1943. 13 *Documents pour l'art comparé d'Eurasie septentrionale*, Editions d'art et d'histoire, Paris, 1 vol., 99 p., 368 fig. (réédition photomécanique, université de Montréal, 1966).

1943. 14 *L'Homme et la matière. Evolution et techniques*, I, Albin Michel, Paris, 1 vol., 367 p., 577 fig., coll. «Sciences d'aujourd'hui» (2e édition, 1949, 3e édition revue et corrigée, 1971).

1945. 15 *Milieu et techniques Evolution et techniques*, II, Albin Michel, Paris, 1 vol., 512 p., 622 fig. (2e édition, 1950; 3e édition revue et corrigée, 1973).

1945. 16 Leçon d'ouverture du cours d'Ethnologie coloniale. *Les Etudes rhodaniennes*, Lyon, t. 20, n° 1–2, p. 25–35 (réimpression dans *Pages françaises, revue des relations culturelles*, n° 11, mars 1946. —Réimpression en 1949).

1946. 17 Symbolique du vêtement japonais. *Rythmes du Monde*, Bruges, n° 4, p. 31–40, 2 pl.

1946. 18 La caverne des Furtins à Berzé-la-Ville, Saône-et-Loire. *Bull. de la Société préhistorique française*, Paris, t. 44, fasc. 1–2, p. 3–15, 3 fig.

1946. 19 *Archéologie du Pacifique Nord*. Institut d'Ethnologie, Paris, 1 vol., 542 p., 1148 fig., coll. «Travaux et mémoires de l'Institut d'ethnologie», t. 47 (thèse principale de doctorat ès lettres, Paris, 1945).

1947. 20 La caverne des Furtins et les problèmes de la stratigraphie du Quaternaire en Mâconnais. *Les Etudes rhodaniennes*, Lyon, t. 22, n°s 1–4, p. 238–253.

1947. 21 *Les explorateurs célèbres*. Mazenod, Genève, 1 vol., 307 p., 70 pl., 10 cartes (volume dirigé par A. Leroi-Gourhan).

1947. 22 Calendrier des fêtes populaires du Japon. *Rythmes du Monde*, Bruges, n° 2, juin, p. 38–43.

ルロワ＝グーラン著作リスト

1935. 1 Le kayak et le harpon des Esquimaux. *La Nature*, Paris, n° 2954, p. 510–512, 6 fig.

1935. 2 La construction du kayak type oriental. *Campingcanoe*, Paris, 12e année, mai, p. 309–313, 8 fig.

1935. 3 Le mammouth dans la zoologie mythique des Esquimaux. *La Terre et la Vie*, Paris, 2e semestre, n° 1, p. 3–12, 9 fig.

1935. 4 L'art animalier dans les bronzes chinois. *Revue des arts asiatiques*, Paris, t. 9, fasc. 4, p. 179–189, 76 fig.

1936. 5 L'homme. *Encyclopédie française permanente*, Paris, t. 7.
Chapitres:
L'homme et la nature, p. 7. 10–3 à 7, 13–4, 3 pl.
Peuples de l'Europe, p. 7. 24–1 à 7. 24–18, 8 pl.
Peuples arctiques, p. 7. 26–1 à 26–18, 8 pl.
Peuples d'Asie occidentale, p. 7. 28–1 à 7. 28–18, 8 pl.
Peuples d'Extrême-Orient, p. 7. 30–1 à 7. 30–18, 8 pl.

1936. 6 L'ethnologie et la muséographie. *Revue de Synthèse*, Paris, t. II, n° I, p. 27–30.

1936. 7 *Bestiaire du bronze chinois*, Editions d'art et d'histoire, Paris, 1 vol., 38 p., 72 fig.

1936. 8 *La Civilisation du Renne*, Gallimard, Paris, 1 vol., 178 p., 26 fig., 32 pl., coll. «Géographie humaine».

1937. 9 L'écriture des Eskimo. *La Nature*, Paris, n° 2996, p. 219–224, 7 fig.

1937. 10 La zoologie mythique des Esquimaux: sélection rituelle des matières animales. *La Terre et la Vie*, Paris, 7e année, n° 3, p. 84–95, 6 fig.

1939. 11 Le Japon vu par les étudiants étrangers. *Ed. Ministère des Affaires étrangères*, Tokyo, p. 8–14 (en japonais).

本書は、一九八五年六月二七日、言叢社より刊行された。

ユダヤ人の起源
シュロモー・サンド
高橋武智監訳
佐々木康之／木村高子訳
〈ユダヤ人〉はいかなる経緯をもって成立したのか。歴史記述の精緻な検証によって実像に迫り、そのアイデンティティを根本から問う画期的試論。

中国史談集
澤田瑞穂
皇帝、彫青、男色、刑罰、宗教結社など中国裏面史を彩った人物や事件を中国文学の碩学が独自の視点で解き明かす。怪力乱「神」をあえて語る！（堀誠）

同時代史
タキトゥス
國原吉之助訳
古代ローマの暴帝ネロ自殺のあと内乱が勃発。絡みあう人間ドラマ、陰謀、凄まじい政争を、臨場感あふれる鮮やかな描写で展開した大古典。（本村凌二）

秋風秋雨人を愁殺す
武田泰淳
辛亥革命前夜、疾風のように駆け抜けた美貌の若き女性革命家秋瑾の生涯。日本刀を鍾愛した烈女秋瑾の思想と人間像を浮き彫りにした評伝の白眉。

歴史（上・下）
トゥキュディデス
小西晴雄訳
野望、虚栄、裏切り——古代ギリシアを殺戮の嵐に陥れたペロポネソス戦争とは何だったのか。その全貌を克明に記した、人類最古の本格的「歴史書」。

日本陸軍と中国
戸部良一
中国スペシャリストとして活躍し、日中提携を夢見た男たち。なぜ彼らが、泥沼の戦争へと日本を導くことになったのか。真相を追う。（五百旗頭真）

カニバリズム論
中野美代子
根源的タブーの人肉嗜食や纏足、宦官……。目を背けたくなるものを冷静に論ずることで逆説的に人間の真実に迫る血の滴る異色の人間史。（山田仁史）

帝国の陰謀
蓮實重彦
一組の義兄弟による陰謀から生まれたフランス第二帝政。「私生児」の義弟が遺した二つのテクストを読解し、近代的現象の本質に迫る。（入江哲朗）

戦争の起源
アーサー・フェリル
鈴木主税／石原正毅訳
人類誕生とともに戦争は始まった。先史時代からアレクサンドロス大王までの壮大なるその歴史をダイナミックに描く。地図・図版多数。（森谷公俊）

20世紀の歴史（上）　エリック・ホブズボーム　大井由紀訳

第一次世界大戦の勃発が20世紀の始まりとなった。この「短い世紀」の諸相を英国を代表する歴史家が渾身の力で描く。全二巻、文庫オリジナル新訳。

20世紀の歴史（下）　エリック・ホブズボーム　大井由紀訳

一九七〇年代を過ぎ、世界に再び危機が訪れる。不確実性がいやますなか、ソ連崩壊が20世紀の終焉を印した。歴史家の考察は我々に何を伝えるのか。

アラブが見た十字軍　アミン・マアルーフ　牟田口義郎／新川雅子訳

十字軍とはアラブにとって何だったのか？　豊富な史料を渉猟し、激動の12、13世紀をあざやかに、しかも手際よくまとめた反十字軍史。

バクトリア王国の興亡　前田耕作

ゾロアスター教が生まれ、のちにヘレニズムが開花したバクトリア。様々な民族・宗教が交わるこの地に栄えた王国の歴史を描く唯一無二の概説書。

ディスコルシ　ニッコロ・マキァヴェッリ　永井三明訳

ローマ帝国はなぜあれほどまでに繁栄しえたのか。その鍵は〝ヴィルトゥ〟。パワー・ポリティクスの教祖が、したたかに歴史を解読する。

戦争の技術　ニッコロ・マキァヴェッリ　服部文彦訳

出版されるや否や各国語に翻訳された最強にして安全な軍隊の作り方。この理念により創設された新生フィレンツェ軍は一五〇九年、ピサを奪回する。

マクニール世界史講義　ウィリアム・H・マクニール　北川知子訳

ベストセラー『世界史』の著者が人類の歴史を読み解くための三つの視点を易しく語る白熱の入門講義。本物の歴史感覚を学べます。文庫オリジナル。

古代ローマ旅行ガイド　フィリップ・マティザック　安原和見訳

タイムスリップして古代ローマを訪れるなら？　そんな想定で作られた前代未聞のトラベル・ガイド。必見の名所・娯楽ほか情報満載。カラー頁多数。

アレクサンドロスとオリュンピアス　森谷公俊

彼女は怪しい密儀に没頭し、残忍に邪魔者を殺す悪女なのか、息子を陰で支え続けた賢母なのか。大王母の激動の生涯を追う。（澤田典子）

貧困の文化
オスカー・ルイス
高山智博／染谷臣道／宮本勝訳

大都市に暮らす貧困家庭を対象とした、画期的なフィールドワーク。発表されるや大きなセンセーションを巻き起こした都市人類学の先駆的書物。

身ぶりと言葉
アンドレ・ルロワ=グーラン
荒木亨訳

先史学・社会文化人類学の泰斗の代表作。人の生物学的進化、人類学的発展、大脳の発達、言語の文化的機能を壮大なスケールで描いた大著。（松岡正剛）

アスディワル武勲詩
C・レヴィ=ストロース
西澤文昭訳
内堀基光解説

北米先住民に様々な形で残る神話を比較考量。『神話論理』へと結実する、レヴィ＝ストロース初期神話分析の軌跡と手法をあざやかに伝える記念碑的名著。

日本の歴史をよみなおす（全）
網野善彦

中世日本に新しい光をあて、その真実と多彩な横顔を平明に語り、日本社会のイメージを根本から問い直す。超ロングセラーを続編と併せ文庫化。

米・百姓・天皇
網野善彦
石井進

日本とはどんな国なのか、なぜ米が日本史を解く鍵なのか、通史を書く意味は何なのか。これまでの日本史理解に根本的転回を迫る衝撃の書。（伊藤正敏）

列島の歴史を語る
網野善彦
藤沢・網野さんを囲む会編

日本は決して「一つ」ではなかった！ 中世史に新次元を開いた著者が、日本の地理的・歴史的な多様性と豊かさを平明に語った講演録。（五味文彦）

列島文化再考
網野善彦／塚本学／
坪井洋文／宮田登

近代国家の枠組みに縛られた歴史観をくつがえし、列島に生きた人々の真の姿を描き出す、歴史学・民俗学の幸福なコラボレーション。（新谷尚紀）

日本社会再考
網野善彦

歴史の虚像の数々を根底から覆してきた網野史学。漁業から交易まで多彩な活躍を繰り広げた海民に光をあて、知られざる日本像を鮮烈に甦らせた名著。

図説 和菓子の歴史
青木直己

饅頭、羊羹、金平糖にカステラ、その時々の外国文化の影響を受けながら多種多様に発展した和菓子。その歴史を多数の図版とともに平易に解説。

初版 金枝篇(下)　J・G・フレイザー　吉川信訳

なぜ祭司は前任者を殺さねばならないのか？　そして、殺す前になぜ〈黄金の枝〉を折り取るのか？　事例の博捜の末、探索行は謎の核心に迫る。

火の起原の神話　J・G・フレイザー　青江舜二郎訳

人類はいかにして火を手に入れたのか。世界各地より夥しい神話や伝説を渉猟し、文明初期の人類の精神世界を探った名著。（前田耕作）

未開社会における性と抑圧　B・マリノフスキー　阿部年晴／真崎義博訳

人類における性は、内なる自然と文化的力との相互作用のドラマである。この人間存在の深淵に到るテーマを比較文化的視点から問い直した古典的名著。

ケガレの民俗誌　宮田登

被差別部落、性差別、非常民の世界など、日本民俗の深層に根づいている不浄なる観念と差別の問題を考察した先駆的名著。（赤坂憲雄）

はじめての民俗学　宮田登

現代社会に生きる人々が抱く不安や畏れ、怖さの源はどこにあるのか。民俗学の入門的知識をやさしく説きつつ、現代社会に潜むフォークロアに迫る。

南方熊楠随筆集　益田勝実編

博覧強記にして奔放不羈、稀代の天才にして孤高の自由人・南方熊楠。この猥雑なまでに豊饒な不世出の頭脳のエッセンス。（益田勝実）

奇談雑史　宮負定雄　佐藤正英／武田由紀子校訂・注

霊異、怨霊、幽明界など、さまざまな奇異な話の集大成。柳田国男は、本書より名論文「山の神とヲコゼ」を生み出す。日本民俗学、説話文学の幻の名著。

贈与論　マルセル・モース　吉田禎吾／江川純一訳

「贈与と交換こそが根源的人類社会を創出した」。人類学、宗教学、経済学ほか諸学に多大の影響を与えた不朽の名著、待望の新訳決定版。

山口昌男コレクション　山口昌男　今福龍太編

20世紀後半の思想界を疾走した著者の代表的論考をほぼ刊行編年順に収録。この独創的な人類学者＝思想家の知の世界を一冊で総覧する。（今福龍太）

ちくま学芸文庫

世界《せかい》の根源《こんげん》 先史絵画《せんしかいが》・神話《しんわ》・記号《きごう》

二〇一九年七月十日 第一刷発行

著者 アンドレ・ルロワ＝グーラン

訳者 蔵持不三也（くらもち・ふみや）

発行者 喜入冬子

発行所 株式会社 筑摩書房
東京都台東区蔵前二―五―三 〒一一一―八七五五
振替〇〇一六〇―八―四一二三

装幀者 安野光雅

印刷所 三松堂印刷株式会社

製本所 三松堂印刷株式会社

ISBN978-4-480-09931-0 C0120